高等院校应用型人才培养"十四五"规划旅游管理类系列教材

旅游应用文写作（第二版）

主　编◎杨崇君　胡　璟

副主编◎熊　英　朱德勇　肖　蕾　魏　洁　彭　雯

参　编◎陈泽宇　雷　鸣　朱　轶

Lü you Yingyongwen Xiezuo（Di-er Ban）

华中科技大学出版社
http://press.hust.edu.cn
中国·武汉

内容提要

本书以旅游专业人才培养要求和旅游工作实际为依据，以培养旅游应用文写作能力、提高学生人文素养为目标，按照"任务导入""范例分享""知识览要""写作实训"的编写体例对应用文种分别进行介绍，凸显应用文写作的实用性、规范性和人文性。全书共九章，每章附有练习题，使知识学习和技能训练有机结合。本书适用于旅游类专业应用文写作项目化教学，也可作为旅游企业文员的培训教材或参考书。

图书在版编目(CIP)数据

旅游应用文写作/杨崇君，胡璟主编．-2版．—武汉：华中科技大学出版社，2023.8(2025.1 重印)
ISBN 978-7-5772-0012-5

Ⅰ.①旅…　Ⅱ.①杨…　②胡…　Ⅲ.①旅游－应用文－写作　Ⅳ.①F59

中国国家版本馆CIP数据核字(2023)第158782号

旅游应用文写作(第二版)
Lüyou Yingyongwen Xiezuo (Di-er Ban)

杨崇君　胡璟　主编

策划编辑：李　欢　胡弘扬

责任编辑：仇雨亭　胡弘扬

封面设计：原色设计

责任校对：李　弋

责任监印：周治超

出版发行：华中科技大学出版社(中国·武汉)　　电话：(027)81321913
　　　　　武汉市东湖新技术开发区华工科技园　　邮编：430223

录　　排：孙雅丽

印　　刷：武汉科源印刷设计有限公司

开　　本：787mm×1092mm　1/16

印　　张：14.25

字　　数：334千字

版　　次：2025年1月第2版第2次印刷

定　　价：49.80元

党的十九届五中全会确立了到2035年建成文化强国的远景目标,明确提出发展文化事业和文化产业。"十四五"期间,我国将继续推进文旅融合、实施创新发展,不断推动文化和旅游发展迈上新台阶。国家于2019年至2021年发布的《国务院关于印发国家职业教育改革实施方案的通知》《教育部关于深化本科教育教学改革全面提高人才培养质量的意见》《本科层次职业教育专业设置管理办法(试行)》,强调进一步推动高等教育应用型人才培养模式改革,对接产业需求,服务经济社会发展。

基于此,建设高水平的旅游管理类专业应用型人才培养教材,将助力旅游高等教育结构优化,促进旅游管理类专业应用型人才的能力培养与素质提升,进而为中国旅游业在"十四五"期间深化文旅融合、持续迈向高质量发展提供有力支撑。

华中科技大学出版社一向以服务高校教学、科研为己任,重视高品质专业教材出版,"十三五"期间,在教育部高等学校旅游管理类专业教学指导委员会和全国高校应用型本科旅游院校联盟的大力支持和指导下,在全国范围内特邀中组部国家"万人计划"教学名师、近百所应用型院校旅游管理类专业学科带头人、一线骨干"双师双能型"教师,以及业界精英等担任顾问和编者,组织编纂出版"高等院校应用型人才培养'十三五'规划旅游管理类系列教材"。该系列教材自出版发行以来,被全国近百所开设旅游管理类专业的院校选用,并多次再版。

为积极响应"十四五"期间我国文旅行业发展及旅游高等教育发展的新趋势,"高等院校应用型人才培养'十四五'规划旅游管理类系列教材"项目应运而生。本项目依据文旅行业最新发展和学术研究最新进展,立足旅游管理类专业应用型人才培养特征进行整体规划,对高水平的"十三五"规划教材进行修订、丰富、再版,同时开发出一批教学紧缺、业界急需的教材。本项目在以下三个方面做出了创新:

一是紧扣旅游管理学科特色,创新教材编写理念。本套教材基于旅游高等教育发展新形势,结合新版旅游管理专业人才培养方案,遵循应用型人才培养的内在逻辑,在编写团队、编写内容与编写体例上充分彰显旅游管理类专业的学科优势,能全面提升旅游管理类专业学生的实践能力与创新能力。

二是遵循理论与实践并重原则,构建多元化知识结构。在产教融合思想的指导下,本套教材坚持以案例为引领,令同步案例与知识链接贯穿全书,增设学习目标、实训项目、本章小结、关键概念、案例解析、实训操练和相关链接等个性化模块。

三是依托资源服务平台，打造新形态立体教材。华中科技大学出版社紧抓"互联网＋"时代教育需求，自主研发的华中出版资源服务平台，可为本系列教材提供立体化教学配套服务，既能提供教学计划书、教学课件、习题库、案例库、参考答案、教学视频等系列配套教学资源，便利教师教学，又能构建集课程开发、习题管理、学生评论、班级管理等于一体的教学生态链，便利教学管理，真正打造出连接线上线下、课内课外的新形态立体化互动教材。

本套教材编委会力求通过出版一套兼具理论与实践、传承与创新、基础与前沿的精品教材，为我国加快实现旅游高等教育内涵式发展、建成世界旅游强国贡献一份力量，并诚挚邀请更多致力于中国旅游高等教育的专家学者加入我们！

华中科技大学出版社

为迎接我国大众旅游时代的到来、培养高素质旅游管理人才,"旅游应用文写作"课程致力于提高学生的应用文写作和书面表达能力。对于职业院校旅游类专业的学生来说,本门课程可以帮助他们熟悉旅游应用文写作的基本理论和基础知识,掌握常用旅游应用文种的基本格式、写作要求及写作方法,培养和训练应用文写作技能,以适应未来职业发展的需要。

本书既贴近旅游行业实际,又体现应用文写作的一般原则;既突出实用实训,又有一定的理论指导;在内容上强调应用性和针对性,体现代表性和普遍性,以"必需、够用、适用"为原则选择文种,不求大而全,所介绍的文种均为旅行社、酒店、景区等旅游企业实际工作中不可或缺的应用文种。

同时,本书注重思政内容的融入,以习近平新时代中国特色社会主义思想为指导,坚持知识传授和价值引领相结合,运用可以培养大学生理想信念、价值取向、政治信仰、社会责任的题材和内容,全面提高大学生缘事析理、明辨是非的能力,让学生成为德才兼备、全面发展的人才。

全书共九章,第一章是绪论,余下八章分别为:旅游宣传策划类应用文、旅游调研分析类应用文、旅游营销活动类应用文、旅游日常管理类应用文、旅游公务活动类应用文、旅游社交活动类应用文、旅游法律诉讼类应用文、自媒体应用文8个类别39个文种的写作格式、要求及写法等。每个文种按照"任务导入""范例分享""知识览要""写作实训"的体例分别进行介绍,凸显应用文写作的实用性、规范性和人文性。所附范例注重新颖、真实、典型、规范。每章附有综合练习,使知识学习和技能训练有机结合。本书更适合采用项目化教学方式的教学。

本书由杨崇君、胡璟主编,杨崇君、胡璟负责拟定修改大纲、选定文种、分工、定稿,朱德勇负责统稿。肖蕾负责修改第六章、第七章,魏洁负责第九章内容的编写,彭雯负责修改第四章、第五章,陈泽宇修改了第一章、第三章;雷鸣负责修改第二章,朱轶负责修改第八章。书中还参考和引用了不少学者和行业人士的文献和成果,其作者及作品在参考书目中一一列出,在此谨表谢忱!最后,恳请读者和使用者提出宝贵意见以不断完善。

Contents | ─────

目　录

第一章

绪论

学习目标

通过本章学习,应当达到以下目标:

◁ **知识目标** ▷

了解旅游应用文的概念特点;

掌握旅游应用文写作的一般步骤;

明确旅游应用文语言表达的基本要求和特点。

◁ **能力目标** ▷

正确理解旅游应用文写作的特点和要求,指导今后的应用文写作。

◁ **素质目标** ▷

正确理解学习应用文的意义及方法,培养正确的应用文写作态度,树立正确的世界观、价值观和人生观,为学习、生活和工作服务。

第一节　旅游应用文概述

一、旅游应用文的概念和特点

(一)旅游应用文的源流

"文章之始,多缘实用"。应用文的起源可以追溯到殷商时期。那时,人们用我国最古老的文字——甲骨文写就卜辞,以指导生产和生活。卜辞就是最古老的应用文。

周代的《尚书》是我国第一部古老的应用文专集，记载了虞、夏、商、周四代的部分文件、训令、誓词及一些历史事迹。秦汉两代是应用文发展、成熟的重要时期，秦统一六国后，规定了国家机关的文书制度，公文有了进一步的规范，有了上行文、下行文的区分，如李斯的《谏逐客书》属于上行文；汉承秦制，把皇帝对臣下的文书分为制、诏、刺、策四种；三国、魏晋南北朝，是应用文高速发展的时期，《出师表》《陈情表》等名作，流传至今；唐宋以后，虽然文学创作不断发展，不少文人热衷于诗词歌赋，但应用文写作仍然处于"政事之先务"的主导地位，韩愈的《祭十二郎文》、欧阳修的《答吴充秀才书》等都是闻名于世的应用文作品；明清时期，应用文文体分类日趋详细、繁杂，多达六七十种，这也反映了统治者对应用文的重视程度；辛亥革命后，政府对文书进行了改革，规定了"令""咨""呈""示""状"五种类型的文书规范；中华人民共和国成立后，对党政公文的文种、格式等方面进行了明确规定。

（二）旅游应用文的概念

应用文是人类在长期的社会实践活动中形成的，在处理公私事务时经常使用的实用性文体，是保证人们日常生活和工作正常运转的重要工具，是人际交往中必不可少的重要文体。

旅游应用文是各旅游单位、部门及从业人员之间办理旅游服务公务、处理旅游服务业务时所使用的一种应用文。旅游应用文是在旅游工作或旅游活动中应用得最多的实用文章，它既有一般应用文的基本性质，又有旅游活动的特点。

（三）旅游应用文的特点

1.实用性

应用文在内容上十分重视实用性。所谓实用性，就是能解决实际问题。从广义上讲，一切文章都有实用性，包括文学作品，而应用文所体现的实用性是更为直接的，那就是能在现实的政治、经济、文化、军事等实际工作中起指导、联系的作用。它内容务实，对象具体，要求明确，叙述情况有一说一，阐述观点要言不烦，提出措施切实具体，真正做到了联系实际、有的放矢。

旅游应用文是国家的管理者发布旅游决策，行政管理部门开展促进旅游业发展的工作所采用的一种应用文格式。旅游事业要发展，相关主体必须分别制定方针政策，进行旅游市场分析，撰写调查报告，提出报告、请示，等等，因此，就必须运用旅游应用文解决各种工作中的实际问题。

2.针对性

旅游应用文主要是为了解决旅游活动中的实际问题，有明确的针对性。不同类型的旅游应用文的撰写方式和使用范围具有针对性，比如其中的公文，主要用于处理旅游行政管理机关、旅游企事业单位的公务；上级旅游行政管理机关或企事业单位向下级有关部门下达的文件，是为了提出方针、政策、原则、办法，表明态度；下级有关部门向上级旅游行政管理机关或企事业单位呈报的文件，是为了报告本部门工作中的新情况、新问题，请求上级指导，以便正确地处理疑难问题。这些应用文各有各的职能范围，各有各的针对性，有特定的使用场合。

3.时效性

旅游应用文要解决实际问题,而事物又是在不断变化的,要充分发挥应用文的功能和作用,就必须在一定的时间内解决问题。应用文的时效性主要表现在三个方面:快写、快发、快办。有些应用文用发文日期来表示它的生效期限或正式执行的日期,有些应用文明确规定了有效期限,比如旅游经济协议中既有明确的目标,又有明确的时限。

4.规范性

经过人们的长期使用和不断改进、完善,应用文形成了较为固定的、被人们广泛认可和接受的结构格式和语言特色。

旅游应用文的写作格式大多是固定的,内容是限定的,一些习惯用语也是不变的,比如公文的标准式的标题,一般由制文单位、事由与文种三部分构成;再如旅游经济合同,一般包括标题、正文、具名、日期四个部分,正文开头一般采用连写式书写,履约规定应包含标的、数量和质量、价款或酬金、期限、地点和方式,以及违约规定等。

二、旅游应用文的作用

(一)规范行为

人们社会行为的道德规范的形成,一靠社会道德,二靠社会法规制度。要进一步发展旅游业,就必须加强管理,如完善旅游管理体制,在政府职能转变中完善旅游行政管理部门的公共职能;加强对资源开发的保护和管理,提高对旅游企业和旅游消费者的服务水平,加强对旅游质量的监管,等等。而旅游应用文,具有规范作用,是规范旅游管理最有力的助手和工具,比如通过国家文化和旅游部、各省市旅游局的公文向有关部门和旅游景区(点)、旅行社、酒店、交通企业传达党和国家的方针政策,对不良倾向进行行政干预,就是发挥旅游应用文指挥引导、实施监管的功能。

(二)交流信息

在社会生活和旅游生活中,应用文有着重要的联系、交流作用,使组织与组织、人与人之间互相了解、理解、信任,实现相互合作、共同发展的目的。当今社会已进入数字化时代,信息传递的作用凸显。现代化旅游业要繁荣发展就必须与国际接轨,充分利用现代通信网络,沟通、交流旅游信息,而作为信息载体之一的旅游应用文,在沟通信息中起着极为重要的作用。

旅游应用文交流信息的范围极为广泛,旅游行政管理机关利用公文可使上情下达,及时传达有关方针、政策、指示和意见,指导下级的工作;下级旅游部门工作中的新情况、新问题、新经验,以及提出的要求和希望可以通过旅游应用文及时向上级旅游行政管理机关反映;同级之间或不同部门之间交流情况、商洽工作也多通过旅游应用文进行。

(三)宣传教育

发展旅游业中非常重要的一环是加强营销,而旅游营销的有效手段是宣传。"酒香也怕巷子深",连泰山、黄山、桂林这样知名的旅游胜地,也要依靠有效的对外宣传,才能获取新的客源。旅游应用文中的许多文种,如消息、通讯、广告、旅游指南、调查报告等,都是旅游宣传的得力体裁。目前,公众号及其他短视频平台上都有不少旅游相关专题,这都是旅游宣传和信息交流的广阔天地。相关主体可以通过在这些平台写作旅游应用文进行信息输出,达到宣传教育的目的。

（四）凭据征信

征者"信而有征,有实物可征。"国家旅游机关、旅游企事业单位和团体的公文,在办理公务中是处理各种问题的根据。在日常工作中,我们常说的红头文件,即是办事应有的文件根据。文件既是执行公务者办事的根据,又是监察和检察部门监督考察执行公务者的依托。

在社会交往和旅游活动中,无论是单位之间、个人之间还是个人与单位之间,都应当以有关的旅游应用文为凭据或合同,比如,协议是旅游经济事务中的凭证,条据是人们日常生活、旅游工作中处理有关事务的凭据;旅游法规、章程和条例是旅游团体和机关人员行为规范的根据;公证书是公证机关开具的确认真实性、合法性和可行性的证明文书;介绍信、证明信是旅游机关、团体、企事业单位在交往中介绍或证明有关人员情况的信件。

第二节　旅游应用文写作基础

一、旅游应用文的构成要素

（一）旅游应用文的主旨

1.主旨的概念

主旨又称立意、主题或中心思想,是文章的灵魂和主旋律,是作者通过文章的具体材料所表现的基本思想,是作者对客观事物的认识和评价。每篇应用文都要围绕着一个主题展开,主题越具体专一,应用文就越容易写出来。

2.旅游应用文主旨要求

1）正确

主旨正确是指旅游应用文的主体要以马克思列宁主义、毛泽东思想、邓小平理论和"三个代表"重要思想、科学发展观、习近平新时代中国特色社会主义思想为指导,不仅要符合社会主义核心价值观、党和国家的方针政策、法律法规,同时也要符合客观实际,要反映出客观事物的本质和规律,表达健康的思想情感。

主旨正确是撰写旅游应用文的基本要求。例如,国家旅游局(现国家文化和旅游部,后同)下达的《旅游行业对客人服务的基本标准》,明确规定了旅游行业服务的基本要求,旨在保护游客的正当权益,促进旅游事业的发展。

2）鲜明

主旨鲜明是指旅游应用文的观点必须具体、明确。应用文作者的观点要有明确的倾向性和态度,不能含糊其辞、模棱两可,比如旅行社在与顾客签订旅游协议时,要对提供的服务内容进行详细的阐述,要明确双方的责任和义务,也要对争议处理办法进行说明。

3）集中

主旨集中是指旅游应用文要集中表达一个主旨,重点突出。作者应持一文一事的原则,围绕一个主旨,集中阐述一个问题,不应使用与主旨无关的材料,以突出事物的主要矛盾,抓住共性,做到重点突出、主旨集中。

4）深刻

主旨深刻是指撰写旅游应用文时不能停留在对事物表面现象的罗列和叙述上,而要揭示事物的本质,反映事物的内在规律。特别是撰写总结和调查报告等文章时,更要求主题深刻,要抓住主要矛盾,挖掘实质性和倾向性问题,提炼出规律性的认识和行之有效的工作措施。例如,《关于我国旅游市场乱象的思考》一文首先分析了我国旅游市场存在的旅游乱象——绑定消费、强制消费、旅游欺诈、旅游宰客等;接着,文章又深层次地剖析了这些现象产生的原因,强调了政府应在旅游活动中规范市场行为、加强引导和监督、提升市场准入门槛、加大惩罚力度。这样的应用文,不仅能揭示存在的问题,更剖析背后深层次的原因。

（二）旅游应用文的材料

1.材料的概念

广义的材料即通常所说的"素材",它是生活中未经加工的原料;狭义的材料即通常所说的"题材",是指用来表现主旨的理论依据和事实依据,这是文章的血肉。

2.材料的来源

1）深入调研

调查是获得第一手材料的重要方法,"没有调查,没有发言权"。作者只有深入实际调查研究,才能弄清事实,摸清规律,做到写作前心中有数。

2）查阅文献

查阅文献包括读书看报、查阅档案,从中查找同类问题或相关问题的现实和历史资料。这些资料的搜集与积累,对撰写文章、研究问题有着重要的借鉴作用和参考价值。

3）学习积累

应用文的写作,也能体现作者的综合知识。作者平时要注重学习马克思列宁主义理论,学习党和国家的方针政策,学习本岗位业务知识,学习旅游行业知识,只有多方面积累知识、积累材料,写作时才能胸有成竹,才能有话可说。

3.选择材料的要求

1）真实

材料真实可靠是保证应用文可信度和权威性的重要条件。真实,有生活真实与艺术真实两种。应用文要求生活真实,文学作品要求艺术真实。旅游应用文写作所要求的是生活真实,所用的材料必须如实反映客观事物,符合事实,切忌采纳道听途说、似是而非的内容。

例如,在一些旅游应用文中,常出现"全国第一""全球首家""国内最大"等字眼,在进行相关表述时,要对信息来源进行核实,用科学的方法分析比较,确保所展示的数据的可信性。

2）典型

要选择最能揭示事物的本质、最有时代特征、最有说服力和表现力、最能反映主旨的事实或观点,用于文章之中,从而起到以一当十、以少胜多的作用。例如,为了说明新型冠状病毒感染对全球旅游业带来灾难性影响,列举不同年份全球旅游人数、旅游收入、旅游就业岗位等方面的数据,通过前后数据鲜明的对比,来强调这种影响。

3）新颖

要尽量用别人没用过的材料或新近发生的材料、不常用的材料,抓住那些新情况、新问题、新经验、新思路等,这样的文章才有吸引力。新颖的材料常常成为新思想、新观点、新政策的坚强支柱,令人耳目一新,从而使文章主旨更深刻。如,习近平总书记指出:"文化产业和旅游产业密不可分,要坚持以文塑旅、以旅彰文,推动文化和旅游融合发展,让人们在领略自然之美中感悟文化之美、陶冶心灵之美"。这是习近平总书记在"十四五"规划期间的重要讲话,为文化与旅游的融合指明了方向,极具新闻价值。

4）切题

主旨是文章的灵魂,所以选材必须紧扣主旨。作者应围绕主旨选材,与主旨无关的材料坚决舍弃。如果筛选出来的材料不符合主旨,不能说明政策观点,那么即使再真实、再新颖、再典型,也是无用之材料。

（三）旅游应用文的结构

1.结构的概念

结构是文章的框架,是文章部分与部分、层次与层次、段落与段落之间的内部联系与外部形式的统一。

旅游应用文的结构是指对其内容进行组织安排,使内容与形式,观点与材料有机结合的骨架。旅游应用文的结构要求完整、严谨、纲目清楚、层次分明、段落清晰、言之有序。

2.结构的内容

1）层次

层次是旅游应用文思想内容表现的次序。为了说明文章的主旨——总观点,需要设若干个分观点,用一个层次来表述一个分观点,然后安排文章的各个层次,各层次所表述的分观点的总和,也就是旅游应用文的主旨。

每个层次表述的分观点,要具有相对的完整性,层次的划分要前后有序、条理清楚。因此,在写作前,必须精心设计文章结构,对所写的事物进行深入的分析,以使文章具有清晰的思路。

文章的体裁不同,安排文章层次的方式也不相同。旅游应用文安排层次的方式主要有以下几种:

（1）按时间进程安排层次。

有些旅游工作是以时间划分阶段的。旅游应用文的层次自然是按时间进程安排的,比如某些计划、规划、安排,以及工作总结、工作报告等。这类旅游应用文一般开头有个总起,说明基本情况,然后分阶段安排内容,最后收尾。

（2）按任务要求安排层次。

有些旅游工作明确提出几项任务要求。相关应用文的层次自然是按任务要求安排的,比如工作报告、工作计划、工作总结、通知、通报等。其结构安排也是开头有个总述,然后根据任务要求一一列出内容,最后结尾。

(3)按问题安排层次。

日常旅游工作和会议都要研究和解决问题,有时是几个问题,有时是重大问题;几个问题有主有次,重大问题有几个方面。相关旅游应用文安排层次时可依照一定规律对问题进行排列,如工作报告、会议纪要、决定、议案、报告、请示、通报等。

(4)按逻辑关系安排层次。

客观事物发展变化有阶段性,客观事理有内在的逻辑关系。议论性的旅游应用文,比如学术论文,一般有中心论点、分论点。中心论点和分论点之间的关系,就是客观事理的逻辑关系。

(5)按事件与意见安排层次。

旅游工作中遇到一些问题,或发生一些事件时,可能需要撰文请示或汇报。这类旅游应用文的层次,一般是先写事件或问题,再写看法和意见,比如处理旅游投诉的报告、旅游事故调查报告、旅游问题处理报告、旅游先进人物介绍等。

2)段落

段落,也就是自然段,是构成文章的基本单位。它是能够表达一个完整意思,而又相对独立的基本构成单位,是行文中由于转折、简析、强调等情况而自然形成的分隔、停顿。划分段落的目的在于明晰层次结构,突出思路步骤,便于把握文章的内容。

段落划分的原则是单一、完整、明确。单一是指内容单一,一段只有一个意思;完整是指每段相对完整地表达一个中心意思,不要把一个完整的意思分成几段来写,也不能把不相关的意思放在一个段内;明确是指每段要有明确的段落大意。

3)过渡

过渡又称承上启下,是指把相邻的层次段落从内容上串联起来,使其有明显的联系标志,从而使读者更好地把握文章内容。

旅游应用文常用的关联词有"综上所述""总之""为此""但是"等。过渡句、过渡段等在文章中起衔接的作用,以连接文章,使文章脉络畅通、结构紧凑。

4)照应

照应是指互不相邻的内容相互关照、呼应,即前面提示的内容,后面要有连续、回应,后面表述的内容前面应有明示。其作用在于保持前后一致,增强说服力。

旅游应用文的照应比较简单,没有文学作品那样复杂、刻意,照应的方法有首尾照应、文中照应、内容与标题照应等。

5)开头

旅游应用文的开头要求简洁、直截了当、开门见山。在开端处要用极简要的文句,说明全文的目的或结论等。常用的开头方式有:

(1)概述式。

用叙述的方法,概括地写出基本情况、问题,或写出基本过程。这种写法多用于报告、总结、决定等。

(2)目的式。

用简洁的语言说明文章的目的,然后引出主旨。这种写法多用于通知、通告、决定、规则等。

（3）缘由式。

以上级文件、领导指示或有关法规、规定作为行文的依据和出发点。这种写法多用于通知、通告等。

（4）提问式。

先提出问题，然后引出下文。这种开头方式易引起读者的注意和思考，这种写法多用于总结、报告等。

6）结尾

结尾是全文的收尾部分。结尾一般应根据行文需要，"止于所当止"，有话则说，无话则止，简明概括。常用的结尾方式有：

（1）总结式。

对全文内容和基本思想做进一步的概括和归纳，以加深认识，明确写作意图。

（2）请求式。

在正文之后提出贯彻执行要求，或提出请求。

（3）展望式。

结尾处发出号召，或者提出鼓励。

（4）公文式结语。

表明内容结束，可用"特此通知""此复"等结尾。

3.结构的要求

1）结构要为文章主旨服务

旅游应用文都是有"事"而为。为了让这个"事"得到更加鲜明的体现、更充分的说明、更有效的实施，在表现这个"事"的时候，就必须考虑如何突出这个"事"。因此，作者要养成从各个角度去阐述一个观点的思维习惯，利用应用写作的规范性特点，在文章的起承转合中，顺势安排，凸显主题。

例如，《后疫情时代，湖北旅游景区面临问题和对策》是一篇旅游工作研究应用文，其主旨是探讨在后疫情时代，湖北旅游景区面临的问题以及解决办法。在文章中，作者通过阐述新型冠状病毒感染对旅游业的影响、景区面临的问题及其解决对策等方面的内容，凸显了主题。

2）结构要为文章主题服务

应用文已形成约定俗成的程式，它的实际作用也规定了它的格式不能随意变化。在安排旅游应用文的结构时，不能忽视这个特点，而要服从这个特点的需要。旅游应用文写作不能别出心裁。如"报告"，在公务文书和事务文书中就有不同的写作要求，写作时就要根据具体的情况来安排结构，以求拥有更适当、更明确的表达效果。

3）结构安排要合乎逻辑

首尾照应、衔接紧密、层次清晰、段落分明是合乎逻辑结构要求的，而前后矛盾、顺序混乱、层次模糊、段意交叉则是结构不当的表现。

4）结构要有利于材料的取舍

在安排结构时,可以根据需要对材料重新取舍、重新归位。无论是什么文体,都是如此。为刺激旅游业的发展,湖北政府提出了一系列的便民措施,如扶持中小旅游企业、为国民出行提供便利、热门景区免门票等。各地方政府也根据本地实际情况,提出了旅游优惠政策。这些相关措施,并不一定都要在旅游宣传文章中体现出来。作者要选择最具有代表性的措施进行展示,比如武汉市热门景点免门票这样的政策,可以放在非常突出的位置加以宣传。

4.结构的常用模式

1）总分式

总分式即总起分述。可以先总后分,也可以先分后总,还可以总—分—总。"先总"就是先总体介绍,先提出总的观点、总的问题;"后总"就是最后归纳、提升、综合或补充;而"分"则是从不同的层面、角度来分说、分析、来为"总"服务。总是分的根据,分是总的证明。一般通报、报告、总结等常用这种结构。

2）并列式

文章要表达的事情各成一体,各具一定的独立性,可用并列式结构行文。这样的结构特点清晰、明了,事情说得完整,读者看得明白。一般条例、计划、合同等可用分条并列的方法表现主旨。

3）递进式

如果文章具有较强的说理性、分析性,递进式结构是较好的选择。各层次的内在意义在层层递进中被一步步推出,最终得出令人信服的结论。这样的结构也符合人们普遍的认识规律,体现思维的逻辑性、严谨性。一般调查报告、可行性分析报告等常用这种结构。

以上三种结构方式并不是在一篇文章中只能选择一种。作为常用模式,它们可根据行文需要做多种组合,综合表现文章的主旨。

（四）旅游应用文的语言

1.语言的概念

语言是人类思维和交际的工具,是一种音义结合的符号系统,它是文章的细胞。

如果说主旨是解决"言之有理"的问题,材料是解决"言之有物"的问题,结构是解决"言之有序"的问题,那么语言就是解决"言之有文"的问题。

2.旅游应用文对语言的要求

旅游应用文作为一种实用性文体,与其他文体相比较,在语言上主要表现出以下特征。

1）严谨庄重

应用文中的公文代表机关发言,具有法定的权威性,其用语应当严谨庄重,以体现公文的严肃性,因此既不宜使用口语,也不宜运用文学语言,而要使用规范化的书面语言和专用词语。

2）准确贴切

正确地记载和传递信息是撰写应用文的基本要求。为遵循这一要求,旅游应用文的语言必须符合客观实际,符合逻辑。要精心选词、严密组句,不能模棱两可、含糊不清,出现歧义。语法修辞也要符合规范。

3）朴实得体

应用文是处理、办理事务的工具，也是沟通信息的重要工具，具有明确的实用性。因此，作者在撰写应用文时遣词造句必须朴实无华，不应追求华丽的辞藻；语言应适应不同文体的需要，说话讲究分寸、适度。

4）简明易懂

为了加快阅文办事的节奏，应用文用语必须简明精炼、言简意赅。另外，应用文的阅读对象较为广泛，要让人看懂，语言的表达就必须通俗易懂，绝不能脱离群众、故作高深。

二、旅游应用文写作的一般步骤

旅游应用文的写作过程一般包括准备、构思、起草和修改四个主要步骤。

（一）准备

准备，是为了达到目的而在思想和行动方面采取相应措施的过程。

旅游应用文的写作包括思想理论准备和物质材料准备两个方面。

1.思想理论准备

做思想理论准备主要是指明确写作目的和有关理论政策等，包括明确写作的目的、意图、任务、范围，弄清文章的性质、读者对象，认真阅读有关文件，明确政策界限等。

2.物质材料准备

物质材料准备是指搜集有关文字材料和实物，可以通过调查、研究、走访等形式获取直接材料，也可以通过报刊、广播、电视、网络等途径获取间接材料。

（二）构思

构思，是对文章从内容到形式进行统筹安排、全面规划的过程。构思包括确立主题、选用材料、安排结构和编写提纲。

1.确立主题

有的文章是先有主题，后有材料；而有的文章是先有材料，后有主题。根据材料确定主题，要在充分获取材料的基础上进行，并应深化对相关客观事物及其规律的认识，以提炼出高度集中、鲜明的主题。

确立主题要考虑以下因素：

(1)读者与社会的需要，特别是社会实践活动的需要。

(2)作者自身的主客观条件是否能保证写作顺利进行。

(3)主题是否与文体或媒体相适应。

2.选用材料

确立主题之后，要围绕主题选用材料。要选择真实、典型、新颖的材料，且材料要丰富、多样。要在充分获取材料的基础上，根据文体的特点、作用，对材料进行定位分析，围绕主题对材料进行精心的选择、剪裁和安排。

3.安排结构

结构是文章的骨架、格局。安排结构即布局，就是对文章的段落层次、开头结尾、过渡照应、起承转合等进行全面规划和统筹安排。安排结构前首先要理清思路,还要根据不同文体进行编排设计。

4.编写提纲

编写提纲是把构思的成果以书面形式固定下来。编写提纲应从整体到局部、从粗到细、从章到节再到层,每层次还可以列出关键词语和主要材料。编写提纲要随想随记,不断调整、修改和深化。

（三）起草

起草,是作者把自己的整体构思写成文章初稿,把无形的思想变成有形的成品的过程。起草是写作中很重要、很关键的一步。起草的成功与否,基本上决定了整个写作过程的成功与否。

起草要注意以下几点:

1.最好一气呵成,但也可以各个击破

一气呵成可以使文气贯通、前后一致,不容易出现斧凿的痕迹。但是,必要时可以先化整为零,再拼凑连接。对于长篇文章,可以采取各个击破的策略,根据先易后难的原则,分别充实各章节内容。

2.遵循提纲,又不囿于提纲

大致按照提纲去写,不至于离题太远、不着边际。但在写作的过程中,很可能有一些新的思想冒出,或发现提纲中有一些问题,此时要根据实际需要对提纲加以修改、补充和完善。

3.写不出时不要勉强去写

在写作过程中,由于材料不充分、构思不成熟、缺乏激情或灵感、一时找不到恰当的语句等原因,会出现写不下去的情况。这时最好立即停下来,做一些必要的准备工作,等到时机成熟时再写。

（四）修改

修改,是对初稿从内容到形式各方面进行加工、完善直至定稿的过程。修改是写作的组成部分和重要环节。对初稿进行反复修改,是定稿之前必须完成的一项重要任务。通过修改,不仅可以发现文字表达上的不足,还可以检验文中所述内容与实际情况是否相符。修改应用文,不仅是提高写作能力的一条重要途径,还是提高处理日常事务能力的一条重要途径。

对文章的修改分为内容方面的修改和形式方面的修改,包括完善标题、突出主题、增删材料、调整结构、锤炼语言、修饰文面等。

1.内容方面的修改

文章的思想内容是决定文章成败优劣的关键。修改文章首先应该从内容上着眼,检查标题是否恰当、简明,观点是否正确、深刻,材料是否精当、典型,材料与主题是否统一等。具体说来,文章内容方面可能存在以下问题:

(1)标题所指范围过大或过小,正文与标题不吻合。

(2)观点不明确、不深刻,主题平庸,缺乏积极的教育意义。

(3)材料陈旧、平淡、不真实、不典型,不能有力地说明观点或表现主题。

(4)内容杂乱,概念模糊,判断失误,推理、论证不合乎逻辑。

(5)引文不当,曲解原意,或与主题没有关系。

2.形式方面的修改

好的内容要有完美的表现形式。修改文章还应该从形式上着眼,检查结构是否合理、和谐,语言是否得体、严谨,文面是否规范、标准等。具体地说,文章形式方面的缺陷可能有以下几种:

(1)结构不完整、不严谨,甚至散乱。

(2)层次、段落、过渡、照应、开头、结尾等不恰当。

(3)叙述、说明、议论、描写、抒情等不合乎文体内容要求。

(4)字、词、句运用不当或有错误,写法不正确,不合乎语法规范或修辞要求。

(5)标点符号使用不规范或不合乎要求。

(6)文章格式不标准或不合乎要求。

修改文章,一般采用以下的原则和方法:

第一,通观全局,从精到细。首先要从整体着眼,考察文章内容与形式是否相符,是否体现了写作意图;其次对各方面作深入考察,包括主题是否明确、材料是否典型、结构是否和谐、语言是否得体、文面是否标准等。

第二,区别对待不同文种。文种不同,写作要求就不同。要看清对象,对症下药,不能千篇一律、张冠李戴。

第三节　旅游应用文的语言表达

一、旅游应用文的表达方式

文章常用的表达方式有叙述、描写、议论、说明、抒情五种。这些均适用于旅游应用文。

（一）叙述

1.叙述的概念

所谓叙述,是以记述人物或事件的发展变化过程以及场景、空间的转换来表达思想的一种表达方式。如:沃勒在《廊桥遗梦》的开头即写道:"从开满蝴蝶花的草丛中,从千百条乡间道路的尘埃中,常有关不住的歌声飞出来.本故事就是其中之一。一九八九年的一个秋日,下午晚些时候,我正坐在书桌前注视着眼前电脑荧屏上闪烁的光标,电话铃响了。"

2.叙述的种类

1)顺叙

顺叙即按照事件发生、发展到结局的顺序进行叙述。这种方式有利于将事件的来龙去脉交代清楚,给人以完整的印象。

2）倒叙

倒叙指根据表达内容的需要,把事件的结局或某个精彩的、突出的片段提到开头叙述,然后再按照事件的发展顺序进行叙述。倒叙运用得当,可制造悬念,提高读者的阅读兴趣,能更好地表现文章的主旨。

3）插叙

插叙指在叙述过程中暂时中断主线而插入有关的人或事的叙述方式,可以加大容量,使行文富于变化,做到主题突出、内容充实、事件完整、人物丰富、有断有续、有张有弛。

4）补叙

补叙可对事件发展过程中的某个重要片段作补充交代,使事件更加完整。

5）概叙

概叙指用概括、简洁的语言将事件的全貌和本质交代清楚,给人以整体的认识。一般应用文普遍采用概叙的方式。

6）夹叙夹议

夹叙夹议指以叙述为主,加以分析评论的叙述方法。在调查报告等的写作中,通过夹叙夹议,可将材料与观点结合起来,更好地表现文章的主旨。

以上六个类型的叙述中,倒叙、插叙、补叙多用于新闻报道,一般不能用于公文写作。

3.旅游应用文对叙述的要求

旅游应用文写作中的叙述,与一般文章(尤其是文学作品)还是有较大区别的。

文学作品中的叙述,要求具体、详尽,往往与描写相结合。为了能够感染读者,叙述时还会充分运用各种修辞手法,如夸张、比喻等,使主题表现更为深刻。

而旅游应用文写作中的叙述大多是概述,它不要求具体、详尽地叙述人物和事件,它所要求的是简要地叙述事实本身,做到重点突出、层次清楚。应根据文体表述的需要,选择合适的叙述方式。

（二）描写

1.描写的概念

所谓描写,是以形象、感性的语言来描绘、摹写人物、事件及景物的形态与特征的一种表达方式。

例如:

“叮铃铃……”上课铃响了。同学们安静地坐在教室内,等待老师的到来。教室里时而传来几声咳嗽声,时而传出班长的吼声:“不准讲话!”呵,真威严!几声轻快的脚步声,“啪!”班长回位了。当然,老师也走进了教室。“就要像这样嘛!”老师看了挺满意。的确,今天的课堂纪律非常好。“上课!”……师生上课的见面话——互相打招呼,但很严肃。老师习惯性地推了推眼镜,巡视了一会儿,脸上流露出满意的微笑。不久,校园里传出了有规律的读书声,非常悦耳。现在,同学们正寻求着知识,老师们正传授着知识。上课就是这样:轻松、愉快、但又是那么严肃。

2.描写的作用

描写是记叙性文书主要的表达方式,用于描述情景、刻画形象等。在议论文和说明文里,它作为辅助表达手段,也较为常用,尤其在导游词、景区景点介绍和广告等文体中使用较多,主要是为了增强形象性、生动性。

3.旅游应用文对描写的要求

首先要充分了解描写的对象。其次要掌握描写的方法,如白描、工笔细描、侧面描写、烘托等。最后还要注意,描写是为表现主题服务的,不能为了描写而描写。

(三) 议论

1.议论的概念

议论是作者运用概念、判断和推理的逻辑形式,对客观事物进行分析、评价,以表达自己立场的语言表达方法。

议论与叙述有着明显的区别:一是思维方法不同,议论用的是逻辑推理,叙述用的是形象思维;二是着眼点不同,议论重点在说理,叙述着眼于过程;三是语言不同,议论比较概括、抽象,叙述要求形象、具体。

2.议论的论证方法

1) 对比法

对比法指通过正反对比、好坏对比、新旧对比等具有不同性质和特征的对照比较,使二者的本质更加鲜明突出,从而证明论点的方法。

例如:

我有个常常横着大拇指夸我"精彩极了"的老妈,还有个常常板着脸训我"糟糕透了"的父亲。恰恰是有这二种极端的爱才让我经常在心中清楚自己努力的方位。

2) 因果分析法

因果分析法即通过分析问题、剖析事理、揭示论点与论据之间的因果关系证明论点的方法。

例如:

新型冠状病毒感染使全球人口流动受到了巨大的限制,对世界旅游业的发展造成严重损害。

3) 例证法

例证法指用具体事例或统计数字作为论据来证明论点的方法。

例如:

毛泽东的《新民主主义的宪政》一文,在讲到"顽固分子"时说:"顽固派,他们总有一套计划,其计划是如何损人利己以及如何装两面派之类。但是从来的顽固派,所得的结果,总是和他们的愿望相反。他们总是以损人开始,以害己告终。"就这个结论,毛泽东引用了古今中外的一些例子来加以证明。

4) 引证法

引证法指通过引用权威性的论述,科学的公理、定理,生活中的道理等作为论据来证明论点的方法。

例如:

古人说:"尽信书,则不如无书"。读书的终极目的,是要把"死"书读活,让书发挥作用。"死""活"之间,相互为用,相互补充。我们强调读"死"书,但又不拘泥于读"死"书。"死"与

"活",都是对人而言的。人要书"死",书就"死";人要书"活",书就"活"。这就叫"运用之妙,存乎一心"。善读书者,手中都有一把能打开书籍奥秘的金钥匙。书籍是"死"的,金钥匙却是"活"的。"死"与"活"的关系,大概有如书籍与金钥匙的关系,我们先要有书籍,然后金钥匙才能发挥作用。只有漂亮的金钥匙,又有什么用处?因此,谈读书,就得先读书。

本语段使用了引用论证法,即古人说:"尽信书,不如无书",阐明了"死"与"活"之间,不是绝对孤立的,是相互为用、相互补充的关系。

5)喻证法

喻证法指通过比喻来阐明事理的方法。

例如:

一个人开始大手大脚花钱,他总是有条界线的,这就是限于自己的劳动所得。但是,由俭入奢易,由奢入俭难,大手大脚花惯了,那条劳动所得的防线也不见得就是马其诺防线(指第二次世界大战前,法国为了防御德国进攻,在从瑞士到比利时之间的东部国境上所修的坚固防线,1940年德军绕过这道防线攻入法国,使防线失去作用)。即使是马其诺防线,也是可以被自己的贪欲攻破的。

论证方法除上述几种外,还有类比法、归谬法、反证法等。在写作中要根据需要恰当选用论证方法。

3.议论的作用

议论在旅游应用文中是作者表达观点和用来说服读者的重要手段。不过,议论文里的议论有论点,有论据,还有完整的推理过程。而公务文书、事务文书只要把道理直接说出来就行了。毫无节制地插入长篇大论是应用文写作的大忌。

4.旅游应用文对议论的要求

1)论点方面

一要正确,二要鲜明,三要集中。

2)论据方面

一要真实,二要充分,三要典型,四要新鲜,五要与论点有必然联系。

3)论证方面

论证的过程实际上是提出问题、分析问题、解决问题的过程,并不是简单地摆出几个论据就可以了。

4)语言

议论的语言特点是抽象、概括、逻辑性强。所谓抽象,并不是空洞无物,而是要从具体现象中概括出事物的本质来。比如,我们说"21世纪是中国旅游事业的黄金时代",这是考察了中国丰富的旅游资源,发现了中国发展旅游事业的有利条件,通过与其他国家和地区进行比较,还充分研究了21世纪中国旅游事业的机遇等之后得出的结论;以"黄金"来比喻,又使语言形象化,不至于枯燥无味。

(四)说明

1.说明的概念

说明是以客观的态度,平实的语言,对事物的形态、形式、特征、构造、成因、关系、功能等解说清楚的一种表达方法。

例如：

北京故宫于明成祖永乐四年(1406年)开始建设，以南京故宫为蓝本营建，到永乐十八年(1420年)建成，成为明清两朝二十四位皇帝的皇宫。1925年10月，北洋政府成立故宫博物院。北京故宫南北长961米，东西宽753米，四面围有高10米的城墙，城外有宽52米的护城河。紫禁城有四座城门，南面为午门，北面为神武门，东面为东华门，西面为西华门。城墙的四角，各有一座风姿绰约的角楼，民间有九梁十八柱七十二条脊之说，形容其结构的复杂。

以上文字对故宫的基本情况进行了说明。

2.说明方法

1）定义说明

定义说明指用最简洁的语言解释事物或事理的本质特征，使人们能明确概念内涵的说明方法。

例如：

榫卯，是古代中国建筑、家具及其他器械的主要结构方式，是在两个构件上采用凹凸部位相结合的一种连接方式。凸出部分叫榫(或叫榫头)；凹进部分叫卯(或叫榫眼、榫槽)。

2）解释说明

解释说明指对说明对象的性质、特点、规律等所作的解释说明，是对定义说明的补充。

例如：

榫卯被称作中式家具的"灵魂"。木构件上凸出的榫头与凹进去的榫眼，简单地咬合，便将木构件结合在一起。由于连接构件的形态不同，衍生出千变万化的组合方式，使中式家具实现功能与结构的完美统一。

3）举例说明

举例说明指用最典型的事例来说明事物、事理的一般原则、原理和特征的方法。

例如：

我们做一件事，总想做得又快又好又省。这种求快、求好、求省，也就是想以最优的方案达到预期目的的思想，即运筹学的基本思想。战国时候有个"田忌赛马"的故事，说的是田忌同齐王的一次赛马。他们各有三匹马，分为上、中、下三等。田忌的马比齐王同等级的马要差，如果以同等的马一一对阵，田忌无疑将净输三盘。这时，谋士孙膑给田忌出了个主意，要田忌用下等马对齐王的上等马，用上等马去对齐王的中等马，用中等马去对齐王的下等马。田忌采纳了这个建议，结果获得一负两胜的战果。这是六种对阵方案中田忌唯一能获胜的方案，即最优方案。

田忌赛马的故事就是上述举例说明中所用的典型事例。

4）比较说明

比较说明指用相同的事物、事理之间的异同，或不同事物、事理之间的异同来突出说明被说明对象的方法。

例如：

水跟铁块不同，铁块有一定的形状，无论放在什么地方，它的形状不会改变。而水却不是这样,它会流动,没有一定的形状,装在瓶子里就是瓶子的形状,盛在杯子里就是杯子的形状……有人说水是白色的。不对,豆浆、牛奶才是白色的,水什么颜色也没有。水是无色的、透过水能看到水中的东西,就是说,水是透明的。牛奶和豆浆是不透明的。烧酒也是无色、透明的液体。怎样区别烧酒和水呢?闻一闻,烧酒有酒的气味,尝一尝,烧酒有酒的味道,而水却什么气味和味道都没有。水是无臭、无味的。

5)分类说明

分类说明是把被说明对象按照统一的标准,划分成不同类别的方法。

例如:

毛泽东在《整顿党的作风》中解释道:"什么是知识?自从有阶级的社会存在以来,世界上的知识只有两门,一门叫做生产斗争知识,一门叫做阶级斗争知识……此外还有什么知识呢?没有了。"

说明方法除以上五种外,还有数字说明、引用说明、作图表说明等。在写作中要根据需要选用恰当的说明方法。

3.说明作用

说明这种表达方式的运用非常广泛,旅游应用文写作离不开它。它的主要用途是介绍、讲解、注释等,尤其是在导游词、旅游说明书等文体中应用广泛。

4.旅游应用文对说明的要求

1)说明要准确

要抓住被说明对象的特征,用语要恰当,分类要正确,一定要能够把被说明对象与其他相似事物区别开来。

2)说明要客观

要实事求是地对事物进行说明,以反映客观事物的本来面目。

3)说明要科学

说明的内容要正确,选择的说明方法要得当。

4)语言要平实

说明的语言要平易朴素、简明易懂。运用形象化说明要贴切,不要故弄玄虚。

(五)抒情

1.抒情的概念

抒情是运用富于感情色彩的语言抒发作者内心感受的一种表达方式。

2.抒情的方法

1)直接抒情

直接抒情也叫直抒胸臆,即不借助客观事物,直接把心中的情感抒发出来。

2)间接抒情

间接抒情包括依事抒情、据理抒情、借景抒情等,都是把感情的抒发糅合在描写、叙述、议论之中。

3.抒情的作用

旅游应用文写作具有较强的针对性、目的性。为了使读者接受文章的思想内容,有时不能只满足于客观的叙事、冷静的说理，往往要借助于抒发感情，达到召唤读者或游客、激励或鼓舞读者或游客、渲染氛围的作用。这是旅游应用文表达方式的独特之处。

应用文写作的抒情一般都是间接的，即在叙述和说明中蕴含感情色彩，很少直接抒情。在旅游应用文中，抒情多用于广告、导游词、解说词、通讯等文体，主要用于直接或间接抒发作者的情感和感受，以增加文章的感情色彩和文章的波澜，感染读者。

例如，魏巍《谁是最可爱的人》，在介绍志愿军战士的几个英雄事例后，写下了这样一段抒情文字：

朋友们，用不着多举例。你已经可以了解我们的战士是怎样的一种人，这种人是什么一种品质，他们的灵魂是多么美丽和宽广。他们是历史上、世界上第一流的战士，第一流的人！他们是世界上一切伟大人民的优秀之花！是我们值得骄傲的祖国之花！我们以我们的祖国有这样的英雄而骄傲，我们以生在这个英雄的国度而自豪！

4.旅游应用文对抒情的要求

抒情的基本要旨是感情真实、健康、自然，切忌虚情假意、矫揉造作。

二、旅游应用文的语体特征

语体是指在使用语言时，由于语言环境不同而形成的各具特点的语言体系。旅游应用文选择语体以实用为目的。这决定了旅游应用文在词汇、语法等方面的一系列特点，并形成准确、平实、明快、庄重、简洁的语言风格。

（一）词汇上的特点

1.运用书面语言

有许多文种属于规范性文种。大量运用书面语言，少用口语词、方言词以及土语词，能显示这些文种庄重的色彩，体现其严肃性。大量运用词语精确限定的意义和直接意义，少用或不用有象征、比喻等意义的描绘性、情感性词语，能减少主观理解的成分，避免歧义的产生。

2.选用专用词语

专用词语一般都有明确的事务含义，如"批转""审核""任免"等。准确选用专用词语有助于使表情达意简洁、明快，使文段言简意赅。

3.沿用文言词语

有些文种使用的词语在一定程度上受到了古汉语的影响。沿用古汉语中的一些文言词语，如"为荷""兹""欣逢"等，常常能起到文约意丰的作用。

（二）语法上的特点

1.动词性宾语被大量运用

有些动词，如"严禁""禁止""主张""给予""予以"，可以带动词性宾语。例如，"分别予以教育、警告、罚款、行政拘留直至追究刑事责任""严禁走私和投机倒把"。动词性宾语几项并列并按一定逻辑关系排列，能让文意逐步推进且令叙述全面。

2.“的”字短语被特殊使用

应用文中的“的”字短语一般指带有贬义的事物或被贬的人,褒贬分明而又表达简明。例如,“情节严重拒不交代的”“违反规定私自出售的”。

3.介词短语异常活跃

应用文中,标题常使用介词短语,正文中的介词短语也不少。例如,“关于”“对于”“为了”等。介词短语能对叙述的内容进行修饰、限定,使得表达的意义明确、严密、完整。

4.联合短语比较普遍

联合短语往往按照一定的逻辑顺序排列,作为一个整体出现在句子中,罗列详细而又用词简洁。例如,“严禁在生产、加工、包装、运输、存储、销售过程中污染食品”“工厂、企业、机关、学校、村组部有责任积极宣传关于禁止赌博的法律法令”。

（三）组织语言的要求

组织语言,要做到准确、平实、简明、得体、流畅、生动等。

1.准确

准确是旅游应用文写作的基本要求。准确,一方面是逻辑问题;另一方面是语言表达问题,即选用恰当的词语,组成通顺的句子,准确地表达意思。

2.平实

旅游应用文的语言要求平实,是由应用语体的性质和功能决定的。所谓平实,就是平稳的意思。实,就是实实在在、直截了当,无虚文浮词。应用文的语言必须平直、朴实、通俗易懂。

旅游应用文叙事,一般是平铺直叙,从头说到尾,不用倒叙、插叙、补叙等手法;不用描写,不必绘形绘色;不用抒情,不必以情感人;也不用夸张、比喻、象征、含蓄、曲折、隐晦等意在言外的修辞方法。旅游应用文说明道理,一般是直言其理,不故作翻腾和放言高论,总是以切实明白为宗旨。

3.简明

旅游应用文要实用,就必须讲究简明。《党政机关公文处理工作条例》明确指出,拟制公文应“文字精练”。

第一,旅游应用文叙事、说理用词要概括,宜粗不宜细;用社会上通用的词语,不赶时髦,不用那些新奇而不规范的词语;尽量不用那些有两种以上解释的、容易产生歧义的词语。

第二,旅游应用文的写作要开门见山、开宗明义、直接切入主题,避免下笔千言、离题万里的毛病。应用文中叙事、写人、说理,都涉及一些背景材料。在背景材料部分只要三言两语说明问题就可以了,不要东拉西扯、大发议论。

第三,旅游应用文的写作要实话实说,禁绝一切套话、空话。有的作者在行文时,为了讨好或怕得罪某些人,往往把各方面的关系都照顾到,好听的话都说上,讲一些人所共知的空道理。

第四,旅游应用文的结尾必须意尽言止,不能拖泥带水或画蛇添足。

4.得体

旅游应用文写作要得体,主要含义有两方面:

首先,要合于文体。应用文所表达的内容和所采用的语体应和文种相一致。比如,公文中有上行文、下行文、平行文,其体制、行文用语有明显不同。

其次,旅游应用文的语言要得体。应用文的文种不同,语体风格也不同。文稿的内容和语气要和单位、作者的定位相一致,要和应用的环境气氛相协调。比如通告,主要用于在一定范围内公布应当遵守或周知的事项,使用面较广。无论是哪个机构,只要有法人资格都可使用通告。它不像公告那样只用于重大事项,也不像布告那样具有强制性,不强调语言通俗化,可使用一些专业术语。

三、旅游应用文的修辞

有人认为,应用文是实用文体,不讲究修辞。这种说法其实是不对的。人们应用语言交流思想、传播信息,并不是消极被动的,总要针对不同的内容和语言环境,选择最恰当完美的语言手段,追求最好的表达效果,这就是所谓的修辞。在人们日常说话中,在文学创作和应用文写作中,都离不开修辞。

旅游应用文种类繁多,按所运用修辞方式的明显差异,大体可分为四类。

（一）公文

国家行政机关的公文具有法定效力和规范体式,具有特殊的性质和作用。公文的修辞在语言运用上要求简明、准确、平实、得体。撰写者应结合具体对象和语言环境,选择合适的词汇、句子、语调、篇章结构。

有人称公文中的修辞为消极修辞,因公文叙事说理多用抽象、概括和准确的语言,重在表达的正确和明白,强调语言的规范和健康;用词规范、庄重、典雅,多用习惯性词语,一般不用俗语和不规范的词语;在句式方面多用严密长句和整句;在篇章结构上,比较固定化、模式化;题旨则多是规定的。

（二）一般事务性旅游应用文

一般事务性旅游应用文主要包括计划、总结、报告(工作报告、调查报告)、简报、章程、条例、合同、公证书等。这类应用文在语言运用上与公文相近,但也有区别。一般事务性旅游应用文的修辞在语言运用上要求简明、准确、平实。这类应用文多用所谓的消极修辞方式,即重在选择词汇、句式、语调、篇章结构。因不是法定公文,一般事务性旅游应用文中没有上下行文中的关系、法定公文常用的词语、严格的时效性等,在语言修辞方面与前者有一些区别。

（三）论文

论文包括评论和学术论文(科技论文、社科论文、学位论文),在写作上多运用抽象思维。其表达的主要方法是议论,通过概念、判断、逻辑推理表达作者对客观事物和客观事理的看法,以达到以理服人的目的。论文的修辞在语言运用上要求准确、鲜明、生动、严谨,结合实际对象和语言环境。同时,为了增强表达效果,使语言表达鲜明、生动,论文也常运用一些文艺性的修辞格,比如夸张、比喻、对偶、排比、诘问等。

（四）具有文艺性的旅游应用文

旅游应用文中有一些具有文艺性的文种,比如导游词、景点解说词、欢迎词等,其中运用的修辞方式较为广泛,除了实用性的修辞外,文艺性的修辞也经常运用。

例如:

三峡的水没有西湖之静,亦没有长江的浊,却变幻多姿。夏天的时候,江河水涨,将一个个小山包与墨绿的江水连为一体。每当此时,来往的船只都不能航行。但三峡水流之快是无人能比的。传说古代帝王有急事宣召,便令人早上从白帝城出发,夜晚就到了江陵。其间有一千二百里的路程,即使你乘千里快马、驾飞腾的风,也赶不上三峡水流的速度。

本章练习

一、知识训练

1.如何理解旅游应用文的主旨?

2.旅游应用文写作处理材料的基本原则是什么?

3.旅游应用文常用的结构模式有哪些?

4.如何理解旅游应用文的实用性修辞?

二、能力训练

阅读下面材料,你打算怎样学习"应用文写作"这门课程?

这学期的"应用文写作"课程已经结束了,在这门课的学习过程中,我学到了很多,对我今后的人生也是受益匪浅。在以前,我从来没有接触过应用文写作,对于公文写作完全没有概念。以前高中也只是写过作文、日记之类的小文章,写得都很随意。一开始看到这门课的时候,我以为应用文写作课就是教我们写作文吧!在上了老师的课后,才发现吉运辉老师讲课既幽默又有内涵,课堂氛围非常活跃。因此,我也对这门课产生了兴趣,这也许是我认真听课的一个原因吧!我还发现应用文并非我起初理解的那样,它的应用具有广泛性,而且与我今后的事业也有密切的关系。通过学习"应用文写作",一些最基本的应用文写作知识已经深深地映在我的脑海里了。现将这学期对应用文写作课的学习总结如下:

1.对应用文的了解

应用文具有这五个方面的特点:实用性、真实性、简明性、时效性、规范性。在现代这个高度发达的社会中,我们能否找一份好工作,有一个好的生活,与我们自身的能力有直接的关系。因此,学习应用文写作,就很有必要性。应用文的使用范围也是十分的广泛,涉及社会生活的各个领域,在社会实践中发挥着巨大的作用,主要包括:宣传教育作用、规范作用、沟通协调作用、依据和凭证作用。因此,对于它的写作就有严格的要求,在工作中就能明显体现出这一点。有一个良好的应用文写作习惯,能体现出一个人良好的文化修养和能力水平,从而能令他更受企业的青睐。

正因为应用文写作的这些特点和作用,它的实用性就不言而喻了。而且,两年后我们就要走向各自的工作岗位。在工作中,我们不免会遇到计划、总结、报告、通知、请示等的写作任务。我们可以通过这门课的学习为以后职场写作实践打下良好的基础。

2.学习的收获

这学期我们主要学习了应用文写作基本要求,通告、通知、通报、计划与总结等的写法等内容。这些都是学习、生活以及今后工作中经常会用到的。虽然老师没有将这本教材的所有内容讲完,但是给我们讲解了我们要重点学习的部分,收获了很多。这门课的针对性很强,而且很实用。

上了"应用文写作"课之后,我发现以前写的请假条都是不符合规范的。因此,学这门课是很有必要的。了解了一些应用文的写作格式、语言、注意事项以及用途,对于将来的工作学习会非常重要,也能使得我们以后写应用文时更加的规范、标准,更有效率。我们重点学习了各种应用文写作的方法和规范的写作格式,比如申请书、计划、总结等一些常用文体的写法。以前我们自己写的时候,会不知道如何下笔,不知道怎样去写,完全不知所措。而现在,我们会自信满满得将其写完,而且写得很好。

"应用文写作"这门课程给我们提供了一个很好的学习平台,通过吉老师详细的讲解和自己在课后的练习,我已经掌握了应用文写作的基本写作模式和要求。我相信,我今后的毕业论文中一定会有亮点。同时,应用文写作在将来的公务员考试中也占有非常大的比重,那么"应用文写作"的学习就为将来要参加公务员考试的人做好了铺垫。因此,这节"应用文写作"课对我们来说是一个不容错过的机会,我们应该好好把握,认认真真地去学习。

3.学习的经验

这个学期在应用文的学习过程中,我也慢慢的了解了这门学科,总结了一些经验方法。

首先,要仔细读懂教材中的内容,对每一个章节的知识有一个总体的把握,特别是要熟悉那些例文,了解其行文结构。

其次,写作要坚持实事求是。应用文的内容要客观真实,不容虚构;语言要求简明扼要,忌浮华、抒情;格式也需要规范,以便阅读、处理和收发。如果一份文件全篇都是优美的句子、华丽的辞藻,大段大段地描写抒情,阅读者就不能很快得看出主要传达的信息。这样一来,应用文的作用就无法体现出来。

最后,要注重查漏补缺,多实践和积累。多对写过的应用文查漏补缺,对于忽略或没想到的问题,要全面地纠正过来并掌握它。"应用文写作"是一门应用性很强的基础课程,要在理解的基础上将知识活学活用,在平时注意积累材料。

此外,还有重要的一点就是应用文写作所站角度的重要性不可忽视。一般文体的写作都是站在自己的角度,表达或抒发自己的感想、心绪,或者阐述自己的观点。而应用文写作一般是要站在某一群体、某一组织的位置上,它所传达的是被代表的单位所发出的信息。所以,在写作时不要总想着自己,而要考虑文中所代表的单位的立场。比如,给领导草拟文件,必须要弄清楚领导的关注点,不能随意下笔,否则,也只是徒增工作量。

4.学习中的不足之处

学习了这门课之后,我发现自己有许多不足之处,例如课余时间便将应用文写作抛诸脑后,一些需要反复练习的东西,我没有付诸实践,仅仅停留在课堂层面。没有把所学的知识进一步转化为技能,这是我在这门课程的学习中做得不好的地方。但在整个"应用文写作"课的学习过程中,我收获到的还是多于损失掉的。以后,我会进一步学习公文的写作,争取进一步提高我的应用文写作能力。

第二章 →

旅游宣传策划类应用文

通过本章学习,应当达到以下目标:

◁ **知识目标** ▷

了解旅游宣传策划活动过程中各类应用文的概念、特点、种类、作用及写法,能用其指导消息、通讯、海报、导游词和策划案的写作活动,规范其相关技能活动。

◁ **能力目标** ▷

通过学习本章文种知识、研究相关案例,培养在与"旅游宣传策划活动"相关的应用文写作情境中分析问题与解决问题的能力。通过写作实训,掌握消息、通讯、海报、导游词和策划案的写法。

◁ **素质目标** ▷

结合本章教学内容,依照行业道德规范或标准,灵活运用消息、通讯、海报、导游词和策划案,为开展社会主义核心价值观、民族精神、时代精神、中华优秀传统文化教育宣传服务。

第一节 消 息

一、任务导入

阅读下面消息,指出其中存在的问题。

1月13日,中国太平洋人寿保险股份有限公司××中心分公司在我县召开现场理赔大会,为我县四名遭受人身意外的投保人理赔二十八万五千多元。

中国太平洋人寿保险股份有限公司××中心分公司自成立以来,积极将保险事业融入经济生活中,经常开展关爱孤残、捐资助学、扶贫赈灾等公益活动,解决就业1400多人次,较好地提升了自身形象,为开拓保险市场,公司决定再次招聘44人,为我县提供新的就业岗位。

二、范例分享

借力古胶东文化 古岘旅游火起来

记者 张仰运 肖相波

迎着朝阳,踏上古老崎岖的石板路,抚摸着斑驳的墙壁,穿过一个个逼仄拐角,忽闻老酒飘香,"私塾"中传来朗朗童声……走进山东省青岛市平度市古岘镇二里村九曲巷,厚重的历史气息扑面而来。这条位于国家重点文物保护单位六曲山古墓群和即墨故城遗址之间的古巷,让人在旅游放松的同时,感受到即墨故城的文化魅力。

古岘镇是古胶东国所在地,有着2000多年的历史。近年来,该镇依托周边丰富的旅游资源,以九曲巷为主线,开发了中国人民解放军第三十二军建军旧址、村庄博物馆、美食街、民宿一条街、胶东王都椿香苑等一系列旅游景点,形成了包含历史故事、红色文化、田园风光、餐饮美食等在内的特色乡村旅游线路,胶东文化特色古镇建设稳步推进。

转九弯、逛八景,九曲古巷展新颜

沿平度市沽河路转进二里村村道,行驶约500米,一个仅容一人通过的狭窄巷道出现在眼前,这就是九曲巷。"九曲巷并不是刻意修建的,而是古人在建村时,或依据地形地貌,或根据家族大小,自南向北形成的有九道弯的一条小巷,后人称之为九曲巷。巷内道路宽窄不一,宽处可通行马车,窄处仅容一人通过。"跟随讲解人员的引导,记者步入了这个充满历史气息的古老巷道。

"师傅,这个是什么兵器?我在电视上见过,但不知道名字。"转过第一道弯,刚进入九曲巷的第二个景点"李氏拳房",就有游客向工作人员请教房内摆放的各种兵器。

"九曲巷共设置8个景点,均结合历史记载中的真实故事打造。"古岘镇宣传统战委员张吉元说。

走在九曲巷里,每一道弯看似走到了路尽头,转过去却是柳暗花明。借着乡村旅游的东风,九曲巷再现千年古貌,迸发出磅礴生机与活力。

品美食、住民宿,走出多彩旅游路

"发展旅游,留住游客不仅靠景点,还要靠特色美食。既要满足游客的精神需求,也要满足其味蕾需要。"从九曲巷出来,只需10分钟便到了一里村。区位优势让一里村党支部书记钟同欣产生了借助九曲巷打造美食街的想法。

2019年,由村委会管理监督、企业负责运营、村民自主合作的一里村美食街正式运营。"我们沿街开发了百余个摊位，运营半年后，80％的摊位被村民租用。"村民如此高的积极性是钟同欣没有想到的。

"疫情之前，一天就能卖出1500多个包子，收入400多元，比租个门店效果还好。"一里村村民郝建波在美食街经营了一个煎包摊位，虽然去年受到新型冠状病毒感染影响收入锐减，但他相信今年一定会好起来。

郝建波的信心来自村里的规划建设。钟同欣说："近期，村里成立了菜香农民专业合作社，流转了5000余亩土地，发展蔬菜种植。我们的蔬菜不仅能供应青岛市区，还能吸引更多游客到村里体验采摘，享受美食。"

此外，一里村村委会还租用了村里无人居住的民房，进行改造升级，将其打造成特色民宿。

"近期，我们还重启了九曲巷、美食街等景点，同时加强与烟台、威海等周边市区旅行社的合作，争取吸引更多游客前来体验，促进全镇文化和旅游产业发展，走出多彩乡村旅游路，带动更多村民增收。"张吉元表示。

延链条、拓规模，探索文旅新路径

在美食街饱餐后，稍作休息，游客可沿乡间小路向东而行，不过十来分钟，便可到达集香椿种植、培育、采摘于一体的胶东王都椿香苑，体验香椿采摘的乐趣。

总投资1.3亿元的胶东王都椿香苑项目是古岘镇2019年引进的农业产业项目，旨在建设集四季红油香椿种植加工、采摘观光、医疗康养于一体的现代化农业产业园。"建设椿香苑，发展香椿种植加工、采摘观光，延长了全镇文化和旅游产业链条，拓展了产业规模，提升了全镇文化和旅游事业的发展质量。"古岘镇相关负责人表示。

"古岘镇是即墨故城所在地，历史悠久，而香椿在汉唐时期与荔枝并称南北两大贡品，同样有着悠久的历史。因此，我们选择了古岘镇作为公司的种植基地。"青岛椿香园生态农业科技有限公司负责人孙少勇介绍，该项目能充分发挥古岘蔬菜种植大镇及文化旅游古镇优势，以观光旅游、采摘、休闲、民俗、名吃为主题，以促进乡村振兴为核心，实现党支部＋合作社＋科技示范公司＋农户＋文旅采摘的模式。

"香椿是一道传统美食，营养丰富。来到这里，游客可以在露天种植基地和大棚中近距离了解香椿种植过程，还可以现场体验香椿采摘。"孙少勇介绍，下一步，该公司将进一步完善香椿科技采摘园基础设施，新建香椿产品体验场所，借助旅游产业提升椿香园品牌影响力，扩大香椿种植规模。

（资料来源：2021年6月3日，《中国旅游报》）

【提示】

这则消息采用叙述式导语，概括反映出新闻最主要、最新鲜的事实，给人一个总的印象。主体是消息的重要部分。它承接导语，运用典型材料从"转九弯、逛八景，九曲古巷展新颜""品美食、住民宿，走出多彩旅游路""延链条、拓规模，探索文旅新路径"这三个方面对导语加以展开，布局严谨，内容具体，有说服力，使读者从中获得启示。

三、知识览要

（一）消息的概念

消息是新闻报道中最简练、最短小的一种常用的新闻体裁。其报道的内容单一而概括，即它只报道一个事实，不交代背景，对事实不作具体的叙述和说明，只对新近发生事实的动态作简要的报道。

（二）消息的种类

1.动态消息

动态消息也称动态新闻。这种消息迅速、及时地报道国内国际的重大事件，报道社会主义现代化建设中的新人、新事、新气象、新成就、新经验。动态消息中有不少是简讯（也叫短讯、简明新闻），内容更加单一，文字更加精简，常常一事一讯，几行文字即可。

2.综合消息

综合消息也称综合新闻，指的是综合反映全局性情况、动向、成就和问题的消息报道。

3.典型消息

典型消息也称典型新闻，是对某一部门或某一单位的典型经验或成功做法的集中报道，用以带动全局，指导一般。

4.述评消息

述评消息也称新闻述评。除具有动态消息的一般特征外，它还带有作者直接发出的一些必要的议论，能简明地表示作者的观点。记者述评、时事述评就是其中的两种。

（三）消息的写作结构

1.标题

标题是用来揭示、评价新闻内容的一段最简短的文字，其字号一般大于正文。新闻标题具有以下特点。

1）必须标出新闻事实

是否必须标出新闻事实是新闻标题和通讯标题的显著区别之一。通讯标题可以标出新闻事实也可以不标出，没有硬性要求。多数情况下，通讯以精辟的议论、动情的抒情、尖锐的提问或生动的比喻作题。新闻标题虽然可以兼有议论、抒情、提问和比喻，但必须标出新闻事实。新闻事实是构成新闻标题的必备条件。

2）新闻事实要有确定性，显示一种动态

新闻标题所写的事实，必须具备足以把事实表达清楚的必要的新闻要素，具有确定性，能给读者一个明确的概念，不能使其作出其他理解。通讯标题虽然可以涉及某些新闻事实，但不要求具备必要的新闻要素，也就是说可以略去能将事实表达清楚的要素。由于要素残缺，它对于事实的表述不具有确定性。

3）标题结构可分为主题、引题、副题

（1）主题。

主题说明新闻中最重要或最引人注意的事实和思想，是标题中最重要的部分。主题在整个标题中所用的字号最大,居于最显著的位置。主题通常是完整的句子或短语,要能表达完整的内容。例如,国家两部局"叫停"名人故里之争。

（2）引题。

引题位于主题之前,主要作用是引出主题,因此文字宜短,最好不要超过一行。过长会喧宾夺主,不利于突出主题。引题引出主题的方式主要有三种。

第一,通过交代和说明相关的背景、意义、目的、原因、气氛等引出主题。

例如:

（引题）成败在此一举

（主题）中国足球队今赴日

第二,通过直接叙述主干事实的起始部分引出主题。主题则是主干事实的后继部分。

例如:

（引题）关广梅在京接受中外记者采访

（主题）对答如流 语惊四座

第三,通过提出疑问和发表议论引出主题。这种方式与前两种方式的显著不同之处在于,引题不写事实。

例如:

（引题）即将来临的广州花市情况如何?

（主题）为君报道春消息 今年花胜去年红

（3）副题。

副题位于主题之后,主要是用事实对主题做些补充和解释。

2.导语

导语是新闻开头的第一句话或第一自然段,能简明扼要地揭示新闻的主要内容。导语在一则消息中,主要承担两项任务:一是以最简练的文字突出新闻中最重要的、最新鲜的事实或思想;二是吸引读者情不自禁地阅读全篇新闻。用来完成这两项任务的新闻开头部分,称为新闻导语。

导语有以下几种形式。

（1）叙述式。

叙述式导语直接用客观事实说话,通过摘要或概括,简要反映出新闻最主要、最新鲜的事实,给人一个总的印象。

（2）描写式。

描写式导语是记者根据目击情况,对主要事实或一个有意义的侧面所做的简练而有特色的描写,能给读者一个生动具体的形象,以突出人物或渲染气氛或再现场景。

（3）对比式。

对比式导语将过去与现在、此地与彼地加以对比,以借旧显新、以彼衬此。

（4）引话式。

引话式导语直接或间接引用与新闻有关的人物的话,放在新闻开头,引出主要内容,给读者强烈印象。注意,引用的权威性的话,必须正确,且不能断章取义。

28

（5）设问式。

设问式导语把新闻报道中已经解决的问题先用疑问的方式鲜明地提出来,以便后文用事实加以回答。

（6）评论式。

评论式导语从议论入手或是使叙述与议论交织在一起,用虚实结合、夹叙夹议的写法来对所报道的新闻事实加以评述,说明其意义。

（7）悬念式。

悬念式导语提出能激发读者好奇心的情节矛盾,悬而不答,便于展开主体段落,吸引读者读完全篇。

3.主体

主体是新闻的躯干,是对导语的进一步扩展,要用充分的事实表现主题。正文的任务,主要是运用具体的事实有层次地回答、说明、解释或补充导语中提到的问题或事件。消息的正文,是具体展示新闻内容,充分而有力地体现新闻主题的核心部分。因此,环绕新闻主题,选取典型的材料,并加以巧妙的运用、布局和安排,注意表达的条理性和逻辑性,做到层次分明、结构严谨,是主体写作中必须做好的工作。

4.结语

结语是交代新闻事件结果的话,可有可无,视具体情况而定。

四、写作实训

试结合"任务导入"中对病文的分析,写出该病文的修改稿。

知识链接

什么是新闻?

曾任《纽约太阳报》的编辑约翰·博加特说:"狗咬人不是新闻,人咬狗才是新闻。"《纽约先驱论坛报》的采编斯坦利·瓦利克尔这样定义新闻:"新闻就是女人、金钱、犯罪。"

在我国新闻学术界,最权威的新闻定义是1943年陆定一提出的,新闻"就是新近发生的事实的报道"。范长江也对新闻下了一个定义,"新闻,就是广大群众欲知、应知而未知的重要事实"。王中教授引入传播学概念,把新闻定义为"新近变动的事实的传布"。

新闻的基本特点有两个:真实、新鲜。这两点也是新闻最核心、最基本的规律。

新闻这一概念有狭义和广义之分。狭义的新闻单指消息;广义的新闻包括消息、通讯、报告文学、特写、评论等。

新闻要素是指构成新闻必需的材料。新闻五要素即 Who（谁）、What（什么）、When（时间）、Where（地点）、Why（原因）。

判断新闻价值的标准有哪些?

（1）时新性。

时新性指事实中新鲜的、新颖的元素。

内容新，要求事实是人们所未知的。未知数越大，新闻价值越高；未知数越小，新闻价值越低；若是没有未知数，就没有新闻价值。在此意义上，新闻是一次性的消费品，新闻价值取决于事实的未知数含量。

时间近，要求事实在时间上是新近发生或发现的。时间越近，新闻价值越高；时间越远，新闻价值越低，乃至消失。在此意义上，新闻是时间的易碎品，新闻价值随着时间流逝而递减。

（2）重要性。

重要性指事实所包含的意义。意义越大，新闻价值就越大。而事实是否有意义，是由它对社会生活所造成的影响决定的。所以，"重要性"也被称为"影响力"。

（3）接近性。

接近性指事实与受众的距离。距离越近，新闻价值就越大，包括地理上的接近和心理上的接近。在差不多同样重要的事件中，发生地离读者越近，越有新闻价值。这是因为人们愿意首先知道发生在自己周围的事情。它往往与自己有更为直接的关系。

在同类或不同类事件中，越是能够引起受众的情感联系、心理共鸣、共同兴趣的，越有新闻价值。这是因为它们往往能够满足受众的心理需要，或使之产生亲切感、认同感，因而"隔山隔水不隔心"。

为了突出这一新闻价值要素，新闻媒介及记者在新闻实践中有两个传统做法：一是新闻媒介地方化；二是新闻报道地方化。

（4）显著性。

显著性指事实中所涉及的人物、机构、地点等的知名度。知名度越高，新闻价值就越大。生活中，人物、机构、地点的名望往往会增加一件事情的新闻价值，尽管这件事情可能平常得不能再平常。

（5）趣味性。

趣味性指事实中能引起人们浓厚兴趣的元素，包括异常反常的、新奇离奇的、刺激的、稀少的、逗人发笑的、具有悬念或戏剧性的元素。

（6）人情味。

人情味指事实中涉及人、人性，能体现人的同情、关怀的元素，如人的生老病死、悲欢离合，对儿童、老人、妇女、病残者的救助保护，对动物的救助保护，等等。

（7）冲突性。

冲突性指事实中所包含的对立、竞争、交锋等元素。西方新闻界认为，在新闻报道中，"和谐等于平淡，而有竞争就有了新闻价值"。而且西方新闻界认为，冲突是大多数新闻的主要特点。

任何一个事件,只要具备了时新性再加上其他任何一种特性,就有成为新闻的可能。这就是说,某些事实能够成为新闻,而某些事实不能成为新闻,是由事实本身所决定的。也就是说,新闻价值要素是客观的。但是,对这些要素的取舍,却是主观的。

金字塔式结构与倒金字塔式结构

金字塔式结构的文本从头到尾完全按事实发生的时间顺序或情节发展过程来安排材料。例如,消息的开头就是事件的开头,结尾就是事件的结束。这种结构,是按人们正常思路渐进过程安排材料,因而易为读者所接受和理解,具有较强的生动性和吸引力。它最宜用来客观地叙述一些故事性强、人情味较浓的事实,写出新闻故事或新闻小品。

倒金字塔式结构的文本的特点是头重脚轻地组织、安排材料。例如,新闻把高潮或结论放在最前面,然后按事实重要性递减的顺序来安排内容,借以突出最重要、最新鲜的事实。采用这种结构方式撰写新闻时,写好导语尤为重要,并且它的结尾一般都表现为自然而止。这种结构的优点是易于组织材料,利于突出新闻的特点,行文简洁明快,方便读者阅读,便于编辑处理;缺点是难以有所变化,导语、正文、标题容易重复,文意跳跃性较大。

倒金字塔式与金字塔式混合结构可以说是集倒金字塔式和金字塔式两种结构之长,避免两种结构之短的一种比较灵活多变的结构。取倒金字塔式结构的导语写作的优势,用金字塔式结构的结尾写作之长,使首尾相呼应。这种结构能较好地适应各种新闻展现内容的要求,主要缺点是容易造成首尾重复。

第二节 通 讯

一、任务导入

王紫萱:导游将是我终生的职业

"今天,我和家人一起到成吉思汗陵游玩,感觉好开心。导游为我们讲解了陵墓内壁画的来历,他的口才非常棒,我很感兴趣,我也好喜欢导游这份工作呀。"这是王紫萱在读小学五年级时写下的日记。多年后,少时的梦想终于开花结果,2012年大学毕业后,她成为内蒙古自治区鄂尔多斯蒙古源流文化产业园区的一名导游。

谈及为什么会选择这个职业时,王紫萱表示,毕业时非常希望自己能为家乡、为社会发挥一些作用,"我的家乡是伊金霍洛旗,这里旅游业不是很发达,但我想只有成为一名导游员,才能真正参与到行业里。个体力量虽小,但点滴的溪流总能汇聚成江海。"

"其实我并不是科班出身,刚刚上岗时也会担心自己业务不够熟练。导游需要知识积累,我们需要成为'上知天文,下晓地理'的杂家。"王紫萱大学读的是经济学专业。为了尽快入门，她买了很多蒙元文化的相关书籍，增加知识储备，几乎每天"泡"在园区熟悉路线、练习讲解。

凭借着一股不服输的韧劲和过硬的业务能力，王紫萱成为第四届全国导游大赛的银牌导游员，而在参加总决赛时她已经怀孕七个月。面对着来自全国各地的"强劲对手"，从与64位选手进行客观题"PK"到30进20、20进10晋级赛，再到10强选手实地带团，王紫萱毫不畏惧，每一项都没有缺席。

"比赛的强度和压力确实非常大，有时晚上只能休息两三个小时，尤其实地带团环节身体稍稍有些吃不消，途中说话都有些喘。但我并不觉得辛苦，既然来参赛就要坚持，这是作为导游的素养。我跟其他选手是一样的，宝宝反而给了我战胜困难的勇气。"王紫萱充分运用比赛间隙的"碎片化"时间，看书、背诵题目、查找资料，确保比赛时能够万无一失。

作为鄂尔多斯市旅游导游协会的理事，王紫萱去年组织了新晋导游培训，包含导游上岗前的实地采线、理论培训，等等。"我很愿意与大家分享比赛经验和工作经验，帮助新人更快了解这个行业，做好当地旅游人才的储备工作。"

"热爱"是采访时王紫萱最高频提及的词汇。"态度也很重要，每一次我们用不同的态度对待游客，可能你的收获是不一样的。如果做这份工作是应付的，也不会收获太多，更不能体验到这份职业带来的荣誉感。我真的很喜欢导游这个职业。"鄂尔多斯蒙古源流文化产业园区面积较大，游客在园区内游览时需要乘坐电瓶车。一个夏天的中午，游客乘坐的电瓶车忽然没电，王紫萱在及时联系其他车辆的同时，组织游客们拍照，还自己出钱给大家买了雪糕。直到等到电车，游客们几乎没有一句抱怨。王紫萱对待工作的热忱也换来了游客的真心相待，"之前带团时，当游客看出我怀孕了，会时常关心我累不累、有没有不舒服，他们的关心和爱护让我非常感动，更收获了成长。"

"家人最开始也是比较担心，但这么多年走过来，他们越来越支持我的工作了。我在参加第四届全国导游大赛决赛时，老公还带着爸爸、妈妈、公公、婆婆和儿子专程来给我加油打气，我特别感动。现在社会对导游从业人员的认可度更高了，这是整个行业共同努力的结果。"王紫萱开心地说。

王紫萱在提到自己的家乡时充满了自豪："内蒙古有蓝天白云、青山绿水，还有美酒、奶茶，这里是歌的海洋、舞的故乡。只要你会走路，就能骑马，只要你会说话，就能唱歌。我非常希望把美丽的内蒙古介绍给外地的朋友。"

至于全国巾帼建功标兵的荣誉，王紫萱依旧是用平常心对待。"既然国家给予了我这份荣誉，我就要担得起它，以后在工作岗位上更加努力。我参加导游大赛时是初级导游，希望以后能够更进一步，考下中级和高级导游证书，创立金牌导游工作室，尽自己的全力为家乡服务。"

如今，王紫萱已经入行11年了，去年7月，她成为共青团伊金霍洛旗委员会副书记，会经常组织当地企业员工、学生等就地旅游，并为其提供志愿讲解等服务。"导游将是我终生的职业。"王紫萱说。（作者：见习记者 唐伯侬 编辑：王莹）

（资料来源：2021年3月8日，《中国旅游报》）

这篇通讯属于哪种类型的通讯？如果你是一名导游员,你可以从中得出什么启示？

二、范例分享

九寨沟抗震救灾导游群体:最美导游集体不顾个人安危救助团员

2017年8月8日21时19分,九寨沟突发7级强震。

根据四川省旅游发展委员会官方消息:截至8月11日16点,全省共安全转移疏散团队游客4万余人。

4万人的庞大客流,能在三天之内及时疏散到安全地带,并且没有发生一起次生事故,除了及时赶到现场救援的各种力量功不可没外,还有一支队伍做出了令人钦佩的奉献。

他们既是地震的经历者,也是救援者。他们有的是小伙,有的是年轻母亲,有的家就在震区。地震来时,他们同样感到害怕,但他们没有逃避,他们第一时间开展疏散和救援工作,为保护游客做出了巨大贡献。他们,是散布在九寨沟景区的导游。其中,既有在震中区折返多次救人的"锤子兄弟"张立、李文华,也有经历团员罹难的悲痛,带领大家平安返程的女导游李云芳;既有成长在阿坝本地的藏族女导游陈安香、徐母座,也有曾经当过解放军战士,而今举起导游旗的勇敢小伙夏超;既有刚20岁出头的小姑娘陈雨、李尹韩,也有具备二十年左右从业经历的资深导游杨娴、李晓;既有家在极重灾区九寨沟甘海子村的刘敏,也有冷静敬业的旅行社负责人余文超……

作为同样往返于九黄线上的导游,李文华和张立的命运,在8月8日联系在了一起。他们说,地震当晚,唯一的念头是"生死有命,怕锤子。要一个都不少地将游客带出去!"此前素不相识的两人,在灾难降临的夜晚,成了最默契的搭档,将两个旅行团的游客一个都不少地带离危险区,并且一次次折返,一次次努力,将伤员和被困群众带出。

藏族女导游徐母座(阿杜)是本地人。震后,她冒着危险迅速将13名来自浙江的游客找到,让大家安全会合。游客们说:"幸亏有导游阿杜在,她是我们的主心骨。真的非常感谢她,一晚上没合眼地照顾我们。"

同为藏族女导游的陈安香在地震当晚,为了避免游客在温差极大的户外环境中受寒感冒,冒着落石和余震的危险,步行半小时,到树林捡拾柴火,给游客们生火取暖。她和司机师傅前后来回折返跑了多次,燃起了五六堆火,但两人并没有凑上去烤火,"我们就是担心自己占了位置,让游客们不能烤火取暖。"

女导游刘敏也是出生在九寨沟。撤离过程中,好几位游客受了伤,她不停地往返于酒店、医院之间,照顾大家的安全,帮助伤员治疗,却始终来不及和身处重灾区的家人联系。将大家安全送上归程后,刘敏才回到九寨沟,参与村庄的救援。作为村两委委员,她说:"党员要给老百姓做点实事,再苦再累,都要一起度过,守望家乡，不忘初心。"刘敏的"初心"，大概就是对家乡和对导游事业的热爱吧。

　　20岁的小姑娘陈雨，在漆黑一片、此起彼伏的哭喊声之中，凭借着微弱的手机灯光，疾呼："我是导游小陈，快向我靠拢。"而后将游客们带到安全之地。她不顾个人安危，硬是将因地震跑散的游客们全都找齐，并将他们安全地送上归程。面对游客的感激和外界的赞许，她说："我是导游我自豪，这就是我的责任。"

　　导游夏超曾当过五年兵。这个26岁的小伙子，用职业的担当和军人的勇气，带领着惊魂未定的游客们，走出震区，安全返程。在翻越最危险的关门子塌方路段时，游客们犹豫不决，他站在最高处，冒着落石的危险，掩护大家平安通过，他说："我冲，你们再冲！不要怕，我会在最高点掩护你们，等大家全部安全后我再过！"

　　乐山乐水旅行社负责人兼导游余文超，经过不懈努力，在地震发生12个小时后，带领着自己的53人团队和另外两个乐山团队的81名游客、20余名自驾游客人安全离开了九寨沟县，踏上回家的路。他以娴熟的专业技能和冷静的应急处置，赢得了团员们的无数赞许。

　　为了确认一位住店客人的安全，24岁的李尹韩在凌晨独行40分钟，穿越落石区，跑回酒店。虽然当时面临巨大的恐惧，但她说："从成都带了32位客人到九寨沟，我就必须得带32人回去，一个都不能少，（都要）安安全全地出来。"

　　女导游李云芳的团队，在地震中有两名团员罹难。她拼尽全力，将大家带回成都。不断有游客发给她顺利抵达家乡的消息，阿布对他们说："拿雀拿嘎！"藏语的意思是"我爱你。"有位游客送她一件T恤。T恤上是一位姑娘，右手托着鸽子，左手拿着丝带，带领一群人在攀爬，旁边有文字："谢谢生命的急湍遇见你，夜都不再黑。"

　　70后"老导游"杨娴对游客总是打起十二分精神，从业二十年，没有一起投诉。九年里，两次大地震时，她都带团在九寨沟。她总以冷静的处置，让悲伤的故事最终大团圆。地震来临之际，安危重担一肩挑。杨娴心里坚定地想："放心吧，即使是在泰坦尼克上，我也会等游客走完了最后一个离开。"

　　80后导游李晓，一位五官小巧、身形单薄的女子，勇敢穿越5公里落石区寻找游客；撤离路上尽心安排游客的食宿起居，在保证安全的前提下，尽可能为游客提供多一点的热饭、长一点的休息，以此安抚游客的心情；甚至"大胆"改变团队线路，为游客准备"意外"的旅途收获，让他们在离开四川时放下因恐惧而沉重的心绪，毫无遗憾。

　　这是一群可爱的热血青年，这是一支勇敢的特殊队伍，凭着一颗爱心、一种信念和烙印在内心深处的情愫与责任，在这次九寨沟抗震救灾中，谱写出一曲曲动人心弦的赞歌，辉耀出一缕缕彰显大爱的人性光芒。而这次经历，对这些身处一线参与志愿抢险的导游来说，也是一次洗礼、一场考验、一种锻炼。

　　（资料来源：2017年9月，《中国文明网》）

【提示】

这篇通讯选择了一个特定的背景，反映了一个群体在现实生活中的一个个片段。每一个小片段都是短小而生动的。撰写者善于穿插现场场景和人物采访。通讯的结尾部分,富有感情。

三、知识览要

(一)概念

通讯是报纸、电台常用的新闻报道形式之一,它是一种比消息更为详尽、更为灵活和形象的报道典型人物、事件、问题或各种有意义的客观事实的新闻体裁。通讯必须真实,用事实说话,准确地再现特定人物、事物、景物以反映现实生活。通讯也有时效要求,它的时效性要求虽不像消息那样高,有时可以宽松一点,但还是要快、要新。它所描述的人物、事物、景物等,都应具有某种新闻价值。

(二)种类

通讯从内容上分可以分为人物通讯、事件通讯、工作通讯和风貌通讯。

1.人物通讯

人物通讯是以人物为报道对象,反映一个人或几个人的思想、言行、事迹,在一个主题下容纳相当丰富的材料,着重以人物的精神面貌来感染、教育读者的一种通讯。

要写好人物通讯,一般要注意如下几点:

(1)通过写事迹,表彰先进人物的思想。

人物通讯应以人物为中心,而且一般是以一个先进人物为主,笔墨务必集中。人物通讯写人,不应就事论事,而应"见物,见人,又见思想",写得形神兼备,以"形"传"神"。

(2)抓细节,抓特点。

人们看完人物通讯后,其中的一些事迹、概貌、数字常常会忘掉,但动人的细节、情节,却往往难以忘怀。因为细节往往是人物描写中的点睛之笔。另外,要注意表现人物有特色的事迹,挖掘人物的个性特点,并选用新的角度。这样才能把人物写得富有新意。还要挖掘人物思想形成的背景、原因。

2.事件通讯

事件通讯是以写事为主的通讯。它主要记述事件的发生、发展、结果,交代来龙去脉,介绍具体情况,点明它的典型意义,以体现时代的新气象、新变化。

事件通讯特点:以记事为主。事件的本质、特点决定着通讯的主题。事件通讯虽然写事,但它不孤立地写事。因此,事件通讯必然牵涉到与事件有关的人物。事件与人物是血肉相连的。但在事件通讯中,人物本身的特点不是通讯反映的重点,他们是为表现中心事件服务的。

3.工作通讯

工作通讯直接记述和分析当前实际工作的经验、问题,从中提炼带有规律性的东西去指导实践,推动实际问题的解决。

4.风貌通讯

风貌通讯也称概貌通讯。这类通讯以记地为主,例如范长江的《中国的西北角》《塞上行》等。

（三）通讯的写作要求

1.主题要明确

有了明确的主题,取舍材料才有标准,起笔、过渡、高潮、结尾才有依据。

2.材料要精当

要按照主题思想的要求,去掂量材料、选取材料,把最能反映事物本质的、具有典型意义的和最有吸引力的材料写进通讯。

3.写人离不开事,写事为了写人

写人物通讯固然要写人,就是写事件通讯、风貌通讯、工作通讯,也不能忘记写人。当然,写人离不开写事。离开事例、细节、情节去写人,势必写得空洞。

4.角度要新颖

写作方法要灵活多样。除叙述外,可以描写、议论,也可以穿插人物对话、自叙和作者的体会,感受。既可以用第三人称报道,也可以写成第一人称的访问记、印象记或书信体、日记体等。通讯所报道的新闻事实,可以从各个不同的角度去观察和反映,诸如正面、反面、侧面、鸟瞰、平视、仰望、远眺、近看、俯首、细察……角度不同,印象各异。若能精心选取最佳角度去写,往往能使稿件陡然增添新意,写得别具一格,引人入胜。

四、写作实训

以学院×届田径运动会为例,写一篇为五千米长跑运动员点赞的通讯稿。

第三节　海　报

一、任务导入

××学院基础课部拟举办一次青春诗会活动,你能代拟一份海报吗?

二、范例分享

导游比赛

祖国江山美不美,全靠导游一张嘴
导游系20级 王一——导游系19级 张二
两军对垒 扣人心弦
时间:2021年6月8日星期二
地点:学院报告厅

××学院学生会学习部

2021年6月3日星期四

【提示】

这是一篇赛事海报的文案,以精练的语言介绍了比赛的项目、时间、地点,写法灵活,具有较强的吸引力。

三、知识览要

(一)海报的概念

海报一词最早起源于上海。旧时,上海人把职业性的戏剧演出称为"海",把从事职业性戏剧表演称为"下海"。于是,人们把宣传剧目演出招徕顾客的招贴称为"海报"。海报一词演变至今,已不仅仅是职业性戏剧表演的专用招贴,而是成为向公众报道或介绍有关戏剧、电影、体育比赛、文艺演出、报告会等消息的张贴性应用文。

(二)海报的特点

1.尺寸大

海报多张贴于公共场所,受到周围环境和各种因素的干扰较多,所以必须以大尺寸出现在人们面前。

2.视觉冲击力强

为了使来去匆忙的人们留下视觉印象,除了尺寸大之外,海报设计还要充分体现定位设计的原理,以突出的商标、标志、标题、图形,或对比强烈的色彩,或大面积的空白,令海报成为视觉焦点。

3.艺术性

海报可分为商业海报和非商业海报两大类。商业海报围绕具体目的物以摄影、绘画和漫画为主要表现手法,期望给公众留下深刻印象。非商业海报内容广泛,形式多样,艺术表现力丰富,特别是文化艺术类海报,可根据广告主题充分发挥想象力,尽情施展艺术手段。

(三)海报写作的格式和内容

1.标题

海报的标题写法较多,大约有三种形式。

其一,单独由文种构成,即在第一行中间写上"海报"字样;

其二,直接把活动的内容当作题目,如"舞讯""影讯""球讯"等;

其三,间接标题,即用描述性的文字含蓄传达主题,如"味蕾品养生,奢华尽绽放"。

2.正文

海报的正文可包括以下内容:

第一,活动的目的和意义;

第二,活动的主要项目、时间、地点等;

第三,参加活动的具体方法及注意事项等。

3.落款

署明主办单位的全称及海报的发文日期。

以上内容和格式是就海报的一般情况而言的。在实际使用中,有些内容可根据情况省略。

（四）海报设计的注意事项

(1)强烈的视觉冲击力,可以通过图像和色彩来实现。
(2)表达的内容要精炼,抓住主要诉求点。
(3)一般以图片为主,文案为辅。
(4)主题字体醒目。

四、写作实训

试结合"任务导入"写一份海报文案。

第四节　导　游　词

一、任务导入

有一批外国游客,专门到中国游览三峡大坝。假如你是一名导游,你打算怎样写导游词呢?

二、范例分享

武当山导游词

（经过一番寒暄后,李导带领旅游团成员开始了武当古建筑之旅。只听李导口若悬河,滔滔不绝。游客是眼耳并用,津津有味）。

武当山古建筑群敕建于唐贞观年间,历代皇帝都把武当山作为皇室家庙来修建。明永乐年间,"北建故宫,南修武当"。明成祖朱棣大建武当山。军民工匠30万人,历时12年,建成9宫、8观、36庵堂、72岩庙、39桥、12亭等33处建筑群,绵延140华里(1华里＝0.5公里)。嘉靖年间古建筑群又得到增修扩建。整个建筑群严格按照真武修仙的故事统一布局,并采用皇家建筑规制,形成了"五里一庵十里宫,丹墙翠瓦望玲珑,楼台隐映金银气,林岫回环画镜中"的"仙山琼阁"的意境,是当今世界最大的宗教建筑群,大有玄妙超然、浑然天成的艺术效果,充分体现了道教"天人合一"的思想,堪称我国古代建筑史上的奇观,被誉为"中国古代建筑成就的博物馆"。

我们武当山古代建筑之旅的路线是这样的,先到紫霄宫看木结构的紫霄大殿,再到南岩宫参观悬崖上的南岩石殿,第三站是到太和宫欣赏山顶上的金殿,最后一站是下山时到复真观看五云楼的一柱十二梁。

朋友们,现在我们来到的这座宫殿就是紫霄宫。宫殿背后那座像迎风飘扬的旗帜一样的山峰就是展旗峰。紫霄宫的勘测选址,充分体现了中国古代工程设计人员重视人工建筑与自然环境相协调、相融合的思想。展旗峰山势欲奔,好似一面飘展大旗,衬托出宫殿建筑的威武气势。顺着我手指的方向看,宫殿面对的三公、五老、大小宝珠峰,如纷纷来朝、似呈献贡品,且视野开阔。宫前有禹迹池,左有青龙背,右有白虎垭,容易避风,易于采光,山常青,水常绿。周围山势形成二龙戏珠宝椅状,宫内花木茂盛,松杉挺拔,环境幽静,气候宜人,构成了一幅完美的风水宝地,历来被视为"紫霄福地"。在宫门的右边至今仍存福地殿遗址。

紫霄宫全称元圣紫霄宫。据《武当福地总真集》记载,紫霄宫最初建于宋徽宗宣和年间(1119—1125年)。宋徽宗赵佶一次做梦,梦见火神。有一方士知道后说,要派水神到南方压阵方可无忧。于是宋徽宗选中了72福地之一的武当山,在展旗峰下为水神玄武建造了这座宫殿,并赐名"元圣紫霄宫"。"元圣"是真武神封号"玄天元圣仁威上帝"的简称,"紫霄"是玄天之别名。据说紫元君超度太子上山修炼时说:"择其众峰冲高紫霄者居之。"元初,元世祖忽必烈利用宗教稳定民心,巩固统治,又大兴武当,重建紫霄宫,使之成为皇室建醮祈福之地。明成祖朱棣永乐十年(1412年)大建武当山时,将紫霄宫道房扩建到806间,紫霄宫赐额为大圣紫霄宫。

中华人民共和国成立后,紫霄宫几度重修而又保持原貌,现存建筑182间,建筑面积8553平方米,建筑及遗址面积7.4万平方米。1982年,紫霄宫被国务院公布为全国重点文物保护单位,现为武当山道教协会所在地。

在紫霄宫中轴线上主要建筑有金水桥、龙虎殿、御碑亭、焚帛炉、朝拜殿、东西道院、紫霄大殿、东西配殿和圣父母殿。

紫霄宫前的这个水池叫禹迹池,因传说大禹治水来此得名。我们进宫经过的这座桥叫金水桥,与天安门前的金水桥同名。桥下的小河叫玉带河,这可是皇室家庙的标志。顺玉带河往下看,便见宫门前有两座状如翡翠宝珠的山头,分别叫大、小宝珠峰,玉带河从宝珠中穿过。这便是紫霄宫的奇景之一——银线穿珠。

过金水桥进紫霄宫的第一道门便进了龙虎殿。殿内左青龙右白虎,各高丈余,怒目圆睁,身着甲胄,形神威严,为元代著名雕塑家刘元的传世佳品,也是武当山泥塑艺术的珍品。中间的王灵官赤面三目,手执宝鞭,呈喝令之势,令心术不正者望之心寒。所以有人送有这么一副楹联,上联是"好大胆敢来见我",下联是"快回头切莫害人",横批是"善恶分明"。王灵官名叫王善,是道教的护法神,镇守山门。传说王灵官本是真武大帝的舅舅。在真武还是太子修炼时,他说:"你要是能修炼成功,我为你看大门。"后来太子果真修炼得道,王灵官便反悔不承认自己说过的话,真武就用了个计说,你摆个姿势我看看就行了。王灵官自觉理亏,认为摆个姿势很简单,于是便张牙舞爪做个姿势。谁知上了真武的当,被定在了那里,整年累月为祖师爷看起了大门。

出了龙虎殿,大家随我上到第一层崇台,石阶两旁为御碑亭。两座御碑亭呈方形,四方各开拱门,亭内有赑屃驮御碑。御碑用整块青石雕凿而成,高8米,长4米,宽2.5米,重98吨。看,这赑屃的力气不小吧。和它比一下,我们爬武当山也就不会觉得累了。你看看这赑屃造型逼真,形体丰盈,神态自若,似在用力,是罕见的石雕艺术珍品。右边的这座是《下大岳太和山道士》碑，颁布的是明成祖朱棣为保护、管理武当道教的规章；左边的这座是《御制大岳太和山道宫》碑，是明成祖永乐十年（1412年）敕建，记述着永乐皇帝为什么要修建武当山及其过程。像这样的御碑亭，武当山有12座，除紫霄宫的外，其他分别在南岩宫、玉虚宫、五龙宫和静乐宫。

赑屃驮御碑俗称"龟驮碑"。其实赑屃不是龟，是龙的第八子，善负重。皇帝用它来驮圣旨就象征了江山永固。据考证，御碑亭代表着中国铭文形式的重要阶段，赑屃驮御碑的雕塑上的文字是由上古时的龟甲铭文演进而来的。

说起赑屃驮御碑，还有个关于明朝永乐皇帝的故事呢。相传朱棣在靖难之役中，一次败阵到江边，后有追兵前无渡船，正走投无路之际，突然江中翻起浪花，浮起一只巨龟。那龟竟向朱棣点头示意要渡他过江。朱棣一行上得龟背，那龟便说："你以后登基了可别忘了给我册封。"朱棣当下允诺。后来朱棣果然当了皇帝，有功之臣得到册封，可偏偏忘了那救命的巨龟。经军师提醒后恍然大悟，但职位已满，便只好封它专门驮御碑，并对它说这是"委以重任"。

经御碑亭循石级而上便是紫霄宫的第二层崇台。台上便是朝拜殿，又名十方堂。这原为十方丛林，是游方道士挂单的地方。朝拜殿是中轴线上的第二重殿，为悬山顶式建筑。越十方堂进入丹墀。墀东有日月池，池中有五色鱼，乃武当山所特有，传说是织女为祝贺真武大帝生日而特意用绣花绷子和绣花针变成的。东边是武当文物博览馆。馆内有武当道教经典、供器、法器、玉器、字画、服饰、武器，等等。大家可能会问，为什么这里叫朝拜殿呢？因为在明朝时，武当山是皇室家庙。只有皇室派内臣到武当山祭祀时才能到紫霄大殿，普通信士就只能在这里朝拜真武祖师，因此叫朝拜殿。大家看，朝拜殿的两侧建有八字墙，墙上饰有琼花、珍禽图案。墙下是琉璃须弥座。

大家随我进入朝拜殿内。殿内正中供奉铜铸鎏金真武像，东边的神龛内供奉的是吕洞宾像，西边的神龛内供奉的是武当太极祖师张三丰像。神龛的四周是二十四孝图壁画。大家可能会问，这二十四孝本是儒家文化，怎么会出现在道教的宫观里呢？因为在道教史上，道教全真派的创始人王重阳、丘处机，将儒释道三教融为一体，使道教文化中包含了浓郁的儒家思想。同时，武当山是真武祖师的道场，真武祖师特别重视孝道。在武当山，若一处是有供奉真武祖师的殿堂，一定同时有供奉真武祖师父母的殿堂——圣父母殿。现在我们来看看二十四孝图……

穿过十方堂，豁然开朗，一个青石墁地、幽静雅洁的大院展现在我们眼前。那三层饰栏崇台之上的便是紫霄大殿。大殿前檐挂有"紫霄宫""云外清都""始判六天""协赞中天"等牌匾。"紫霄"的得名有以下几种说法。一说霄是云霄，很高的意思。至于紫，古代天文学家认为，紫微星垣居于中天，位置永恒不变，是天帝住所。所以把天帝的天宫谓之紫宫，有"紫微正中"之说。紫微星垣又是以北极星为中枢的星群，北极星亦称北辰，即玄武神星。古人认为它是天上最尊贵之星。所以玄武住所也谓之紫。另外还有"择其众峰冲高紫霄者居之"之说。"云外清都"的意思是说此地高耸云外，是玉清、上清、太清道教三尊神和真武大帝安居的地方。"始判六天"是清道光三年刻制的，意思是说道教最先判别宇宙为六重天，其后才了三十三天、三十六天之说,最高为大罗天,最圣为三清天。"协赞中天"是1939年刻制的,意思是道众们同心同德来赞颂天地中央的道教的洞天福地。

紫霄大殿是武当山现存最有代表性的明代木结构建筑,建在三层崇台之上,各层均围以石雕栏杆,台基前正中及两侧均有踏道通向大殿。紫霄大殿面阔进深均为5间,是一个纯木结构建筑。大殿屋顶为重檐九脊歇山顶式,由36根杉木柱支撑。通高18.3米,面阔29.9米,通进深12米,面积358.3平方米。重檐屋顶用数百个斗拱将抬梁卯榫连接,十分坚固。前檐的十八根柳筋斗拱是古代大木结构独特做法,不仅符合力学要求,而且使檐部装饰更加壮观。大殿由3层崇台衬托着,比例适度,外观协调。殿壁正面为四扇三交六椀菱花格心门,可开可合;上下檐部和内槽使用镏金斗拱,檐下斗拱使用旋子彩画,又有仙人、荷花木雕艺术陪衬,显得更加绚丽多彩。这些彩画描写了许多道教故事和民间生活传说。请看门上这副对联:金殿重辉,看鸟革翚飞,势化山河维社稷。帝容复整,仰龙章凤姿,光同日月炳乾坤。对联既描述了紫霄宫修葺后的辉煌情景,赞扬了人民用智慧的双手创造了这当代的最高艺术杰作,也反映了人民向往安居乐业的思想。

殿内天花藻井浮雕二龙戏珠图案,形态生动,矫健腾舞;两侧绘八卦图案,象征了道教"道生一,一生二,二生三,三生万物"的基本思想。凡额坊、斗拱、天花等处均绘有龙凤、日月、云雷、海天、鸟兽、花卉彩绘,墙壁上及梁坊间还绘有道教神仙故事和山水壁画58幅。工笔写意,色彩绚丽,形象逼真。大殿内地面用大青方砖铺砌,每块0.63米见方,光亮洁净。

大殿正中石雕须弥座上的木雕神龛上饰有四条金龙、两只金凤,龙翔凤舞、气韵生动。龛内供奉明朝御制铜铸饰金神像,神案上陈列着的御制香炉、蜡台、宝瓶等供器均为铜铸鎏金,熠熠生辉。殿内正中供奉的是明代泥塑彩绘贴金真武神像。像高4.8米,头戴冕旒,身着帝服,双手捧圭,端坐宝座,是武当山最大一座泥塑像。两旁侍立金童、玉女、赵天君、关天君、马天君、温天君、水火二将及天官仪仗,是我国明代铜铸镏金和彩绘艺术的珍品大展览。大殿的西侧横放着一根约10米长的杉木,直径0.3米,传说是建紫霄殿时从远方飞来的,叫飞来杉,相传是明代遗物。因一端轻叩,另一端会有清脆悦耳之声,因此又叫响铃杉。由于敲击的人多了,杉的一端已叩出了一个小坑。"紫霄听杉"也就成了紫霄宫的一大景观。

出紫霄大殿上到殿后的高台上来看大殿屋顶。紫霄大殿屋顶为重檐歇山顶式,全部用孔雀蓝琉璃瓦铺设,正脊、垂脊等以黄绿二色为主镂空雕花。屋顶装饰题材丰富多彩而华丽。上檐翼角为飞龙,下檐翼角为彩凤,脊中立一宝瓶,由紫霄大殿屋顶上的四个小孩(俗称四大苦孩)牵着,既增加了宝瓶的稳定性,又使屋面具有了灵动美感。四大苦孩相传是姜子牙的四个儿子。姜子牙封完神后,他的四个儿子也要求封神,于是姜子牙便封他们为"神上神",专干扶正紫霄大殿屋顶宝瓶的差使,无论酷暑严寒还是风雨雷电都要坚守岗位。百姓看他们风吹日晒的,就心痛地叫他们四大苦孩。

看罢紫霄大殿屋顶,转过身来便是圣父母殿。圣父母殿供奉的是真武祖师的父母。圣父——净乐国王,被封为净乐天君,明真大帝。圣母——净乐皇后,被封为善胜皇后,琼真上仙。殿右供有"三霄娘娘""送子娘娘"等,也称为"百子堂"。殿左供有慈航道人,即佛教中的观世音菩萨。现存的圣父母殿为清末民初建筑,属硬山顶砖木结构,前檐为廊,后封檐。屋顶为复合式顶,杂式木构架,小青瓦屋面。建筑风格个性特点十分突出。

圣父母殿还曾是红三军司令部旧址。1931年6月,贺龙率军攻克均州(今丹江口市)后,曾在此驻扎。当时武当道总(总理武当山道教事务的道长)徐本善热情接待,并安排贺龙驻扎在圣父母殿西侧。贺龙还跟随徐道总学武当武术。红三军走时,贺龙亲笔写了一副对联:"伟人东来气尽紫,樵歌西去云腾霄",送给徐道总存念。这是一副藏头联,所藏"伟樵"二字是道总徐本善的号。此联联尾所藏二字是"紫霄",暗合了宫名。其意是要让后人永远记住徐道总与紫霄宫对红军的无私帮助。

站在圣父母殿前俯视紫霄宫。身边古树参天;远看青山如黛、高敞清幽;俯视紫霄宫建筑布局十分平衡、对称,中轴线由下而上排着龙虎殿、御碑亭、十方堂、紫霄殿、圣父母殿。建筑群主次分明,鳞次栉比,居高临下,气势磅礴。为了增加对衬,两侧又分别建有东宫与西宫、东方丈室与西方丈室等四合院式的道人居所,自成体系,闲适幽静。紫霄宫庄严肃穆,雄伟富丽,无论其木结构制作,还是雕刻、彩画均十分出色,在中国各道教名山宫观中居领先地位,是能代表明代建筑艺术水平的经典之作。

(资料来源:《模拟导游》,2017,旅游教育出版社)

【提示】

这篇导游词层次分明,叙述清晰,突出了景观的主要特点,包括有关建筑的特点和历史以及有关的传说故事等,语言生动,通俗易懂,富有感染力,能够激发游客的游兴,并让游客把握游览对象的独特风韵。

三、知识览要

(一)概念

导游词是导游人员引导游客游览观光时的讲解词,也是导游员同游客交流思想、向游客传播文化知识的重要工具。导游词创作质量的高低,直接影响到旅游资源的开发质量和开发程度,对旅游形象的树立至关重要。

(二)种类

导游词按内容划分,有介绍自然风景的、介绍名胜古迹的、介绍风土人情的三种。

(三)特点

1.说明性

导游词主要用说明的方法对介绍的对象进行解说,帮助游客加深对所观看实物的印象,在视觉和听觉的双重作用下知其然而又知其所以然。

2.通俗性

导游词一般运用口语化的语言写作,令导游说起来上口,游客听起来入耳。导游词用语切忌晦涩、文白夹杂。

（四）基本结构

导游词一般分为前言、总说、分述、结束语四个部分。

1.前言

前言以朴实亲切的语言对游客表示欢迎,交代活动计划、有关注意事项及联络方式,营造良好氛围,为整个游览活动做好安排和铺垫。

2.总说

总说概述景点价值、特点,言辞应富有激情,如行云流水,干净利落,使游客产生浓厚兴趣。

3.分述

分述依据游览时间或方位,逐一介绍景点,并突出层次和亮点。

4.结束语

结束语包括感谢语、惜别语、征求意见语、致歉语和祝愿语五个部分,放在导游词的最后。

（五）创作环节

1.选题

在导游词的创作中,作者首先碰到的就是"写什么"的问题。选择什么景观作为自己写作的对象,决定着整个创作活动的方向,也在很大程度上决定了一个地区旅游资源所获得的质量评价。做选题工作,应当遵循个性原则、创新原则、整体原则、市场原则和时代特色。

1)个性原则

所谓个性原则即导游词一定要充分揭示景观本身独有的、不同于其他任何景观的特色。个性越鲜明,则旅游资源的价值越高。

2)创新原则

所谓创新原则即选题应有新内容、新见解、新材料、新角度。

3)整体原则

所谓整体原则即要利用好烘托此景观的外围环境。虽然任何一个优秀的景观都有其广阔的社会政治背景、深厚的历史文化内涵,往往是众多景点中最具有特色的珍品,但是,它之所以优秀,绝不是孤立的。因此,在编写导游词时,不能"就寺论寺""就景写景",孤零零地描述单个景点。这不但显得单调浮浅,也会失去由此及彼、以重点带一般的整体性。

例如,写苏州寒山寺的导游词,可按旅游车前进的线路(古桥—古镇—古寺—古钟)进行写作,重点写寒山寺及其撞钟活动,同时也写出古桥、古镇、枫桥夜泊。这里的寒山寺不是孤独的一个寺院,而是由许多相关景点烘托起来的充满节日氛围的旅游区。

4）市场原则和时代特色

所谓市场原则和时代特色即导游词的创作应紧跟时代步伐和市场要求,去挖掘景物的本质意义,不能只囿于写作对象的具体范围,不顾社会生活的发展和变化。因为随着社会生活的变化和市场经济的发展,游客的旅游需要和旅游动机不断变化,旅游资源随时面临着入时或过时、具备或丧失吸引力的可能性。

同时,导游词也要根据景观的目标市场不同进行创作。每一个旅游目的地和景观,都有其不同的消费市场,即不同的旅游群。由于游客在年龄、职业、兴趣爱好等方面存在差异,导游员在讲解同一个旅游景点时,在导游词素材的选择、内容的详略、讲解的语言、结构的安排等方面都应有所差异。如周口店"北京人"遗址,既是青少年的爱国主义教育阵地,又是考古学家、人类学家的科研场所,导游面对这两种不同的旅游群体就要使用不同的导游词。

2.确立主题

主题是导游词的核心和统帅。它能决定一篇导游词的价值,决定材料的取舍方法,支配导游词的谋篇布局,制约导游词的表达手法和语言运用。一般要求主题正确、集中、深刻。

3.借题发挥

导游词通常都是依照旅游线路,紧扣景物进行讲解。但在介绍某一事物时,往往需要扩充和增补内容,以帮助游客更加深入地理解画面和实物本身难以直接表达的含义。因此,导游词的创作在许多地方需要借题发挥,手法有知识上旁征博引、情理上借题发挥、史料上借古论今等。

四、写作实训

试结合"任务导入",为接待外国游客游览三峡大坝写一篇导游词。

第五节 策 划 案

一、任务导入

在春暖花开时节,2019级市场营销专业的同学打算开展一次春游活动。老师要求班委会起草一份春游策划书。假如你是班长,你认为这份策划书应写明哪些内容呢?

二、范例分享

旅游景区活动策划方案

为给第三届"天马"国际文化旅游节营造浓郁的节庆氛围,根据第三届"天马"国际文化旅游节凉州区筹委会的安排,由武威城东生态农业观光旅游区管委会和凉州区旅游局主办,荣华旅行社承办这次"观生态农业 长自然知识 寻先祖遗

迹 探大漠神秘"夏令营活动,现制定如下方案。

一、活动目的及意义

通过举办此次活动,充分展示和推介凉州城东生态农业丰富的旅游资源,隆重推出适合"武威人游武威"的旅游新线路,全面启动凉州生态农业观光旅游项目,营造我区特色文化与生态农业有机结合的大旅游环境。

二、活动名称

"观生态农业 长自然知识 寻先祖遗迹 探大漠神秘"夏令营活动。

三、前期准备工作安排

(一)宣传时间与地点

1.宣传时间

6月12日17:00—20:00。

2.宣传地点

世纪经典广场。

(二)活动安排

1.场地

由第三届"天马"国际文化旅游节凉州区筹委会办公室协调安排。

2.会场布置

活动所需气球、拱门、条幅、会标、乐队表演由荣华旅行社负责,由凉州区旅游局和武威城东生态农业观光旅游区管委会协助活动会场的布置。

3.宣传材料

由荣华旅行社负责印制5000份宣传材料。材料中包括线路所涉景点简介、参加活动报价、报名电话、联系人等。

4.报名方式

由荣华旅行社提供现场报名或开通报名热线。

报名地点:北大街19号荣华旅行社(雪莲宫对面)

报名联系人:×××

报名热线:225××××

5.景点门票情况

张清堡古槐(免)、林业科技示范园区(免)、神州荒漠野生动物园10元/人(半价)、高沟堡古城遗址(免)、沙漠公园2元/人。各游览景点门票费用由武威城东生态农业观光旅游区管委会、凉州区旅游局协调减免或减半收取。

(三)宣传物料

印制有活动名称及主办单位名称的文化衫、旅游帽或旅行包。费用由荣华旅行社承担。

(四)活动保障

旅游车辆、导游、保险费和随团医护人员由荣华旅行社按照标准团队安排。

四、活动线路

凉州城区(义乌商贸城广场)—张清堡古槐—林业科技示范园区—神州荒漠野

生动物园（农家乐午餐）—高沟堡古城遗址—腾格里沙漠—沙漠公园（晚餐）—沙漠公园联谊篝火晚会—市区。

五、活动内容

（一）启动仪式

1.时间与地点

上午9:00在大什字义乌商贸城广场设主会场，由荣华旅行社负责悬挂宣传条幅、气球，安置拱门，并在醒目位置张贴活动名称、主办单位名称和宣传标语。

2.开营仪式

（1）致开幕词；

（2）领导讲话；

（3）请荣华旅行社负责人讲话；

（4）请参加夏令营活动的代表讲话；

（5）宣布开营仪式结束，夏令营活动正式开始。

（二）时间安排

（1）9:30启动仪式结束，夏令营活动开始。

（2）9:50参观张清堡古槐，由导游负责讲解古槐历史和其他相关情况。

（3）10:20到达林业科技示范园区，参观各类花卉草木，了解高新林业科学技术。

（4）10:50到达神州荒漠野生动物园，由导游介绍参观各种国家一、二级保护动物及动物标本，了解各种动物的生活习性。

（5）12:50以"农家乐"形式，结合城东饮食与地方特色，为学生们提供一顿丰盛可口的午餐。餐后稍作休息调整。

（6）14:30从神州荒漠野生动物园出发。

（7）14:45到达高沟堡古城遗址，由导游讲解古城历史、来源。

（8）15:00在腾格里沙漠组织沙漠探险活动。

（9）16:50—18:30在沙漠公园参观沙生植物园、梨园、大漠亭等具有浓郁沙漠特色的景点。

（10）18:30—19:30晚餐。

（11）20:00—22:00组织联谊篝火晚会，为学生提供展示自我才艺的机会，突出学生之间的互动性。

说明：

篝火晚会方案一：

①篝火晚会的举行地点设在沙漠公园停车场。

②篝火晚会所需要的篝火原料、音响设施、桌凳由沙漠公园提供。

篝火晚会方案二：

①篝火晚会的举行地点设在沙漠公园蒙古包休闲饮食区。

②同方案一。

该项工作具体由武威城东生态农业观光旅游区管委会沙漠公园协调落实。

(12)22:30从沙漠公园返回市区。

(13)23:00在大什字清点人数后散团。

六、费用预算

全程车费:20元/人。

"农家乐"午餐10元/人(农家小菜四道、面食一份)。

晚餐:15元/人(长城手抓羊肉、特色面食、特色小吃)。

文化衫、旅游帽:20元/人。

导游讲解、门票及其他费用:10元/人。

共计:75元/人。

七、媒体报道

第三届"天马"国际文化旅游节筹委会办公室负责邀请记者。

提议记者以这次活动为切入点,采取跟踪报道的方式,主要报道武威城东生态农业观光旅游区,展示其丰富的自然资源内涵,帮助开拓旅游市场,吸引更多的人参与"武威人游武威"主题旅游活动。

三、知识览要

(一)概念和种类

策划案,也称策划书,是对未来某项活动或事件进行策划并以文字形式呈现的应用文。策划案种类很多,可分为营销策划案、广告策划案、活动策划案、项目策划案、公关策划案、婚礼策划案等。

(二)活动策划案的写作格式和基本内容

1.标题

标题应简单明了,突出活动内容或活动主题,如"××活动策划书"。

2.正文

1)活动背景、目的与意义

活动背景、目的与意义要贯穿一致,突出该活动的核心构成或独到之处。活动背景要求紧扣时代背景、社会背景与教育背景,应将其鲜明体现在活动主题上。活动目的即举办该活动要达到的目标,对其语言表述要简洁明了,要具体化。活动意义包括文化意义、教育意义、社会效益及预期在活动中产生怎样的效果或影响等,书写应明确、具体、到位。

2)活动时间与地点

该项必须详细写明,列出时间安排表。活动时间与地点要考虑各种客观情况,比如教室申请、场地因素、天气状况,等等。

3)活动开展形式

须注明所开展活动的形式,比如文艺演出、文体竞赛、影视欣赏、知识宣传、展览、调查、讲座等。

4）活动内容

它是活动举办的关键部分，要符合时代主旋律和校园文化建设内涵，健康向上，富有教育意义与启示意义，杜绝涉及非健康文化的消极内容。要详细介绍所开展活动的主要内容，如影片放映要写出影片的性质、名称和大致内容。

5）活动开展

作为策划的主体部分，表述方面要力求详尽，不应局限于用文字表述，也可适当加入统计图表、数据等，便于统筹。活动开展应包括活动流程安排、奖项设置、时间设定等。涉及奖项评定标准、活动规则的内容可选择以附录的形式出现。活动流程安排大致分为准备阶段（包括海报宣传、前期报名、寻求赞助等）、举办阶段（包括配置和组织人员、安排场地等）、后续阶段（包括公示结果、开展情况总结等）。

6）活动经费预算

要尽量符合实际花费，写出每一笔经费预算开支，以便报销处理（报销时附正规发票）。

7）活动安全

对于大型活动和户外活动，要成立安全小组，指定第一安全负责人，充分考虑安全隐患，把人身安全放在活动开展的首要位置。在策划书的结尾，除写明策划单位、策划时间以外，单位负责人须亲自签名，并盖上单位印章，以示责任。

3.落款

写明策划者名称和日期。

四、写作实训

试结合"任务导入"，以班委会名义拟写一份春游策划书。

本章练习

一、知识训练

1.消息的结构模式主要有哪两种？在写经济消息时应注意什么问题？

2.海报的写作格式和内容是怎样的？

3.导游词有哪些特点？其基本结构是怎样的？

4.活动策划案的写作格式和内容是怎样的？

二、能力训练

1.用心观察周围的人与事，记录你身边的新闻，写一则消息或一篇通讯。

2.同学们四人或六人一组，假设你们毕业后要合作开设一家特色酒店或旅行社，请共同完成拟建企业的开业海报。

3.利用课余时间去一家酒店或旅行社做调研，为该企业提高销售业绩写一份切实可行的营销策划书。

第三章 →

旅游调研分析类应用文

学习目标

通过本章学习,应当达到以下目标:

◁ **知识目标** ▷

了解旅游调研分析活动过程中各类应用文的概念、特点、种类、作用及写法,能用其指导调查报告、经济活动分析报告的写作活动,规范其相关技能活动。

◁ **能力目标** ▷

通过学习本章文种知识研究相关案例,培养在与旅游调研分析活动相关的应用文写作情境中分析问题与解决问题的能力。通过写作实训,掌握调查报告、经济活动分析报告的写法。

◁ **素质目标** ▷

结合本章教学内容,依照行业道德规范或标准,求真务实、以批判性思维和创新意识灵活运用调查报告、经济活动分析报告,为开展旅游调研分析活动服务。

第一节　调查报告

一、任务导入

阅读下面的调查报告,指出其中存在的毛病。

大学生课外阅读情况的调查

阳光下，草坪上，教室里，图书馆……到处可以看见书不离手的大学生，他们脸上洋溢着充满自信的笑容。

"你课外阅读的主要目的是什么？""你最喜欢阅读哪种类型的书籍？""你平时看一本书用多长时间？"……前不久我们对大学生的阅读取向进行了一次访问式调查，目的是了解当代大学生读什么书、读多少书和怎样读书。

通过调查，我们了解到，有部分学生的课外阅读主要是为了休闲。他们认为平时专业课程的阅读量已经很大了，课外阅读应选择内容较轻松的课外书籍，以缓解读书的压力。这样的学生大约占44.9％。还有部分同学的课外阅读是为了拓展知识面，这样的学生所占比例较少，只有8％。

大学生不青睐具有专业知识的书籍是否合理呢？不少招聘企业都感慨现在的大学生专业能力很薄弱，学以致用的能力较差，并认为大学生在学校期间不注重专业知识的积累和自身专业技能的训练，不阅读、不关注相关专业课外书籍，是造成这种现象的原因之一。

在回答"你最喜欢阅读哪种类型的书籍"时，大多数学生选择报纸杂志。报纸杂志始终占据大学生阅读排行榜的首位。学生选择此类书籍的原因大多是"阅读起来方便"和"信息量大，来源广泛，易获得"。我们在调查中发现，学校为学生免费提供的《文汇报》成为阅读人次最多的报纸，《青年报》《环球时报》《参考消息》《电脑报》《读者》也有一定的市场。在阅读内容上，"新闻"占四分之二，领先其他三项，"生活信息及收集资料"占四分之一，"文学作品"占八分之一，"评论文章"占八分之一。

目前大学生的阅读结构对大学生正确世界观、人生观的形成促进不大，急需加以正确引导。

二、范例分享

关于老龄化社会养老服务调查报告

人口老龄化是我国在今后长时间内要面临的重大社会问题。作为全国经济发达地区地级市之一的常州，早在1985年就进入老龄化社会的城市行列。到2012年底，全市60周岁及以上老年人口达到77.21万，占户籍总人口的21.17％。其中80—90周岁老年人口达到10.03万人，占全市总人口的2.75％，占老年人总数的13.0％；90周岁及以上老年人口1.42万人，占全市总人口的0.39％，占老年人总数的1.84％；百岁老人274人。

常州市人口再生产类型从传统型过渡到低出生、低死亡、低增长的现代型，必然伴随着人口年龄构成的变化，老龄化形势日趋严峻。近年来常州市委、市政府对老龄工作和社会养老事业的发展十分重视，出台了《关于加快发展养老服务事业的意见》《关于对发展社会福利事业实行政策扶持的意见》等文件，推进各级老龄工作机构和老年群团组织建设,开展居家养老服务工作,组织做好老年人优待工作、开展关爱老年人心理健康活动,等等,不断推进老龄事业发展,使全市老年人生活生命质量逐步提高。

一、调查研究的目的与方式

为积极践行人口老龄化国家战略,切实落实科学发展观和"以民为本、为民解困"服务理念,有效解决养老服务需求,从今年3月份起,常州市民政局和常州市老龄办组织开展了市区养老服务需求大调查。调查采取实名填写问卷形式开展,利用民政和老龄信息平台进行汇总分析,按一定的城镇户口比例抽取了10084名市区老年人。在地区分布上,武进区2300人,新北区1155人,天宁区3218人,钟楼区2711人,戚墅堰区700人;在性别比例上,男性占49.53%,女性占50.47%;在年龄结构上,60—69周岁的老年人占35.99%,70—79周岁的占51.74%,80周岁及以上的占12.27%。问卷主要内容包含老年人在就餐、日间照料服务、精神关爱等方面的需求情况。整个调查经历了准备、实施和汇总三个阶段,总共历时两个月。

本次调查严格按照社区准入制要求,贯彻费随事转的原则,由各区按抽样调查老年人数印发《常州市区养老服务需求调查问卷》,由社区具体组织填写,并将收集的信息录入网上填报系统,由社区信息平台进行汇总分析。在整个调查过程中,社区干部认真负责,有的利用星期天和晚上深入老年人中耐心调查,然后将调查问卷逐份上报,一旦发现差错及时纠正,问卷回收率达到100%。这次调查的一个明显特征在于问卷是实名填写的。这能减少虚报谎报的现象,也便于以后抽查,确保了此次调查的真实性和可靠性。

这次市区养老服务需求大调查基本摸清了老年人在居家养老、社区就餐和日托服务等方面的需求,为常州市进一步研究和完善养老服务体系政策、加大老年设施投入和发展老年服务提供了决策依据。

二、市区老年人需求问卷调查基本情况

(一)老年人基本状况

1.文化程度偏低

在被调查的10084名老年人中,文盲、小学文化程度的分别占总数的11.57%和31.85%,初中、中专、高中文化程度的分别占29.64%、8.42%、9.51%,而大学专科、大学本科以上的仅占5.86%和3.15%。老年人文化程度偏低的特征很明显。

2.63%以上的老年人是"空巢"老人

从居住方式来看,在被调查的老年人中,独居和与配偶居住的老年人分别占11.38%、52.49%,与子女或孙子女同住的占35.17%。老年人"空巢"现象日趋严峻。

3.身体状况与生活自理状况

在被调查的老年人中,身体健康或一般的分别占32.53%、35.98%,有慢性疾病或有严重疾病的占27.60%、3.89%。这说明我市老年人的身体状况总体处于较佳状态。老年人中生活能够完全自理的占调查总数的87.98%,半自理的占10.26%,不能自理的占1.76%。这说明具有自理能力的老年人占绝大多数。

4.配偶与子女情况

在被调查的老年人中，配偶健在的占总数的74.21％，配偶不在的占24.26％，没有配偶的为1.53％。再从老年人子女的数量来看，有1个、2个、3个子女的分别占14.75％、37.50％、26.88％，居前三位，有4个和5个及以上子女的占12.22％、7.32％，无子女的占1.33％。目前，多子女老年人还占多数，但已明显呈现减少趋势，独生子女老年人目前虽还居少数，但明显日趋增多，家庭小型化趋势可能难以逆转。

5.60岁前主要从事的工作

从被调查的老年人60岁前主要从事的工作来看，21.72％是干部、43.17％是工人、21.82％是农民、6.88％是科技人员、2.21％是自由职业者、0.90％是军人、2.97％是无业人员，还有0.33％是其他工作。

6.月经济收入情况

从经济收入来看，月收入在500元以下、500—1000元、1000—1500元的老年人分别占21.13％、12.88％、36.25％，月收入在1500元以上的占27.76％，1.98％的老年人没有经济收入。由此可见，大多数老年人经济收入偏低。

7.养老金来源

选择"离退休金是养老金主要来源"的有3050人，另外子女给予、最低生活保障金等也是老年人养老金的重要来源。

（二）老年人最迫切需求情况

1.精神赡养的需求最强烈

调查发现，老年人对精神赡养的需求是最强烈的，40.44％的人现在最需要的是精神赡养。随着经济社会的发展和社会养老保险覆盖面的逐步扩大以及子女经济抚养能力的日益提高，老年人物质生活质量基本有了保障。但是想要生活幸福，不仅是物质生活需要被满足，还需要有精神上的享受。这项调查显示，老年人们更渴望情感上的关爱，企盼心灵上的充实。

2.家政服务市场大

调查显示，29.97％的老年人最需要家政服务。现在社会节奏加快，年轻人大都忙于工作，不在父母身边，没有时间照料老年人，所以老年人对于家政服务的需求会越来越大，也促使家政服务的市场不断扩大。我们可以推测，今后家政市场的发展对于解决就业问题将会起到一定作用。

（三）老年人助餐服务与日托服务需求情况

1.目前老年人餐食的提供方式

在被调查的老年人中，20.73％的人认为吃饭是个问题，79.27％的人认为吃饭不成问题。目前自己做饭的占总数的85.20％，由子女、钟点工、全职保姆做饭的分别占10.59％、1.32％、1.01％，到社区助餐点、与他人搭伙、叫快餐或去饭店吃饭的分别占0.63％、0.33％、0.11％，其他方式占0.81％。由此可见，目前老年人自己做饭的占绝大多数，这与68.51％的老年人身体健康或一般，87.98％的老年人生活能够完全自理的情况相符合。

2.对社区助餐点的调查

在这次被调查的对象中,37.86%的老年人听说过或了解社区助餐点,62.14%的人没听过或不了解。可见老年人对社区助餐点还是比较陌生的。通过阅读问卷上有关社区助餐点的介绍后,选择愿意由助餐点提供餐食的有4198人,占调查总数的41.63%,这说明助餐点在我市存在较大的需求空间。老年人助餐点是由政府资助建设,以社区为主导,为社区老年人提供膳食加工配制、外送、集中用餐等服务的场所(每餐价格通常在5—15元:一顿中餐5—7元,一日三餐10—15元)。目前,天宁街道斜桥巷社区、西新桥居家养老服务站以及皇上堂弄居家养老服务站等已经在为老年人提供就餐服务。但从全市来讲,老年人助餐点的数量还很少。总体而言,还有很多老年人不愿意选择到助餐点吃饭。究其原因,主要是87.91%的人生活能够完全自理和85.20%的人平时是自己做饭的,所以不需要助餐点提供餐食。

需要助餐点提供餐食的老年人中,62.04%是认为其省事方便,15.20%是认为其价廉物美,22.76%有其他原因。不需要助餐点提供餐食的老年人中,23.69%是不喜欢助餐点这种形式,21.36%是认为会口味不适,54.95%有其他原因。

3.对老年人日托所的调查

在这次被调查的对象中,33.26%的老年人听说过或了解日托所,66.74%的人没听过或不了解,可见老年人对日托所也不熟悉。阅读问卷上有关日托所的介绍后,选择一定去日托所的老年人有405人,占调查总数的4.02%,按调查比例推算,市区共有近1万老年人一定去日托所。此外,在被调查对象中,有5046人会考虑去日托所,这说明日托所在我市有一定的发展空间。日托所,即"老人之家",像小孩入托那样,白天到日托所,晚上回家。老年人在日托所可看书读报聊天,也可打牌弈棋,或开展其他有益的文体活动,还可以就餐。日托所的优点在于收费低于养老机构,对半自理的老年人可以提供护理。由于日托所对于半自理的老年人可以提供护理,所以对于10.26%的生活半自理人群应该有很大的吸引力。

愿意进日托所的老年人中,47.66%是因为年龄较大且无人照料,24.30%是因为要满足精神文化需求,22.80%是因为身体欠佳,5.24%是因为日托所收费低于养老机构。

4.志愿者服务

我们通过这次的调查发现,18.09%的老年人愿意帮助日托所做些志愿者服务,48.71%表示偶尔可以做一点,26.03%表示不愿意做志愿者服务,7.17%未选择。在宁波市海曙区,有一支专门为独居困难老年人提供服务的义工队伍。他们服务的内容和时间可以像银行存款一样进行储蓄,等到自己年老时又可以提取储蓄,享受服务。群众将其称之为"义工银行"。而我们的这次调查结果表明,在我市开展"义工银行"存在一定的群众基础。

(四)养老形式调查情况

1.居家养老是首选

调查显示,80.27%的老年人最愿意选择的养老形式是居家养老,11.56%选择机构养老,6.34％选择日托所,1.83％未选择。居家养老服务的内容主要是生活照料和康复护理,近来逐步向精神慰藉领域拓展。居家养老服务的方式主要是上门进行个案服务,同时发展社区老年人日间服务机构,对老年人进行综合性的集中服务照料。居家养老服务是对传统家庭养老模式的补充与更新,对破解日趋严峻的养老服务难题,切实提高老年人生命生活质量具有十分重要的意义。

因此,发展适合我市实际情况的"居家养老"模式就显得尤为重要。目前,市区已建有26个居家养老服务中心、93个居家养老服务站,基本做到了居家养老服务网络全覆盖。市、区两级财政共拨付养老服务补贴250万元。

2.选择养老机构的档次

愿意到养老机构养老的老年人中,选择500—800元/月和800—1200元/月的养老机构的分别占58.30％、31.52％,仅有6.49％、3.69％的人分别选择1200—1500元/月和1500元/月以上的养老机构,这与当前老年人的经济收入水平普遍不高高度相关。

（五）子女对老年人精神赡养情况

1.大多数老年人不感到孤独,九成以上子女愿意陪老年人聊天

调查发现,80.97％的老年人不感到孤独,19.03％感到孤独的老年人更愿意找亲人或朋友聊天。90.91％老年人的子女愿意陪其聊天、听其诉说,只有9.09％老年人的子女不愿陪他们聊天。对"给钱给物让老年人衣食无忧就是孝顺,您认为这种说法对吗?"这道题,选择对、不完全对、不对的人分别占15.01％、64.51％、20.48％。由此可见,常州市的子女比较注重与父母的谈心,从精神上来关爱父母。

2.子女对老年人的孝顺情况

这次被调查的老年人中,57.66％认为子女很孝顺,39.88％认为子女比较孝顺,认为不孝顺的仅占0.83％;子女经常来看望的占82.68％,偶尔来、生病时才来、节假日才来到分别占9.53％、0.66％、3.82％。只有0.35％的子女从不来看望老年人。这个调查结果表明,常州子女对老年人的孝顺状况基本令人满意。而子女不常来看望的,有81.57％是因为子女工作忙,6.20％是因为子女在外地,0.88％是因为有矛盾冲突,11.35％是因为其他原因。而子女关心老年人的主要方式是上门看望和打电话。

3.老年人与孙子女的关系

调查显示,在有孙子女的老年人中,有62.78％的老年人替子女照顾第三代,37.22％不照顾第三代。这说明我市的老年人对第三代很有爱心,体现了所谓的"隔代亲"。而且调查还显示,68.37％和29.51％的孙子女经常来或有时来看望老年人,2.12％不来看望,说明第三代也很关心老年人。

4.老年人活动场所和活动内容

小区休闲广场和公园是老年人的主要活动场所。平时经常锻炼或参加其他娱乐活动的9791名老年人中,经常去小区休闲广场和公园的分别占38.62％、21.91％。老年人的活动内容丰富多彩,主要有看电视、与朋友聊天、读书看报等,以参加老年大学学习、外出旅游为主要活动内容的占少数。

三、满足市区养老服务需求的对策建议

（一）关爱"空巢老人"，重视精神赡养

全社会都要来重视解决"空巢老人"问题。家庭成员要负责，年轻人要多承担体力劳动，给足老年人生活费用，抽空常回家看看，多给老年人精神慰藉。社会服务功能要强化，社区要为他们提供面对面、心贴心的服务，要扩大志愿者队伍，开展形式多样文体活动，使"空巢老人"空巢不空，独居不孤，欢乐常伴。

继续开展"牵挂你的人是我"龙城志愿者与"空巢老人"共度元宵佳节活动。市民政局和市老龄办连续两年组织了"牵挂你的人是我"龙城志愿者与"空巢老人"共度元宵佳节活动。这项活动给老年人们送去了关怀和帮助。相关部门表示将继续开展好这项活动，并将在原来的基础上扩大此项关爱活动的影响，让更多的人来关爱"空巢老人"。

抓好老年精神关爱示范点建设，推进全市老年精神关爱工作。积极探索老年心理研究，在做好老年人精神关爱工作调查的基础上，撰写有质量的调研报告。继续做好常州老年服务中心开展的老年心理咨询服务工作，积极为基层做好示范作用。扎实抓好全国老年精神关爱江苏示范基地常州示范点建设，总结推广钟楼区老年心理关爱示范点心理咨询室和社区心理咨询室试点的经验，努力推进全市老年精神关爱工作。

（二）提高养老金待遇

尽管常州市已连续几次上调企业退休职工养老金待遇，但调查显示，大多数老年人经济收入偏低，总体生活水平不高。加上近年物价上涨幅度较快，因此，要继续提高老年人的养老金待遇，在保障老年人基本生活的基础上，使老年人的生活水平也随着经济社会的发展逐步提高。

（三）提高居家养老服务水平，扩大居家养老服务覆盖面

要进一步扩大居家养老服务范围，真正建立面向所有老年人的完善的居家养老服务体系；要逐步完善居家养老服务保障体系，建立监督机制，及时评估中介机构服务效能，确保服务落实到位；要对居家养老服务实施制度化、标准化、规范化管理，制定上门服务制度、服务监督制度、服务人员岗位责任制度等规章制度，确定生活服务标准、养老护理标准、服务效果评价标准等各项标准，规范服务项目和内容，对服务人员进行专业培训，实行资格认证、持证上岗，逐步提高居家养老服务水平。

（四）建立社区助餐点和老年人日托所

政府要出资在老年人集中的社区设立老年人助餐点和日托所试点，并对助餐点和日托所的性质、任务、要求、运行机制等都要出台配套政策及相关规定，培训工作人员和招募志愿者，建立后进行招标，以市场化运作。政府还要根据实际情况对助餐点和日托所的日常运作予以相应支持，并在试点运行的基础上逐步推广，满足高龄、独居、纯老家庭的老年群体一日三餐以及生活照料的需求。

（五）加快养老服务机构建设，满足老年人入住需求

尽管调查显示，只有11.56%即1166名老年人选择最愿意到养老机构养老，但即使按照这个标准，市内养老机构床位尚有1.03万张的缺口。因此，要落实社会力

55

量兴办养老服务机构的优惠政策,鼓励企事业单位、集体组织、民间组织、个人等社会力量,以及外资兴办养老服务机构,规划建设不同档次的养老机构满足不同收入水平的老年人的入住需求;对养老服务机构实行分类管理,明确养老机构的服务对象,逐步改变目前较高收入人群大量占用公办养老机构资源的现象;在合适的时机,为中低收入老年人群发放养老服务专项补贴,使中低收入老年人能够住得起养老机构。

(六)大力扶持,多形式发展社区家政服务

出台相关政策,培育家政服务业,吸引家政服务的相关企业来我市发展。进一步扩大政府援助服务对象范围,完善相关服务机制和制度,让更多的老年人享受到有偿、低偿和无偿的家政服务。

(七)加快各级老年文体活动场所建设

加快市、区及基层老年文体活动场所建设,按照老年人口的分布和不同层次老年人的活动需求,形成档次不同、面积不等、配套事宜梯次排列的格局。增加室内活动场所和室外活动设施,方便老年人活动。组织开展形式多样的文体活动,引导老年人特别是"空巢老人"走出家门,融入社区,融入社会,度过幸福的晚年。积极开发适合老年人特点的、物美价廉的旅游线路,开拓老年旅游市场,满足老年人出游需求。积极兴办老年大学、学校,发挥市和各区老年大学的示范带动作用,抓好街道(镇)和社区(村)老年学校建设工作,逐步完善老年教育4级办学网络,扩大老年教育覆盖面,提高教学质量,丰富教学内容,满足老年人的求学需求。

(资料来源:《经济日报》)

【提示】

这是一篇现状调查报告,标题点明调查的对象和内容。前言说明调查的背景,概述我国社会老龄化的情况,给人以整体印象。主体采用小标题明确段旨,对老龄化社会所面临的各种问题和需求进行分析,并提出应对策略,具有现实针对性和可操作性。结尾总括全文,提出相应建议。

三、知识览要

(一)概念

调查报告是对某项工作、某个事件、某个问题或经验进行深入细致的调查,将收集到的材料加以系统整理、分析研究后,以书面形式呈现的一种应用文书。

(二)种类

调查报告主要有以下几种。

1.情况调查报告

情况调查报告是比较系统地反映本地区、本单位基本情况的一种调查报告。这种调查报告是为了弄清情况,供决策者参考。

2.典型经验调查报告

典型经验调查报告是通过分析典型事例,总结工作中出现的新经验,从而指导和推动某方面工作的一种调查报告。

3.问题调查报告

问题调查报告是针对某一方面的问题,进行专项调查,澄清事实真相,判明问题的原因和性质,确定造成的危害,并提出解决问题的途径和建议,为问题的最后处理提供依据,也为其他有关方面提供参考和借鉴的一种调查报告。

（三）写作格式

调查报告一般由标题、正文、落款三部分组成。

1.标题

标题有两种常见有的类型,一种是公文式标题,即"发文主题"加"文种",例如"关于×××的调查报告""×××调查"等;另一种是自由式标题,例如《迎接西部大开发 建设生态旅游城——利川市旅游资源评价及综合开发调研报告》等。

2.正文

正文一般分前言、主体、结尾三部分。

1）前言

前言要求精练概括,直切主题,大致有三种写法:第一种是说明调研的起因或目的、时间和地点、对象或范围、经过与方法,以及人员组成等调查的基本情况,并从中引出中心问题或基本结论;第二种是介绍调研对象的历史背景、发展经历、现实状况、主要成绩、突出问题等基本情况,进而提出中心问题或主要观点;第三种是开门见山,直接概括出调研的结果,如肯定做法、指出问题、提示影响、说明中心内容等。

2）主体

主体要求详述调查情况,通常采用统计数字、相关图表及文献资料等详述,并用纲目、项或篇、章、节的形式把主体内容有条理地揭示出来。此部分写法主要有三种:一是横式,即把调查的基本情况按种类分成并列的几个部分或几个方面来写;二是纵式,即将调查的基本情况按照事物发展的逻辑顺序、演变过程加以排列,分成互相衔接的几个部分,层层深入地来写;三是综合式,即把上述两种结构形式交叉结合使用。

3）结尾

结尾的写法也比较多,可提出解决问题的方法、对策或下一步改进工作的建议;或总结全文的主要观点,进一步深化主题;或提出问题,引发思考;或展望前景,发出鼓舞和号召等。

4）落款

落款一般写于报告正文的右下方,署上姓名,写上写作时间。作者署名也可在标题与正文之间。

四、写作实训

试对本节"任务导入"中的调查报告进行修改。

第二节　经济活动分析报告

一、任务导入

阅读下文,分析《2021"五一"旅行大数据报告》。

《2021"五一"旅行大数据报告》

5月5日,携程联合新华财经发布《2021"五一"旅行大数据报告》,以多维度数据展现"五一"黄金周期间国内旅游市场的强势复苏。今年"五一"连休五天,消费者积蓄已久的长途出行需求得以释放。来自携程方面的数据显示,携程"五一"黄金周总订单量同比增长约270%,对比2019年同期增幅超过30%。

其中,北京、上海、广州、杭州、成都、西安、南京、重庆、武汉、长沙入围"五一"黄金周十大热门旅游城市。

值得一提的是,在"加强版"黄金周的带动下,携程部分业务实现对历史峰值的突破。数据显示,携程酒店预订间夜以及GMV在假期前三天连续突破平台历史峰值,对比2019年同期,单日订单量增幅最高达70%。湖州龙之梦动物世界大酒店、湖州太湖龙之梦钻石酒店、无锡拈花湾拈花客栈、惠州双月湾檀悦都喜天丽度假酒店、长隆横琴湾酒店(珠海长隆旗舰店)、珠海长隆海洋科学酒店、珠海长隆企鹅酒店、惠州双月湾檀悦豪生温泉度假酒店、上海金茂君悦大酒店、长隆酒店(广州长隆野生动物世界店)为今年"五一"黄金周热门酒店TOP 10。

假期前夕,文化和旅游部要求各地景区景点"五一"期间要严格落实"限量、预约、错峰"的要求,根据自身承载能力和当地应对新型冠状病毒感染的相关要求,合理确定限量,严格执行限量要求,控制好接待游客数量,并全面实施门票预约制度。

在平稳有序的基础之上,携程门票表现不俗。对比2019年同时间段,单日订单量增幅最高达449%。此外,5月1日,携程门票单日预订GMV刷新平台单日历史峰值;5月2日携程门票单日预订以及出行交易额再攀新高,达历史峰值2倍。

上海迪士尼度假区、颐和园、华山、成都大熊猫繁育研究基地、八达岭长城、圆明园、拙政园、长隆野生动物世界、龙门石窟、西安城墙跻身"五一"黄金周热门景区TOP 10。

在假期全国高速免费通行政策的影响下,今年"五一"租车市场迎来一轮爆发。对比2019年同期,携程租车单日订单量最高增幅约330%。三亚、成都、海口、上海、西安、重庆、昆明、广州、贵阳、大理为今年"五一"黄金周十大租车热门目的地。

消费者跨省出游意愿强烈,携程机票单日订单量对比2019年同期最高增幅约28%。上海—北京、北京—上海、成都—北京、北京—成都、广州—上海、上海—广州、广州—北京、北京—广州、深圳—上海、上海—深圳为"五一"黄金周十大热门航线。

"Z世代"崛起　"00"后出游群体占比达21％

渐渐成为职场实力担当的"90后"在今年"五一"出游人群中占比达37％,成为绝对出游主力,"80后"位列第二,占比达27％。

需要注意的是,以"00后"为代表的"Z世代"人群在这个"五一"黄金周中表现亮眼,占比达21％,旅游消费直追"80后"。"70后"占比10％,"60后"占比2.7％,"60前"占比2.3％。而在性别分布中,携程女性用户占比51％,略高于男性用户。

将多项业务数据进行比对,我们可以发现"00后"与"80后"这两大主要出游群体在旅游消费中的差异化。

以景区为例,在"00后"所青睐的热门景区中,以"险"著称的华山位列第一,圆明园、颐和园、拙政园紧随其后,主题乐园类景区仅有上海迪士尼度假区入围前十。对于这一代年轻人来说,游览项目既要拥有历史文化的厚重感,也要有体验感、挑战性。

再看"80后",在其偏爱的热门景区榜单前10中,有6席为主题乐园类景区,分别为:上海迪士尼度假区、上海海昌海洋公园、长隆野生动物世界、珠海长隆海洋王国、北京欢乐谷、中华恐龙园。这样来看,"遛娃"才是"80后"小长假中的头等大事。

通过关键词搜索则可以发现更多差异之处。

在"00后"的关键词搜索中,"小吃""夜市""奶茶""打卡""地标建筑"位列热度前5,"80后"的关键词前5名分别为"景区""三亚""自驾线路""酒吧""长隆"。显然,对这个世界充满好奇的年轻人更加偏爱碎片化的体验。

小众秘境崭露头角　夜游受消费者青睐

虽然主流目的地在这个"五一"黄金周依旧火热,但一众拥有世界级美景的绝美秘境在这个假期也已崭露头角。

对比2019年和2021年订单量100强城市可以发现,荆州、连云港、汕头、湖州、大同、洛阳、淮安、张家界、济宁、日照入围今年"五一"黄金周订单量增速最快的目的地城市。

受消费者出游模式转变以及近期一众影视剧、综艺带动,在这个小长假,乡村旅游变得愈发火热。翡翠湖所在的茫崖市、怒江第一湾所在的贡山县以及位于那曲市的班戈县入围"五一"黄金周订单量增速最快的乡村旅游目的地。

景区方面,华山、龙门石窟、沈阳故宫博物院表现抢眼,为今年"五一"黄金周订单量增速最快景区前三名。值得一提的是,随着人们消费水平的提升,其消费场景也渐渐由"日"扩展到"夜",实现全面覆盖。消费者愿意在夜晚去探索城市的街道、景观,发现城市的另一面,也愿意去弄堂、巷子中寻找"深夜食堂"。夜店、酒吧这类传统"夜经济"对于年轻人来说,更是不可或缺的因素。在热门旅游城市之中,重庆、长沙、广州成为夜游代表城市。其中,重庆两江游、湘江游轮橘洲之星、珠江夜游等玩乐项目体验热度较高。

高星酒店占比近4成　品质休闲游趋势明显

受出境游消费回流影响,"五一"小长假品质休闲游趋势更为显著,并集中体现在"高星酒店"与"私家团"上。

数据显示，在携程"五一"酒店订单中，高星酒店订单占比近4成，滨海度假酒店、市郊度假酒店以及主题乐园酒店订单量紧居其后，成为消费者的心头好。在此之中，惠州双月湾檀悦都喜天丽度假酒店、惠州双月湾檀悦豪生温泉度假酒店、三亚亚特兰蒂斯酒店、秦皇岛阿尔卡迪亚滨海度假酒店、三亚亚龙湾红树林度假世界（菩提酒店）位列热门滨海度假酒店榜单前5；湖州龙之梦动物世界大酒店、湖州太湖龙之梦钻石酒店、无锡拈花湾拈花客栈、莫干山开元森泊度假乐园、阳江北洛秘境度假酒店入围市郊度假酒店TOP 5。此外，长隆横琴湾酒店（珠海长隆旗舰店）、珠海长隆海洋科学酒店、珠海长隆企鹅酒店、长隆酒店（广州长隆野生动物世界店）、广州长隆熊猫酒店在热门主题乐园酒店榜单中名列前茅。

私家团方面，携程私家团在今年"五一"假期中表现不俗，订单量对比2019年同期增长约230%。其中，北京、桂林、贵阳、三亚、呼和浩特、西安、银川、张家界、丽江、厦门为私家团10大热门目的地。而在新晋目的地中，贵阳、北海、张家界的订单量位列前茅。

盲盒搜索量暴增40倍　假期新趋势还有哪些？

前不久，在中长线旅游火爆的背景下，携程基于为用户打造双城旅游的灵感，推出品类丰富的双城游产品，为游客提供双城出游的最佳路线选择。

与此同时，携程还在4月19日上线了备受瞩目的携程"城市随心选盲盒"活动。该活动包含酒店类盲盒和机票类盲盒。其中，酒店类盲盒价格分别为699元、999元两类。每款盲盒包含1晚酒店。酒店预订成功后赠送机票红包，最高可获得100元立减红包。据悉，该活动覆盖五一前后时段，用户购买后，可选择全国多个城市中任意一城市开启盲盒。

另外，携程99元的"隐藏款"机票类盲盒已于4月22日上线。该盲盒覆盖全国12个热门出发地，更有百余条热门航线可供选择。用户如果开盒后不兑换机票，也可退全款。

截至目前，盲盒产品受到广大消费者认可。在携程关键词搜索排行榜中，"盲盒"排名第5，搜索量暴增40倍，力压全国多个热门目的地关键词。

随着年轻力量的崛起，其热衷的音乐节也成为主流度假方式之一。来自携程社区的数据显示，4月1日—4月20日，关键词"音乐节"搜索量环比提升近一倍，对比2019年同期亦有近5成增长。此外，"演出阵容""草莓音乐节""巴士"等关键词搜索量已有超过3成增长，2021北京草莓音乐节、2021上海草莓音乐节、2021海南万宁MDSK音乐节热度较高。

为此，携程社区还专门定制了"小长假 大满足""51大吃四方""人少好去处""今年你音乐节了没"等多个精选话题，通过最高999元现金奖励、200元机票优惠券、音乐节门票等创作激励、吸引用户种草国内旅游，探寻祖国大好河山。最新数据显示，"五一"期间携程社区最热门的话题为"小长假 大满足"，目前已经产生笔记超过13000条。

值得一提的是，红色旅游在这个小长假同样是热门之选。数据显示，"红色旅游"关键词在五一期间环比4月同期提升约7倍。对比2019年同期,携程红色旅游景区订单量实现约375%的增长,圆明园、中山陵景区、中国国家博物馆、天安门广场、狼牙山为热门红色旅游景区。

除上述趋势之外,经验丰富的携程当地向导也为广大游客带来诸多全新玩法。在陕西,携程向导带领游客与兵马俑发现人面访,了解兵马俑发现第一现场的故事。在湖南,携程向导为游客推荐本地人才会去的"白虎堂"。而在敦煌,携程向导带领消费者前往沙漠露营。

截至发稿前,"五一"假期携程当地向导预订量,相比2019年同期增长达120%。热门目的地TOP 10分别为陕西、青海、四川、北京、上海、广西、贵州、云南、福建、湖南。

今年"五一"黄金周,熟悉的"人从众"模式再度回归,而随着目前国内疫苗加速普及,后续旅游市场也或将保持旺盛的增长势头。相信在接下来的暑假市场以及国庆假期,国内旅游经济会迸发出更为强大的活力。

(资料来源:新华财经,《2021"五一"旅行大数据报告》)

二、范例分享

2020上半年度中国旅游行业发展分析报告
旅游行业新变化:休闲游兴起、出行成本降低

从发达国家经验来看,人均GDP与旅游消费水平直接相关。伴随人均GDP的提升,我国旅游消费类型从早期观光型逐渐过渡到休闲型、度假型。消费者对高质量和深度旅游体验需求迅速增长,休闲游需求得到逐步挖掘,成为我国最主要的旅游消费需求。国家出台政策鼓励碎片化假日安排,为居民旅游出行提供政策支持。高铁、高速公路、飞机等交通方式高速发展,缩短了通行时间,降低了出行成本。有了碎片化假期和高速交通工具,居民出行次数也得到提升,旅游出行从低频向高频发展。2019年我国人均旅游出行4.3次,受新型冠状病毒感染影响,2020年居民人均出行次数将大幅回落。

我国旅游业线上渗透率稳步提升,在线旅游年轻化趋势明显

2019年我国旅游业总收入为6.63万亿元。其中,在线旅游总收入为1.12万亿元,线上渗透率为16.9%,且不断提高。用户年龄方面,由于闲暇时间充足,消费欲望良好,年轻用户(80后、90后)较为活跃,是我国在线旅游市场的主力消费人群。研究结果显示,2020上半年度我国在线旅游用户中,31—40岁的占42.7%,24岁以下及24—30岁的分别占18.5%和18.6%。

旅游目的多样化:从单一观光到休闲、亲子等需求全面开花

随着旅游消费升级,居民旅游更注重身心体验,58.2%的用户选择休闲游。休闲游订单量已经超过观光游,令休闲成为我国第一大旅游目的,观光成为第二大旅游目的。家庭成员也成为诸多消费者的旅游需求来源,38.6%的用户选择亲子游,17.6%的用户帮老年人选择夕阳游。年轻人中,颜系打卡成为旅游新趋势。此外,

情侣间的度假游、朋友共享的闺蜜游、深度体验、颜系打卡等旅游需求也逐渐兴起。

旅游个性化差异化：从跟团到跟随个性化攻略

大众旅游时代，旅游成为人们改善生活质量、提升生活品质的重要方式。游客更注重旅游品质和用户体验。我国旅游业趋向于向个性化、差异化发展，旅游需求、旅游产品、目的地、旅游消费类型愈加多样化。而传统的旅行社跟团游很难满足消费者的个性化需求，因此游客自由安排旅游路线的自助游成为最主要的旅行方式。2020上半年度国内69.5%的游客选择自助游。游客根据专业旅游团队、互联网平台推荐、游客攻略等方式自主安排旅游产品。行业应注重满足用户个性化、差异化需求，培育多元化旅游市场。

旅游决策链路变化：从需求先行到种草引发需求

我国旅游业进入消费升级时代，用户成为旅游平台关注的重点。以OTA(online travel agency，在线旅行社)为主的传统入口更侧重于在需求已定的情况下，对旅游消费进行引导，运用的是强交易逻辑；而小红书、抖音等社区和内容平台则以人为核心，通过多样化内容种草，引发不同人群不同场景下的消费兴趣和需求，完成消费引导。

我国休闲旅游兴起，居民旅行成本降低，旅游频次提高，内容种草引发需求的效率也随之提升。旅游不再只是周密计划后的决定，种草后的冲动型旅游增多。

旅游决策在线化比重增大

研究数据显示，互联网已经成为我国旅游消费者形成旅游决策的最主要途径。超6成用户旅游出行的决策信息来源于互联网相关旅行决策平台。

决策从行前向行中延伸，边旅游边决策

我国旅游业进入消费升级阶段，旅游目的从单一观光扩展到亲子、休闲、颜系打卡、深度体验等。在这个过程中，用户旅游决策从行前向行中延伸：从衣食住行到出行安全、购物消费，旅游决策的范围变大，需要参考的内容更多样化，呈现边旅游边决策的随性出游态势。

旅游决策更多参考KOL/KOC个性化、差异化体验攻略

传统旅行决策的方式中，用户更依赖于搜索旅游平台积累的海量信息，通过PGC(professional generated content，专业生产内容)或长篇攻略完成旅游规划，并一站式购买产品服务。而小红书等内容社区和平台是通过KOL(key opinion leader，关键意见领袖)/KOC(key opinion consumer，关键意见消费者)的优质内容，以图文、短视频、直播等多元化手段影响平台上用户的旅行决策。用户再通过分享笔记，去影响其他用户。相较于前者，KOL/KOC创作的内容更具备个性化和差异化的特质，更能满足用户多元的需求。

国内中短途游成用户假期出行首选

2020年前，用户出游方式选择意愿中，出国游占比超半数，其次为国内长途游。2020年后，居民消费偏好和出行偏好发生变化，各大旅行社推出中短途省内游加速旅游市场回暖。在2020年4月清明假期、5月劳动节小长假，国内中短途游成为大多数人的出行首选。

用户旅游决策周期大幅缩短，更多参考KOL/KOC分享

用户因旅行方式发生变化，出行决策周期也随之发生变化。此前旅游活动中出国游和长途游占比较高，需要制订计划、查找攻略，决策周期时间较长。2020年后，周边游成为主要旅游方式，用户只需1—3天进行决策，甚至可以边出行边决策，决策周期大大缩短。KOL/KOC真实和最新的体验分享成为消费者决策的重要信息来源。

短图文是用户出行决策最愿意参考的内容形式

用户出行需要多元化信息，包含特色民宿、网红店铺、各类打卡点、拍照姿势等的相关资料，不再是单一的景点信息。受新型冠状病毒感染影响，2020上半年度，城市景点打卡、城市郊游和省内周边游成为大多数用户的选择。由于对周边地区熟悉度较高，用户不太倾向于参考长篇游记、攻略，超8成用户通常参考短图文形式的笔记。

用户进行旅游决策，最常用的平台是小红书

新型冠状病毒感染期间，用户消费意愿和导向有明显变化，有目的性的旅游信息搜索减少，内容消费引发的种草决策增多。2020上半年，旅游决策传统入口（如OTA、旅行社区、搜索引擎）使用率大幅降低；生活方式社区、短视频平台这类新入口对旅游决策影响的占比增加。以小红书、抖音为代表的新入口用户使用率明显增长。其中小红书因平台用户善于打卡，内容优质，更新速度快，便于用户种草出行，成为用户最常用的出行决策平台。

小红书和抖音能够通过短内容种草，引发人们的旅行需求，非常适合决策成本低的周边游，因而能够超越携程、马蜂窝等，成为2020上半年度最受用户欢迎的旅游决策新入口。

自驾成最热门出行方式

2020年后，城镇周边成为主要出行范围。受新型冠状病毒感染影响，人们偏好选择驾驶私家车或租车出行。自驾游成为首选出游类型。数据显示，和去年同期相比，2020年上半年选择自驾游的用户数量增长了近50%。

预订民宿成新潮流，出游打卡更易选择养肺区域

民宿相对于传统酒店更适合家庭出游。除了旅行订民宿，民宿体验还出现了众多新姿势。萌宠是家庭中重要的一分子，携宠出游成为众多家庭出游的需求。2020年，在游客对环境安全的关注中，小范围内自驾出游，入住兼顾体验、休闲需求的高品质民宿，围绕民宿目的地进行吃住娱闲环消费，成为人们出游的新潮流。此外，用户出游打卡偏向于选择靠近山海、适宜养肺的地区。

旅游住宿决策——偏爱民宿用户对小红书平台依赖度最高

在用户出行决策中，偏爱酒店的用户最倾向于参考携程旅行的信息做出决策；偏爱民宿用户对小红书平台提供的信息依赖度最高。民宿是非标品，在运营内容引导预订方面比酒店有优势。小红书平台汇集了丰富的民宿内容，能够吸引用户种草并转化。

用户偏好使用小红书记录发布旅行内容，美照分享程度最高

在旅游过程中和旅游结束后，更多用户倾向于在内容社区和平台记录旅行过程、感受以及攻略等内容。在朋友圈之外，用户更倾向于用小红书记录旅游内容。

旅游决策入口平台内容——小红书综合竞争力表现最强

携程是最大的在线旅游平台，用户规模较大，使用评价内容发布量大。但小红书平台的综合旅游内容发布量大，更新频率高，内容覆盖面广，个性化内容丰富，也已成为出行决策的重要参考。2020上半年度，同领域内小红书综合竞争力表现最强。

疫情催生国内旅游新业态

在新型冠状病毒感染的影响下，消费者消费习惯发生改变，各行业孕育出新的发展趋势，或升级了已有的商业模式。通过旅游业界的积极探索与共同努力，疫情催生了旅游新业态和服务新模式，如旅游景区实名制登记、严格控制线下客流量等，倒逼景区升级数字化管理；云旅游、跨界直播带货、宅经济等促使旅游企业发展"新大陆"；"无接触服务"带火智能无人酒店；国内周边游、公园野餐等推动旅游行业转变运营模式重新获客。

云旅游模式可触达任何景区角落，数字化文旅或迎来发展期

为推动文旅产业复苏，国内文旅业尝试并探索出"云旅游"模式，催生的"宅经济"让更多人驻留在直播间，观众可以跟随主播的视角，瞬间直达景区的任何角落。未来"云旅游"需要在营销、内容、科技、需求等方面继续发力，提升游客的体验，推动旅游业态新发展。

精品乡村民宿成热门旅游目的地

于以往的观光式景区打卡旅游相比，如今旅游的目的更多的是体验休闲时光和多元化人文。住民宿可以很好地链接旅游和人文。2020年五一期间，乡村民宿由于空间开阔、性价比高、更适合家庭出游，迎来了一波预订高潮。由于景点恢复有限，以天然、绿色为特色的高品质休闲度假住宿地，尤其是集合了吃、住、娱、购等高体验式项目的精品乡村民宿，成为热门旅游目的地。

（资料来源：搜狐新闻）

【提示】

这是一篇中国旅游行业发展分析报告。文章主要针对2020年国内旅游的变化进行了详细分析。

三、知识览要

（一）概念和特点

经济活动分析报告是经济管理部门或企业遵循国家的有关方针、政策和法规，以计划资料、核算数据和调查研究的情况为依据，对本部门或本企业生产经营活动的过程及其结果进行研究分析的一种经济管理应用文。经济活动分析的任务是分析研究各项经济指标（如资

产负债率、流动比率、速动比率、应收账款周转率、存货周转率、资本金利润率、成本费用利润率等)以及找出影响经济指标的各因素之间,数量关系上的规律性,给予正确评价,并从中发现问题,提出改进措施,不断提高管理水平和生产经营效益。

经济活动分析报告的特点是:数据性、政策性、专业性。

(二)内容和格式

1.标题

标题一般由分析对象、时间和文种组成。例如,远航旅行社××××年经济活动分析报告。

2.正文

1)前言

此部分概括交代分析对象的基本情况,揭示分析意图。

2)主体

主体部分依据资料与数据,运用综合、归纳、对比和相关因素分析法,对前言所提问题或经济指标完成情况进行具体分析。

3)结尾

此部分可提出看法、做出评价;可提出改进意见和措施,所提意见或措施一定要注意实事求是,有的放矢,切实可行。

3.落款

此部分标明作者或单位及日期。

四、写作实训

试为"任务导入"中的分析报告添加小标题。

本章练习

一、知识训练

1.调查报告有哪些特点?

2.调查的原则和方法有哪些?

3.在经济活动分析报告的写作中,主要应当遵循哪些要求?

二、能力训练

1.以大学生消费情况为例,编制一份问卷调查表。

2.利用课余时间去一家酒店或旅行社做调研,写出一份调查研究报告。

第四章 →

旅游营销活动类应用文

学习目标

通过本章学习,应当达到以下目标:

◁ **知识目标** ▷

了解旅游营销活动过程中各类应用文的概念、特点、种类、作用及写法,能用其指导旅游广告、旅游商品说明书、招标书、投标书和旅游合同的写作活动,规范其相关技能活动。

◁ **能力目标** ▷

通过学习本章文种知识研究相关案例,培养在与旅游营销活动相关的应用文写作情境中分析问题与解决问题的能力。通过写作实训,掌握旅游广告、旅游商品说明书、招标书、投标书和旅游合同的写法。

◁ **素质目标** ▷

结合本章教学内容,依照行业道德规范或标准,灵活运用旅游广告、旅游商品说明书、招标书、投标书和旅游合同为开展旅游营销活动服务,符合社会道德、个人道德和职业道德,诚实守信,求真务实。

第一节　旅游广告

一、任务导入

关于征集阳新县旅游形象宣传广告语的通告

为树立阳新旅游形象,提升阳新旅游的知名度和美誉度,阳新县文化和旅游局经研究决定,面向社会征集阳新旅游形象宣传广告语。现就征集事项通知如下。

一、主办单位

阳新县文化和旅游局。

二、作品要求

充分体现阳新县自然、人文特色和丰富内涵,能够准确反映阳新旅游的基本内涵、典型特征和文化精髓,主题突出、特色鲜明、文字简短、通俗易懂,具有独创性和感染力,适合于各类媒介和海内外广泛传播,符合国家有关法规和社会主流价值观。

三、活动时间

自公布之日起,至2021年5月31日止。

四、奖项设置

经初步筛选后,采取专家评审的方式,评选出6件入围作品,其中一等奖1件、二等奖2件、三等奖3件,奖金分别为2000元、1000元、500元。评选结果在相关媒体公布。

五、投稿要求

1.投稿人须承诺参选作品均为原创。

2.每人投稿不超过3条,每条作品原则上在10个字以内,并附200字左右的说明。

3.参选作品需注明投稿人姓名、联系电话、身份证号码、单位、住址。

4.参赛作品采用word文档形式,以"作者名＋手机号"为文件名,与申报表一起发送至邮箱:×××××××××××@qq.com。

六、相关说明

1.投稿人须承诺其作品的著作权全部归活动主办方所有,主办方除根据本征集公告有关规定,向获奖者支付奖金外,不再支付其他任何报酬和费用。

2.作品必须为原创,如侵犯他人著作权、知识产权,由作者承担法律责任;被选定的广告语作品,其著作权、知识产权全部归阳新县文化和旅游局所有。

3.主办方有权对作品进行修改、组合和应用,以任何形式使用获奖作品产生的知识产权均归阳新县文化和旅游局所有;作者不得再向其他任何方面提供和在其他任何地方使用该作品。

4.投稿内容相同者以先投稿者为准。

5.来稿一律不退,凡投稿人均被视为已接受本征集公告的内容。

6.所有来稿必须先填报"阳新旅游"宣传广告语征集申请表,再发送给主办方,否则不计入投稿范畴。

7.本活动最终解释权归活动主办方。

七、联系方式

联系人:陈娟。

电子邮箱:×××××××××@qq.com。

地址:湖北省阳新县城东新区综合大道39号阳新县文化和旅游局。

邮编:435200。

阳新县文化和旅游局

二〇二一年四月三十日

(资料来源:https://www.163.com/dy/article/G8RKIT8E0514DQG3.html)

看了这则启事,如果你有心应征,打算怎样写广告词呢?

二、范例分享

"宾"家必争之地——荆州

古之荆州,地势险要,易守难攻,为兵家必争之地;

今之荆州,风景秀美,水香鱼肥,乃宾家必争之地。

今日荆州,有厚重的历史底蕴;

今日荆州,有香飘万里的新气象。

荆州古城墙

闻听三国事,每欲到荆州。荆州古城墙,屹立在荆州大地上,见证着荆州的发展和走过的岁月。宾阳楼、城上三山、雄楚楼、仲宣楼、明月楼,看着古代城下人们匆匆而过,也目睹着今人的来来去去。这里承载着打马走过的岁月,匆匆而过的时光。荆州古城墙,等着你的抚摸,等着你的触及。

城北九女塚

三国蜀将关云长镇守荆州,忽遇九位仙女下凡。仙女传王母娘娘旨意,荆州刀兵动得太多,要收回至于圣地,不准凡人争夺。关公忠于其兄,不让荆州,于是想了一个计策,说:"你们在西北,我在东南,各筑一城,天黑始,鸡鸣止,谁先筑好,谁就管理这个地方。"

九仙女用衣裙兜土,关公伐芦苇筑城。关公城就,九仙女城差一隅,鸡尚未鸣,关公震动鸡笼芦席,公鸡啼鸣,九仙女羞愧上天。九仙女所在之地,名为"城北九女塚"。

张飞一担土

在关云长筑城之际,张飞也来为二哥帮忙,可惜来晚了,便将土倒在东门外,于是人们把东门外的两座小山似的土称为"张飞一担土"。

荆州关公庙

关公庙遍天下,九州无处不焚香。农人祈求风调雨顺,商贾祈求财运亨通,百工祈求从业兴旺,官员祈求升迁发达,军人祈求旗开得胜,帝王祈求江山永固。历经一千七百多年,时光荏苒,改朝换代,关羽最终被人们塑造成神祇。一座荆州土地上筑起的关帝庙,仪门、正殿、陈列馆前呼后应,灰瓦红墙、飞檐翘角、气势恢宏、独具魅力,是荆州文化的象征,也体现了伫立不倒的关公精神。

荆州三国公园

碧水波光映古城风采,画廊庭桥浮三国云烟。荆州三国公园,厚重地载着历史云烟,轻盈地浮起古之逸事。这里有古朴典雅的建筑、秀丽明媚的景色。游客流连于荆州三国公园的凝重,抑或忘返于其独特的秀美。

荆州华容古道

"曹瞒兵败走华容,正与关公狭路逢,只为当初恩义重,放开金锁走蛟龙。"这是曹操赤壁之战败,败走华容(今荆州监利)后,"关云长义释曹操"的故事。现华容道旁,阡陌纵横,公路交错,城镇与水乡连成一片,一改昔日崎岖荒凉面貌。而华容古道也在荆州监利静静安睡,等待着今人的踏足。

口号:游一趟荆州,梦一回三国。

附文:

荆州,地处湖北中南部,江汉平原腹地,自古就有文化之邦、鱼米之乡的美誉,为国务院首批公布的国家历史名城。荆州旅游局电话:××××××××。

69

【提示】

这是一篇宣传古城荆州的广告文案。标题运用谐音,活用古语,简洁新颖,具有诱导性。正文通过故事介绍荆州古城墙、城北九女塚、张飞一担土、关公庙、三国公园和华容古道,以厚重的历史文化感染旅游消费者,别有一番韵味。广告口号强化印象,响亮有力。附文顺势宣传荆州享有的美誉,注明联系电话。全文内容真实,语言朴实,易引起受众的好感、获得其信赖。

三、知识览要

(一)广告的作用

广告作为一种信息传播活动,基本功能是传递信息。同时,广告的营销功能,也是其与生俱来的本质功能。广告,这门错综复杂的视听艺术,在传播经济信息、发挥经济宣传功能的同时,也以其艺术魅力对社会产生潜移默化的熏陶作用。

具体说来,广告有如下功能:

第一,广告在社会经济宏观面上沟通产供销,加速流通,促进了国民经济的和谐发展。

第二,对消费者而言,广告引导或刺激需求,满足消费者对商品信息的需要。广告向消费者介绍商品的厂牌、商标、规格、性能、价格、用途特点,以及如何使用、保养和各项商业服务措施等,实际上是在帮助消费者提高对商品的认识程度,指导消费者购买商品。

第三,对广告主而言,广告是企业营销的重要手段,是推动企业运行发展的重要力量,在企业生存和发展中起着举足轻重的作用。广告为企业提供市场信息,企业可以通过广告了解同行业生产与发展状况、价格情况、市场情况和竞争对手的多种信息以及市场资源情况等,为决策和计划提供依据。同时,广告有助于建立和维护企业形象。

第四,广告在社会文化建设方面也有美化社会环境、丰富人们文化生活等作用。旅游广告的作用首先表现在传播旅游信息、广招客户上,这是它的经济作用;其次表现在传播社会文化、感受自然美上,这是它的社会作用。

（二）广告媒体分类

成功的广告媒体选择就是要充分发挥各种媒体的最大功效和作用,综合运用各种媒体并发挥其整合作用。对于广告主来说,要在多种媒体中选择一种做广告,基本的判断依据是看哪一种媒体最能有效地影响目标市场。这就要求广告主了解各种媒体的主要性质,以更好地选择广告媒体。

1.大众传媒

大众传媒主要包括报纸、广播、电视、杂志、互联网等。

报纸可以依据三个标准分类:出版频率(每天、每周等)、规格(对开大报和四开小报两种)和发行量。报纸具有区域性强、传播面广等特点,缺点是广告寿命显著低于其他媒体,特别是日报。

广播是利用电波传播信息的。它通过语言和音响效果将内容诉诸人的听觉,充分发挥声音在节奏感、感情色彩等方面的特点,使听众听懂、爱听,唤起人们的联想和想象。广播广告的优点包括受众明确、及时迅速、价格便宜、使听众有想象空间等,缺点是缺乏视觉线索、缺乏控制、易被忽视等。

电视这种用声音和图像引起目标市场注意的现代化传播媒体,作为广告媒体拥有其他媒体难以比拟的优势:直观真实、冲击力强、深入家庭、覆盖率高、影响面大;缺点是成本昂贵、转瞬即逝。为了取得明显的效果,电视广告必须重播数次。

杂志特别是月刊或者是周期更长的刊物上的广告比报纸上的广告有更长的"货架寿命"。它的优点是宣传针对性强、广告有效期长、广告对象理解度高、制作精美,缺点是缺乏及时性、成本高、递送较困难。

互联网是指通过一系列互相连接的计算机在全世界范围内实现信息交换和传播的一种全球性工具。作为一种新兴的广告发布媒体,它具有巨大潜力。优点有5点:(1)目标营销,由于互联网可以针对非常特定的群体做广告,所以它的浪费很小;(2)信息修整,在精确的目标选择结果下,信息可以完全针对目标受众的特定需要和愿望来设计;(3)交互能力,网络的双向互动性大大提高了消费者的参与度;(4)信息传递,一旦用户访问网站,他们可以获得大量有关产品设计说明、购买信息之类的信息资源,而新的信息的提供速度几乎是即时的;(5)销售潜力,因为互联网是一种直接的反映媒介,它促成销售的能力得到了很大的加强。缺点是,由于这种媒介是一种全新的事物,受众数量和效果衡量方法目前还没有确立,而且网络并不适合于所有人。同时,网络拥挤、诈骗的潜在可能性也让一些受众排斥互联网。

2.小众传媒

小众传媒主要包括户外广告、户内广告、馈赠广告等。

户外广告主要有交通类和建筑类两种。户外广告的使用十分广泛。在高速公路、公共汽车、出租车、郊区火车、电车、飞机、地铁上,以及体育馆、购物商城等场所外墙都可以见到户外广告的踪影。

户内广告主要运用于各种设施内部,如饭店、宾馆、游乐场、超市、书店和食堂内等。

馈赠广告把广告图文印在馈赠物品上赠予消费者,如扇子、手提袋、日历等。

3.旅游广告创意

旅游广告是广告在旅游业中的运用。它通过特定媒体把旅游商品信息和旅游服务信息传递给潜在的消费者,使之产生旅游的愿望、实施旅游,以促进旅游产品的销售。旅游广告的制作包括调研、策划、营销、公关、创意、表现等环节。在这诸多环节中,创意是核心部分。

什么是创意?广告大师奥格威说:"除非你的广告有好的点子,否则它就像被黑夜吞噬的船只。"旅游广告的创意可从如下几方面挖掘。

1)基于事实

旅游广告文案的写作创意之根就是真实的旅游信息。写作创意就是用语言文字把广告的创意物化和深化,说服和诱导人们产生旅游动机、发生旅游行为。在广告文案写作创意中坚持真实性的原则,就是坚持科学的、真正的为社会服务的原则。

《中华人民共和国广告法》第一章第三条规定:"广告应当真实、合法,以健康的表现形式表达广告内容,符合社会主义精神文明建设和弘扬中华民族优秀传统文化的要求。"第一章第四条规定:"广告不得含有虚假或者引人误解的内容,不得欺骗、误导消费者。"美国著名的《欧吉沛广告准则》第一条提出:"绝不要制作不愿让自己家人看的广告。"因为广告创作者大多不会有欺骗自己家人的念头。

2)明确诉诸重点

美国广告大师罗素·瑞夫斯创建的USP(unique selling proposition,独特的销售主张)在营销和广告实践中建立了耀眼功绩。罗素·瑞夫斯认为,只有当广告能指出产品的独特之处时,它才能行之有效,即应在传达内容时发现和发展自己独特的销售主题,并通过足量的重复将其传递给受众。瑞夫斯描述USP具有三个特点:

(1)必须包含特定的商品效用。即每一个广告都要对消费者提出一个说辞,给予消费者一个明确的利益承诺。

(2)必须是独特的、唯一的、其他同类竞争产品不具有或没有宣传过的说辞。

(3)必须有利于促进销售,即这一说辞一定要能招来数以百万计的大众。

3)说服消费者

所谓说服,就是通过施加某种刺激给予消费者一个动机,使之改变态度或意见,并依照说服者预定意图采取行动。广告的说服,是通过诉求来达到的。诉求是指外界事物促使人们从认识到行动的全部心理活动过程。广告诉求就是要告诉消费者,有些什么需要,如何去

满足需要,并敦促他们去为满足需要而购买商品。一般方法有:

(1)知觉诉求。

知觉诉求是用直接或间接的事物来说服受众,使人有身临其境之感。亲身体验即直接诉求,容易增强人们的信心,广告效果一般比间接的知觉诉求好。但间接诉求可以广泛使用,不受时空限制。因此,在实践中大多数广告运用的是间接诉求,而把直接诉求作为一种辅助手段。

(2)理性诉求。

理性诉求偏重运用说理的方式,直接陈述商品的好处。运用理性诉求的广告,多是技术型的商品,或与人身安全有关的商品。

(3)情感诉求。

情感诉求运用富有人情味的方式调动人们的情感,诱发其购买动机。

(4)观念诉求。

观念诉求通过广告宣传,树立一种新的消费观念,或改变旧的消费观念,从而使消费者的消费观念发生对企业有利的转变。

在商业广告中,巧妙地运用这几种类型的诉求,可以收到相当好的说服效果。

(三)广告文本的基本组成部分

广告文本因广告媒介和宣传需要不同而不同,既没有固定的结构形式,也没有固定的写作方法。一般来说,广告文本包括标题、正文、标语以及随文四部分。

1.标题

广告标题分为直接标题、间接标题和复合标题。

直接标题是体现广告中心或一语点明广告主题的标题形式,如"携程在手,说走就走""旅游之前先上马蜂窝"。

间接标题不直接揭示广告主题,采用间接的方式宣传商品或劳务,如"中国人旅行,找中国旅行社"(中国旅行总社精品线路广告标题)。

复合标题结合以上两种标题形式,如"汇山海之灵气 集文化之精粹——三亚南山文化旅游区"。

2.正文

正文是广告的主体,广告的绝大部分信息靠正文传达。正文说明或描述广告的信息内涵,树立商品形象。

3.广告标语

广告标语是为加强公众印象,在广告中长期、反复使用的一种简明扼要的口号性语句。它凝练、概括,具有较强的号召力。广告标语的切入点可从以下几个方面考虑。

(1)产品的独特卖点。分析产品与其他竞争品的不同之处,抓住产品特征,以吸引消费者,如"消除细菌,爱心妈妈的选择"(舒肤佳)。

(2)消费者认同的社会信条。广告词不仅推销产品,同时也说明了一个生活道理,容易让消费者在认同广告语的同时,接受该品牌,如"Just do it"(耐克)。

(3)好的感受。抓住产品给人带来的感受,如"挡不住的感觉"(可口可乐)。

（4）消费者定位。直接告诉消费者自己的定位,引起目标人群的关注,如"新一代的选择"(百事可乐)、"儿童的圣地"(伦敦旅游)。

（5）体现个性。通过传达一些个性化的理念,引起消费者共鸣,如"我能"(中国移动全球通)。

（6）体现公司对消费者的关心。这种思路一般用于公司广告语,或用于树立形象,如"一'贯'好奶粉"(飞鹤)。

（7）体现企业形象或品牌形象。多通过一些宏观的说法,为企业或品牌做形象宣传,如"沟通从心开始"(中国移动)。

4.随文

随文是对正文的必要补充,如补充内容,注意事项,广告单位的名称、电话、地址、网址、电传、银行账号等。

四、写作实训

结合"任务导入"选取你熟悉的风景区,拟写一篇宣传旅游形象的广告词。

知识链接

中国部分城市旅游标语

北京市:东方古都,长城故乡　　　　　　上海市:上海,精彩每一天

重庆市:世界的重庆,永远的三峡　　　　广州市:一日读懂两千年

福州市:福山福水福州游　　　　　　　　银川市:塞上明珠,中国银川

长沙市:多情山水,天下洲城　　　　　　桂林市:桂林山水甲天下

苏州市:人间天堂,苏州之旅　　　　　　无锡市:太湖美景,无锡旅情

大连市:浪漫之都,中国大连　　　　　　宁波市:东方商埠,时尚水都

厦门市:海上花园,温馨厦门　　　　　　深圳市:每天给你带来新的希望

珠海市:浪漫之都,中国珠海　　　　　　汕头市:海风潮韵,世纪商都

三亚市:天涯芳草,海角明珠　　　　　　邯郸市:游名城邯郸,品古赵文化

宜昌市:金色三峡,银色大坝,绿色宜昌

世界部分国家及城市旅游标语

法国:浪漫之都,魅力国度　　　　　　　加拿大:四季皆宜的旅游胜地

曼谷:天使之城　　　　　　　　　　　　意大利:一座露天博物馆

瑞士:世界的公园　　　　　　　　　　　埃及:历史的金库

西班牙:阳光普照西班牙　　　　　　　　挪威:世界上最幸福的国家

印度:探索圣雄甘地的生平　　　　　　　希腊:经典永恒

丹麦:地球上最快乐的地方　　　　　　　马来西亚:亚洲魅力所在

第二节　旅游商品说明书

一、任务导入

国家历史文化名城武汉素有"九省通衢"之称，环境优美，物产丰富。这里不仅有热干面、武昌鱼、洪山菜薹、梁子湖大河蟹、黄陂马蹄、东西湖葡萄等美食，还有黄陂泥塑、武汉绢花、绿松石雕、江陵仿古漆器、武汉铜锣等手工制品。为了促进武汉旅游经济发展，你能针对国内外游客为这些特产拟写旅游商品说明书吗？

二、范例分享

恩施玉露

在《中国茶经》一书中记载，恩施玉露最早发源于清朝康熙年间，产于湖北恩施市南部的芭蕉高拱桥及东郊五峰山，曾称"玉绿"。因其香鲜爽口，外形条索紧圆光滑，色泽苍翠绿润，毫白如玉，改名"玉露"。

作为中国蒸青茶的典型代表之一，恩施玉露的生产工艺中保留了源自汉魏的蒸青技术。其加工工艺为蒸青、扇干水汽、铲头毛火、揉捻、铲二毛火、整形上光（手法为搂、搓、端、扎）、拣选等。

恩施玉露具有抗氧化、提高免疫性、降血压、预防冠心病等功效。中国茶叶学会副理事长、湖南农业大学教授施兆鹏为恩施玉露题字："恩施玉露 茶中极品"。日本茶师清水康夫到恩施考察茶叶生产时题字："恩施玉露 温古知新"。

2007年，恩施玉露获得了地理标志产品认证，得到了地标产品保护，在仅一年的时间内就被授予了"湖北省第一历史名茶"的光荣称号。2014年，恩施玉露的制作工艺被列入国家级非物质文化遗产名录，使得这种茶叶为天下人所熟知。

（资料来源：http://guniangcha.com/lvchazhishi/118902.html）

【提示】

这篇商品说明书介绍了恩施玉露的历史、选用的原料、独特的工艺，突出其功效，语言简洁，让消费者一目了然。

三、知识览要

（一）概念和作用

旅游商品在概念上有广义和狭义之分。广义上旅游商品是旅游者因旅游购买的相关有形商品和无形商品的总称。它包括旅游者在旅游之前和旅游活动中购买的一切商品，如旅游日用消费品、旅游纪念品、旅游线路、各种旅游服务等。狭义上旅游商品指旅游者在旅游过程中购买的具有纪念意义或收藏价值,能反映旅游地特色的商品,如旅游工艺品、旅游纪念品、土特产、文物古玩和仿制品等。本节讨论的旅游商品是狭义上的旅游商品。

商品说明书是一种以说明为主要表达方式,用平易、朴实的语言客观真实地向消费者介绍商品的性能、特征、用途、使用和保养方法等知识的应用文体。旅游商品说明书是指在旅游经营、策划活动过程中制作和使用的介绍各种旅游产品的说明书。它具有宣传旅游、推销产品、传授知识和促进消费的作用。

（二）类型

从表达方式分,商品说明书有说明式、叙述式、描写式的等。

从载体形式分,商品说明书有单页的,有成册的;有以文为主的,有以图为主的。

从表现内容分,商品说明书有单项的,有综合的。

从宣传对象分,为适应不同特点的游客,商品可能有不同的说明书,如针对国内游客的,针对外国游客的,针对特殊旅游者如老年人、新婚者、暑假旅游大学生的。

（三）写作格式

1.标题

旅游商品说明书一般以商品名称作标题,不加文种,如"敦煌瓜"。

2.正文

旅游商品说明书正文一般要具体介绍商品的有关知识,如产地、特点、功能、用途等。说明的事物不同,内容的侧重点也不同。

(1)家电类商品说明书。

此类商品说明书要说明商品的构成、规格型号、使用方法和注意事项等。

(2)日用类商品说明书。

此类商品说明书要说明商品的构成、规格型号、适用对象、使用方法和注意事项等。

(3)食品药物类商品说明书。

此类商品说明书要说明商品的构成成分、特点、作用、适用范围、使用与保存方法、有效期限、注意事项等。

（四）附文

附文指在正文之后写明厂名、地址、电话、传真、联系人和生产日期等的文字。

旅游商品具有与一般商品不同之处,其突出特点有民族性、地域性、艺术性、纪念性、易带性等。所以旅游商品说明书应着重突出旅游商品的历史源流、文化内涵、民族特色、地域风情、名人赞誉等,让游客了解其特点和价值,并深切感受其文化底蕴。

四、写作实训

结合"任务导入"选取武汉特产,拟写旅游商品说明书。

第三节 招 标 书

一、任务导入

为贯彻落实《教育部等11部门关于推进中小学生研学旅行的意见》、湖北省教育厅等14部门印发的《湖北省中小学生研学旅行试点实施意见》和《湖北省中小学生研学旅行试点管理办法》文件精神,推动中学生社会实践活动的开展,让学生能在旅行的过程中陶冶情操、增长见识、体验不同的自然和人文环境,提高学习兴趣,全面提升学生综合素质,××学校研究决定,在七、八年级开展研学旅行活动。

为规范学校的相关工作,本着公开、公平、公正的市场竞争原则,现对研学旅行承办方进行公开邀标,邀请符合要求的研学旅行公司或旅行社参加投标。你能代拟一份招标书吗?

二、范例分享

2018湖北省中医药健康旅游宣传推广活动招标书

为丰富湖北旅游线路内容,深入贯彻党的十九大精神,实施健康中国战略,推进旅游供给侧结构性改革,引爆健康养生旅游市场,拟策划以"李时珍蕲艾文化游"为主题的全省中医药健康旅游活动。该活动立足全省,面向全国,以健康养生为媒,串联知名旅行社、新闻媒体走进蕲春,以李时珍蕲艾文化游为启动仪式,以李时珍中医药健康游线路为载体,持续营造出荆楚大地游人关爱健康、注重健康旅游的浓厚市场氛围。现就旅游宣传活动进行公开招标。

一、项目名称

2018年湖北中医药健康游宣传组织招标。

二、项目内容

(1)整合省内重点地区中医药健康旅游活动,通过报纸广告、电视广告、户外广告、新媒体广告等方式进行多角度、全方位宣传,拓展我省康养旅游客源市场,吸引更多的游客来湖北健康养生,提升我省中医药健康旅游的品牌。

(2)活动拟通过祭奠李时珍、参观蕲艾文化小镇、观光蕲艾种植和艾都文化展示、中医专家义诊、艾灸知识辅导、艾灸艾疗体验、中医药健康旅游商品展销等活动,彰显健康旅游特色,从而促进湖北旅游多元化。媒体记者、电商联盟成员单位、乡村体验师等50名活动参与者的交通费、餐饮费、住宿费,按标准执行。

三、最高限价

18.5万元。

四、付款方式

按合同约定支付。

五、投标资格

投标单位需具备以下条件：

(1)供应商应具备《政府采购法》第二十二条规定的条件；

(2)供应商须在中华人民共和国境内地区注册,具有独立法人资格；

(3)供应商必须具有国家文化和旅游部颁发的旅行社业务经营许可证。

(4)供应商在近三年投标活动中,无违法违纪行为。

(5)供应商近3年具有2个及以上同类项目的经验及成功案例。

六、参与方式

供应商请持相关证件、资料到省旅游局进行审核：

A.营业执照(副本)、组织机构代码证、税务登记证等(原件及一套加盖公章的复印件)；

B.相关资质证书(原件及加盖公章的复印件)；

C.法人代表授权书(原件)；

D.同类项目的成功案例；

E.四星级及以上导游资质。

七、参与时间

参与时间自本公告发布之日起,至2018年5月21日止。

八、联系方式

联系人:陈丹。

电　　话:027-8712××××。

传　　真:027-8712××××。

地　　址:武昌区中北路××号。

(资料来源:http://wlt.hubei.gov.cn/zfxxgk/fdzdgknr/zfcg/jzcgmlbzssqk/202008/t20200805_2741615.shtml)

【提示】

这份标书简要说明了招标的项目和要求,体现了公开、合法的原则和广告宣传的效用。招标指南具体说明了招标内容、付款方式、投标资格、参与方式、联系方式等内容;条理清楚,语言简洁,使人一目了然。

三、知识览要

(一)概念和作用

招标书是招标单位为了征召承包者或合作者而公布标的和条件,利用投标者之间的竞争优选投标人而先期公告社会或发出邀请的一种专门文书。

招标与投标是当今社会兴建工程、引进新技术或进行大宗商品交易时广泛采用的一种公开竞争方式,是国际市场通用的现代贸易活动,有利于打破垄断,进行正当的市场竞争,促进企业的改革与管理。

招标程序:发出招标书、接受投标、公开开标、确定中标者、签订合同。

(二)种类和格式

招标书按时间划分有长期招标书和短期招标书;按内容及性质划分有企业承包招标书、工程招标书、大宗商品交易招标书;按招标的范围分,有国际招标书和国内招标书。其写作格式如下。

1.标题

标题通常由招标单位名称、招标项目和文种三个要素组成,例如"××酒店消防系统设备采购招标书";有时也可省略招标项目,例如"中国技术进出口总公司国际招标公告";甚至也可只写文种,例如"招标书"。

2.正文

正文一般用条文格式,有的也可用表格格式。

1)引言

引言应写明招标目的、依据以及招标项目的名称。

2)主体

主体要详细写明招标的内容、要求及有关事项。一般采用横式并列结构,将有关要求逐项说明,有的还需列表。具体有以下几个方面。

(1)招标内容,如标明工程名称、建筑面积、设计要求、承包方式、交工日期等。

(2)招标范围,说明是国际范围还是国内、省内、市内或其他范围。

(3)招标程序,写明招标、议标、开标、定标的方法和步骤、时间和地点等。

(4)合同要求,说明签订合同的原则及双方的权利与义务。

3.附件

附件指列于文后的有关项目内容的数量、表格及说明书等。

4.落款

在招标书的结尾,写明招标单位的全称、地址、网址、传真、电话号码、邮政编码等。

四、写作实训

试结合"任务导入"代校方拟写一份招标书。

第四节 投 标 书

一、任务导入

职工旅游招标通告

我院于7月下旬组织在职职工外出旅游活动,请贵公司按以下行程安排,要求核价,装订密封后交到我院工会进行招标。报名截止时间:2021年7月5日中午12:00。

线路一:北京高铁四日游

景点安排:天安门、故宫、天坛、颐和园、恭王府、雍和宫、国子监、长城等。

交通:当地旅游车、火车站接送、景区交通。

住宿:三星宾馆双人标准间。

门票:以上景点门票。

用餐:正餐25元/人,早餐8元/人。

保险:旅游意外险、旅行社责任险、高铁保险。

导游:当地导游、全程导游。

线路二:杭州高铁四日游

景点安排:西湖、灵隐寺、西溪湿地、宋城、钱塘江等。

交通:当地旅游车、火车站接送、景区交通。

住宿:三星宾馆双人标准间。

门票:以上景点门票。

保险:旅游意外险、旅行社责任险、高铁保险。

导游:当地导游、全程导游。

注:此次旅游途中不许增加任何景点,如需增加景点,请提前安排到行程中。

××职业技术学院

××××年×月×日

看了这则通告,如果你是旅行社的秘书,你打算按照怎样的程序去投标呢?

二、范例分享

浙江田园宾馆经营承包权投标书

致:浙江田园宾馆有限公司

根据已收到的贵方关于浙江田园宾馆经营承包权的招标文件,遵照《中华人民

共和国招标投标法》等有关规定,经考察现场和研究上述招标文件的所有文件,我单位表示:

(1)我方前四年愿以人民币(大写)贰佰陆拾捌万元(RMB￥2680000元),第五年开始愿以人民币(大写)贰佰捌拾壹万元(RMB￥2810000元)(在前四年的基础上上浮4.9%)的投标报价,按招标文件的要求承包浙江田园宾馆,承包期为8年。

(2)我方愿缴纳履约保证金人民币(大写)贰佰万元(RMB￥2000000元)(不计利息)。

(3)承包期我方将投入人民币(大写)肆佰万元(RMB￥4000000元),对原有设施设备进行更新改造。

我方已详细审核全部招标文件及有关附件,我方完全知道必须放弃提出含糊不清或误解的权利。

一旦我方中标,我方保证在8年的经营承包期中照章纳税、守法经营、保证招标人原有的资产完整性,并维护浙江田园宾馆的形象,按照招标文件的要求缴纳履约保证金并与招标人签订经营承包合同。

我方同意所递交的投标文件在"投标须知"规定的投标有效期内。在此期间我方的投标有可能中标,我方将受此约束。我方认同如果在投标有效期内撤回投标,投标保证金将全部被没收。

除非另外达成协议并生效,贵方的中标通知书和本投标文件将构成约束我们双方的合同。

我方的金额为人民币(大写)贰拾万元(RMB￥200000元)的投标保证金与本投标书同时递交。

投标人:深圳万事达酒店管理有限公司
单位地址:广东省深圳市罗湖区宝岗路时尚新居×室
法定代表人或其委托代理人:韩×
邮政编码:518003
电话:0755—25178×××
传真:0755—25178×××
开户银行名称:建行××支行
开户银行账号:×××××××××××××××××××××
开户银行地址:深圳市福田区车公庙工业区×栋首层
开户银行电话:0755—××××××××

2015年3月25日

法定代表人资格证明书

单位名称:深圳市万事达酒店管理有限公司
地址:广东省深圳市罗湖区宝岗路时尚新居×室

姓名:×××

性别:女

年龄:41

职务:总经理,系深圳市万事达酒店管理有限公司的法定代表人,为浙江田园宾馆经承包权招标,签署上述投标文件,进行合同谈判,签署合同和处理有关的一切事务。

特此证明。

投标人:深圳市万事达酒店管理有限公司(公章)

2015年3月25日

(资料来源:https://wenku.baidu.com/view/667fc2e9856a561252d36f5d.html)

【提示】

这是一份承包投标书。全文根据浙江田园宾馆经营承包权的招标文件和有关法律规定,紧紧围绕招标文件的具体要求进行表述,具体说明投标愿望、投标报价、承包期限和签订经营承包合同等事宜。内容完整,语言简明。文后附有法定代表人资格证明书,以便招标单位建立对其的信心,从而取得竞标成功。

三、知识览要

(一)概念和作用

投标书与招标书相对应,是投标人见到招标书后按招标人的要求具体向招标人提出订立合同的建议,是提供给招标人的备选方案。

在商业谈判、竞标等商业活动中,投标书具有非常关键的作用,是一个企业从事某一项商业活动及计划实施的必要文本。当今社会已经出现专业的标书制作企业、投标招标策划团体,例如标师、造价师等。

(二)种类和特点

投标书分为生产经营性投标书和技术投标书。生产经营性投标书有工程投标书、承包投标书、产品销售投标书、劳务投标书;技术投标书包括科研课题投标书、技术引进或技术转让投标书。

其特点主要有如下几个:

1.竞争的公开性

目前,随着我国的市场经济发展的日趋成熟,为促进正当、合法的竞争,经济活动中的招投标竞争逐步规范,大都实行公开竞标,以体现公开、公平、公正的原则。

2.制作的规范性

投标书的制作既要遵守国家对招投标工作的有关规定,又要执行国家颁布的技术规范和质量标准,不能随心所欲、任意制作。

3.承诺的可行性

对投标书承诺的各项条件(包括项目标价、规格、数量、质量及进度要求等)，承诺单位务必保证其可行性，一旦中标，必须严格履行承诺，绝不能反悔。

4.时间的限定性

招投标活动一般都有严格的时间限定，必须在限期内将投标书递交招标单位，过期将视同自动放弃。同时，招标单位对投标项目的进度也有严格的要求。

（三）写作格式和内容

1.标题

标题可直接写明"投标书"，表明文种的性质；也可由投标项目和文种两部分内容构成，例如"承包奥运工程绿地建设工程投标书"；或者是由投标单位名称和文种构成，例如"××公司投标书"。

2.正文

正文由开头和主体组成。

开头，写明投标的依据和主导思想。

主体，应把投标的经营思想和经营方针、经营目标、经营措施、要求、外部条件等内容具体、完整、全面地表述出来，力求论证严密、层次清晰、文字简练。

3.附件

附件包括为保证招标工作顺利进行，投标人在投标书中出具的资格证明、担保书及有关图纸、表格等。

4.落款

写明投标单位(或个人)的名称和投标日期。

四、写作实训

试结合"任务导入"中的内容，拟写一份投标书。

第五节 旅游合同

一、任务导入

某外企经理黄某每年都有7天的公休假。一天，黄某接到中南国际旅行社孙某的短信："黄先生今年的公休假有旅游安排吗？ 最近我们旅行社推出一条新的旅游线路，价格比较优惠，如您有意，请于×日移尊前来我社面谈为盼!"黄某十分高兴，按邀约日期来到中南国际旅行社，对孙某呈上的旅游线路安排表也很满意。在磋商价格后当即交了旅游费，然后与孙某握手告别。

你认为黄某这样做妥当吗？ 他需要和旅行社订立旅游合同吗？ 如果签订合同，需要写明哪些内容呢？

二、范例分享

团队国内旅游合同

合同编号：

旅游者：_____等共____人（名单可附页，需旅行社和旅游者代表签字盖章确认）。

旅行社：_____；旅行社业务经营许可证编号：_____。

第一条 本合同词语定义

1.旅行社，指取得《旅行社业务经营许可证》和《企业法人营业执照》、经营旅游业务的企业法人。

2.旅游者，指与旅行社签订国内旅游合同，参加国内旅游活动的内地居民或者团体。

3.国内旅游服务，指旅行社依据《旅行社条例》等法律法规，组织旅游者在中华人民共和国境内（不含香港、澳门、台湾地区）旅游，代订公共交通客票，安排餐饮、住宿、游览等服务活动。

4.旅游费用，指旅游者支付给旅行社，用于购买国内旅游服务的费用。

旅游费用包括：

（1）交通费；

（2）住宿费；

（3）餐费（不含酒水费）；

（4）旅行社统一安排的景区景点的第一道门票费；

（5）行程中安排的其他项目费用；

（6）导游服务费和旅行社（含旅游目的地地接旅行社）的其他服务费用。

旅游费用不包括：

（1）旅游者投保的个人旅游保险费用；

（2）合同约定需要旅游者另行付费项目的费用；

（3）合同未约定由旅行社支付的费用，包括但不限于行程以外非合同约定活动项目所需的费用、自行安排活动期间发生的费用；

（4）行程中发生的旅游者个人费用，包括但不限于交通工具上的非免费餐饮费、行李超重费，住宿期间的洗衣、电话、饮料及酒类费，个人娱乐费用，个人伤病医疗费，寻找个人遗失物品的费用及报酬，个人原因造成的赔偿费用。

5.购物场所，指旅游行程安排单中安排的，专门或者主要以购物为活动内容的场所。

6.自由活动，指旅游行程安排单中安排的自由活动。

7.自行安排活动期间，指旅游行程安排单中安排的自由活动期间，旅游者不参加旅游行程活动期间，每日行程开始前、结束后旅游者离开住宿设施的个人活动期间，旅游者经导游同意暂时离团的个人活动期间。

8.旅行社责任保险，指以旅行社因其组织的旅游活动对旅游者和受其委派并为旅游者提供服务的人员依法应当承担的赔偿责任为保险标的的保险。

9.旅游者投保的个人旅游保险，指旅游者自己购买或者通过旅行社、航空机票代理点、景区等保险代理机构购买的以旅行期间自身的生命、身体、财产或者有关利益为保险标的的短期保险，包括但不限于航空意外险、旅游意外险、紧急救援保险、特殊项目意外险。

10.离团，指团队旅游者经导游同意不随团队完成约定行程的行为。

11.脱团，指团队旅游者未经导游同意脱离旅游团队，不随团队完成约定行程的行为。

12.转团，指由于低于成团人数，旅行社征得旅游者书面同意，在出发前将旅游者转至其他旅行社所组的国内旅游团队的行为。

13.拼团，指旅行社在保证所承诺的服务内容和标准不变的前提下，在签订合同时经旅游者同意，与其他旅行社招徕的旅游者拼成一个团统一安排旅游服务的行为。

14.不可抗力，指不能预见、不能避免并不能克服的客观情况，包括但不限于因自然原因和社会原因引起的，自然灾害、战争、恐怖活动、动乱、骚乱、罢工、突发公共卫生事件、政府行为等。

15.意外事件，指因当事人故意或者过失以外的偶然因素引发的事件，包括但不限于重大礼宾活动导致的交通堵塞、列车航班晚点、景点临时不开放。

16.业务损失费，指旅行社因旅游者行前退团而产生的经济损失，包括乘坐飞机（车、船）等交通工具的费用（含预订金）、饭店住宿费用（含预订金）、旅游观光汽车的人均车租等已发生的实际费用。

17.黄金周，指通过调休将春节、"十一"等3天法定节日与前后公休日相连形成的通常为7天的公众节假日。

第二条　旅游行程安排单

旅行社应当提供带团号的旅游行程安排单（以下简称行程单）。行程单经双方签字或者盖章确认后作为本合同的组成部分。行程单应当对如下内容作出明确的说明：

（1）旅游行程的出发地、途经地、目的地，线路行程时间和具体安排（按自然日计算，含乘飞机、车、船等在途时间，不足24小时以一日计）；

（2）旅游目的地地接旅行社的名称、地址、联系人和联系电话；

（3）交通服务安排及其标准（明确交通工具及档次等级、出发时间以及是否需中转等信息）；

（4）住宿服务安排及其标准（明确住宿饭店的名称、地点、星级，非星级饭店应当注明是否有空调、热水、独立卫生间等相关服务设施）；

（5）用餐（早餐和正餐）服务安排及其标准（明确用餐次数、地点、标准）；

（6）旅行社统一安排的游览项目的具体内容及时间（明确旅游线路内容包括景

区点及游览项目名称等,以及各景区点停留的最少时间);

(7)自由活动的时间和次数;

(8)购物安排(旅行社安排的购物次数不超过行程日数的一半,并同时列明购物场所名称、停留的最多时间及主要商品等内容);

(9)行程安排的娱乐活动(明确娱乐活动的时间、地点和项目内容);

(10)另行付费项目(如有安排,旅行社应当在签约时向旅游者提供《另行付费项目表》,列明另行付费项目的价格、参加该另行付费项目的交通费和导游服务费等,由旅游者自愿选择并签字确认后作为本合同的组成部分;另行付费项目应当以不影响原计划行程为原则);

《行程单》用语须准确清晰,在表明服务标准用语中不应当出现"准×星级""豪华""仅供参考""以××为准""与××同级"等不确定性用语。

第三条 签订合同

旅游者应当认真阅读本合同条款、行程单和另行付费项目表。在旅游者理解本合同条款及有关附件后,旅行社和旅游者应当签订书面合同。

第四条 旅游广告及宣传品

旅行社的旅游广告及宣传品应当遵循诚实信用的原则,其内容符合《中华人民共和国民法典》规定的,视为本合同的组成部分,对旅行社和旅游者双方具有约束力。

第五条 合同效力

本合同一式两份,双方各持一份,具有同等法律效力,自双方当事人签字或者盖章之日起生效。

第六条 旅行社的权利

1.根据旅游者的身体健康状况及相关条件决定是否接纳旅游者报名参团;

2.核实旅游者提供的相关信息资料;

3.按照合同约定向旅游者收取全额旅游费用;

4.旅游团队遇紧急情况时,可以采取紧急避险措施并要求旅游者配合;

5.拒绝旅游者提出的超出合同约定的不合理要求。

第七条 旅行社的义务

1.按照合同和行程单约定的内容和标准为旅游者提供服务;

2.在出团前如实告知具体行程安排和有关具体事项,具体事项包括但不限于所到旅游目的地的重要规定、风俗习惯,安全避险措施,应急联络方式;

3.按照合同约定,为旅游团队安排符合《导游人员管理条例》规定的持证导游人员;

4.妥善保管旅游者提交的各种证件;

5.为旅游者发放用固定格式书写、由旅游者填写的载明个人信息的安全保障卡(包括旅游者的姓名、血型、应急联络方式等);

6.对可能危及旅游者人身、财产安全的事项和须注意的问题,向旅游者做出真实的说明和明确的警示,并采取合理必要措施防止危害发生。旅游者人身、财产权

85

益受到损害时,应当采取合理必要的保护和救助措施,避免旅游者人身、财产权益损失扩大;

7.按照相关法规、规章的规定投保旅行社责任保险;

8.提示旅游者购买个人旅游保险;

9.按照合同约定安排购物和另行付费项目,不强迫或者变相强迫旅游者购物和参加另行付费项目;

10.旅游者因在行程单安排的购物场所购买的物品系假冒伪劣商品,提出索赔的,旅行社应当积极协助旅游者进行索赔。自索赔之日起超过60日,旅游者无法从购物点获得赔偿的,旅行社应当先行赔付;

11.向旅游者提供合法的旅游费用发票;

12.依法对旅游者个人信息保密;

13.积极协调处理旅游者在旅游行程中的投诉,出现纠纷时,采取适当措施防止损失扩大;

14.采用拼团方式出团的,签订合同的旅行社仍承担本合同约定的责任和义务。

第八条　旅游者的权利

1.要求旅行社按照合同和行程单兑现旅游行程服务;

2.拒绝未经事先协商一致的转团、拼团行为和合同约定以外的购物及另行付费项目安排;

3.在支付旅游费用时要求旅行社开具发票;

4.在合法权益受到损害时向旅游、工商等部门投诉或者要求旅行社协助索赔;

5.《中华人民共和国消费者权益保护法》和有关法律法规赋予消费者的其他权利。

第九条　旅游者的义务

1.如实填写旅游报名表、游客安全保障卡等各项内容,并对所填的内容承担责任,如实告知旅行社工作人员询问的与旅游活动相关的个人健康信息,所提供的联系方式须是经常使用或者能够及时联系到的;

2.按照合同约定支付旅游费用;

3.按照合同约定随团完成旅游行程,配合导游人员的统一管理,发生突发事件时,采取措施防止损失扩大;

4.遵守国家和地方的法律法规和有关规定,不在旅游行程中从事违法活动,不参与色情、赌博和涉毒活动;

5.遵守公共秩序和社会公德,尊重当地的民族风俗习惯;尊重旅游服务人员的人格,举止文明,不在景观、建筑上乱刻乱画,不随地吐痰、乱扔垃圾;

6.妥善保管自己的行李物品,尤其是贵重物品;

7.行程中发生纠纷,应当本着平等协商的原则解决,采取适当措施防止损失的扩大,不采取拒绝登机(车、船)等行为拖延行程或者脱团;

8.自行安排活动期间,应当在自己能够控制风险的范围内选择活动项目,并对自己的安全负责；

9.在合法权益受到损害要求旅行社协助索赔时,提供合法有效的凭据。

第十条　合同的变更

1.旅行社与旅游者双方协商一致,可以变更本合同约定的内容,但应当以书面形式由双方签字确认。由此增加的旅游费用及给对方造成的损失,由变更提出方承担;由此减少的旅游费用,旅行社应当退还旅游者。

2.因不可抗力或者意外事件导致无法履行或者继续履行合同的,旅行社可以在征得旅游团队50%以上成员同意后对相应内容予以变更。因情况紧急无法征求意见或者经征求意见无法得到50%以上成员同意时,旅行社可以决定内容的变更,但应当就作出的决定提供必要的证明。

3.在行前遇到不可抗力或者意外事件的,双方经协商可以取消行程或者延期出行。取消行程的,旅行社向旅游者全额退还旅游费用。已发生旅游费用的,应当由双方协商后合理分担。

4.在行程中遇到不可抗力导致无法继续履行合同的,旅行社按本条第2款的约定实施变更后,将未发生的旅游费用退还旅游者,增加的旅游费用,由双方协商后合理分担。

5.在行程中遇到意外事件导致无法继续履行合同的,旅行社按本条第2款的约定实施变更后,将未发生的旅游费用退还旅游者,增加的旅游费用,由提出变更的一方承担(但因紧急避险所致的,由受益方承担)。

第十一条　合同的转让

经旅行社书面同意,旅游者可以将其在合同中的权利和义务转让给符合出游条件的第三人,因此增加的费用由旅游者承担,减少的费用退还旅游者。

第十二条　不成团的安排

当旅行社组团低于成团人数不能成团时,旅游者可以与旅行社就如下安排在本合同第二十二条中做出约定。

1.转团:旅行社可以在保证所承诺的服务内容和标准不降低的前提下,经事先征得旅游者书面同意,将旅游者转至其他旅行社所组的旅游团队,并就受让出团的旅行社违反本合同约定的行为先行承担责任,再行追偿。旅游者和受让出团的旅行社另行签订合同的,本合同的权利义务终止。

2.延期出团和改变线路出团:旅行社经征得旅游者书面同意,可以延期出团或者改变其他线路出团,需要时可以重新签订旅游合同,因此增加的费用由旅游者承担,减少的费用旅行社予以退还。

第十三条　不同意转团、延期出团和改变旅游线路的合同解除

低于成团人数不能成团时,旅游者既不同意转团,也不同意延期和改变其他线路出团的,视为与旅行社解除合同,按本合同第十四条、第十六条第1款相关约定处理。

第十四条　行程前的合同解除

旅游者和旅行社在行程前可以书面形式提出解除合同。在出发前7日(按出发日减去解除合同通知到达日的自然日之差计算,下同)以上(不含第7日)提出解除合同的,双方互不承担违约责任。旅行社提出解除合同的,全额退还旅游费用；旅游者提出解除合同,且已发生旅游费用的,应当扣除已发生的旅游费用。旅行社应当在解除合同的通知到达日起5个工作日内,向旅游者退还旅游费用。

旅游者或者旅行社在出发前7日以内(含第7日,下同)提出解除合同的,由提出解除合同的一方承担违约责任。

第十五条　行程中的合同解除

1. 旅游者未按约定时间到达约定集合出发地点,也未能在出发中途加入旅游团队的,视为旅游者解除合同,按照本合同第十七条第1款相关约定处理；

2. 旅游者在行程中脱团的,旅行社可以解除合同。旅游者不得要求旅行社退还旅游费用。给旅行社造成经济损失的,旅游者应当承担相应的赔偿责任。

第十六条　旅行社的违约责任

1. 旅行社在出发前7日以内(含第7日,下同)提出解除合同的,向旅游者退还全额旅游费用,并按下列标准向旅游者支付违约金:

出发前7日至4日,支付旅游费用总额10％的违约金；

出发前3日至1日,支付旅游费用总额15％的违约金；

出发当日,支付旅游费用总额20％的违约金。

如上述违约金不足以赔偿旅游者的实际损失,旅行社应当按实际损失对旅游者予以赔偿。

旅行社应当在取消出团通知到达日起5个工作日内,向旅游者退还全额旅游费用,并支付上述违约金。

2. 旅行社未按合同约定提供服务,或者未经旅游者同意调整旅游行程(本合同第十条第2款规定的情况除外),造成项目减少、旅游时间缩短或者标准降低的,应当采取措施予以补救,未采取补救措施或者已采取补救措施但不足以弥补旅游者损失的,应当承担相应的赔偿责任。

3. 旅行社未经旅游者签字确认,安排本合同约定以外的另行付费项目的,应当承担自费项目的费用；擅自增加购物次数的,每次按旅游费用总额的10％向旅游者支付违约金；强迫或者变相强迫旅游者购物的,每次按旅游费用总额的20％向旅游者支付违约金。

4. 旅行社违反合同约定,中止对旅游者提供住宿、用餐、交通等旅游服务的,应当负担旅游者在被中止旅游服务期间所订的同等级别的住宿、用餐、交通等必要费用,并向旅游者支付旅游费用总额30％的违约金；如果因此给旅游者造成其他人身、财产损害的,还应当承担损害赔偿责任。

5. 旅行社未经旅游者同意,擅自将旅游者转团、拼团,旅游者在出发前(不含当日)得知的,有权解除合同,旅行社全额退还已交旅游费用,并按旅游费用总额的15％支付违约金；旅游者在出发当日或者出发后得知的,旅行社应当按旅游费用总额的25％支付违约金,旅游者要求解除合同的,旅行社全额退还已交旅游费用。如违约金不足以赔偿旅游者的实际损失,旅行社应当按实际损失对旅游者予以赔偿。

6.与旅游者出现纠纷时,旅行社应当采取积极措施防止损失扩大,否则应当就扩大的损失承担责任。

7.旅行社委托的第三方违反本合同约定,视同旅行社违约,旅行社应当按照本合同约定承担违约责任。

第十七条 旅游者的违约责任

1.旅游者在出发前7日以内(含第7日,下同)提出解除合同的,应当按下列标准向旅行社支付业务损失费:

出发前7日至4日,支付旅游费用总额50%;

出发前3日至1日,支付旅游费用总额60%;

出发当日,支付旅游费用总额80%。

如按上述比例支付的业务损失费不足以赔偿旅行社的实际损失,旅游者应当按实际损失对旅行社予以赔偿,但最高额不应当超过旅游费用总额。

旅行社在扣除上述业务损失费后,应当在旅游者退团通知到达日起5个工作日内向旅游者退还剩余旅游费用。

2.旅游者未能按照本合同约定的时间足额支付旅游费用的,旅行社有权解除合同,并要求旅游者承担旅行社的业务损失费。

3.旅游者因不听从旅行社及其导游的劝告而影响团队行程,给旅行社造成损失的,应当承担相应的赔偿责任。

4.旅游者超出本合同约定的内容进行个人活动所造成的损失,由其自行承担。

5.由于旅游者的过错,使旅行社遭受损害的,旅游者应当赔偿损失。

6.与旅行社出现纠纷时,旅游者应当采取积极措施防止损失扩大,否则应当就扩大的损失承担责任。

第十八条 其他责任

1.由于第三方侵害等不可归责于旅行社的原因导致旅游者人身、财产权益受到损害的,旅行社不承担赔偿责任。但因旅行社不履行协助义务致使旅游者人身、财产权益损失扩大的,旅行社应当就扩大的损失承担赔偿责任。

2.旅游者在自行安排活动期间人身、财产权益受到损害的,旅行社在事前已尽到必要警示说明义务且事后已尽到必要协助义务的,旅行社不承担赔偿责任。

第十九条 旅游时间

出发时间_____,结束时间_____,共____天____夜。

第二十条 旅游费用及支付(旅游费用以人民币为计算单位)

成人:_____元/人;儿童(不满12岁的):_____元/人。

合计:_____元。

旅游费用支付的方式和时间:_____。

第二十一条 个人旅游保险

旅游者_____(同意或者不同意,打钩无效)委托旅行社办理旅游者投保的个人旅游保险。

保险产品名称：_____；保险人：_____。

保险金额：_____元人民币；保险费：_____元人民币。

第二十二条　成团人数与不成团的约定

最低成团人数：_____人；低于此人数不能成团时，旅行社应当在出发前__日及时通知旅游者。

如不能成团，旅游者是否同意按下列方式解决：

1._____（同意或者不同意，打钩无效）转至_____旅行社出团；

2._____（同意或者不同意，打钩无效）延期出团；

3._____（同意或者不同意，打钩无效）改变其他线路出团。

第二十三条　拼团约定

旅游者_____（同意或者不同意，打钩无效）采用拼团方式出团。

第二十四条　黄金周特别约定

黄金周旅游高峰期间，旅游者和旅行社对行前退团及取消出团的提前告知时间、相关责任约定如下：

提前告知时间	旅游者行前退团，旅游者应当支付旅行社的业务损失费占旅游费用总额的百分比	旅行社取消出团，旅行社应当支付旅游者的违约金占旅游费用总额的百分比
出发前____日至____日		
出发前____日至____日		
出发前____日至____日		
出发前____日至____日		
出发前____日至____日		

第二十五条　争议的解决方式

本合同履行过程中发生争议，由双方协商解决；亦可向合同签订地的旅游质监执法机构、消费者协会等有关部门或者机构申请调解。协商或者调解不成的，按下列第___种方式解决：

1.提交_____仲裁委员会仲裁；

2.依法向人民法院起诉。

第二十六条　其他约定事项

未尽事宜，经旅游者和旅行社双方协商一致，可以列入补充条款。

（如合同空间不够，可以附纸张贴于空白处，在连接处需双方盖章。）

旅游者代表签字（盖章）：　　　　旅行社盖章：

证件号码：_____　　　　签约代表签字（盖章）：

住址：_____　　　　营业地址_____

联系电话：_____　　　　联系电话：_____

传真：_____　　　　传真：_____

邮编：_____　　　　邮编：_____

电子信箱：_____　　　　电子信箱：_____

签约日期：____年____月____日　　　　签约日期：____年____月____日

签约地点：_____

旅行社监督、投诉电话：_____

_____省_____市旅游质监执法机构：

投诉电话：_____

电子邮箱：_____

地　址：_____

邮　编：_____

【提示】

这是一份条款式合同。开头说明签订合同的目的，简单明了。主体为第一条至第二十六条，明确了双方的权利和义务。标的是旅游产品。合同从内容、标准、费用，以及履行时间、方式及责任等方面对旅游产品做出了明确的规定，此外还注明了合同份数和生效时间。结尾双方签名并注明电话或传真及通信地址。本合同条款齐全，格式规范。

三、知识览要

（一）合同的概念

根据《中华人民共和国民法典》第四百六十四条：合同是民事主体之间设立、变更、终止民事法律关系的协议。

（二）合同的形式

《中华人民共和国民法典》第四百六十九条规定：当事人订立合同，可以采用书面形式、口头形式或者其他形式。书面形式是合同书、信件、电报、电传、传真等可以有形地表现所载内容的形式。以电子数据交换、电子邮件等方式有形地表现所载内容，并可以随时调取查用的数据电文，视为书面形式的合同。

（三）合同的内容

合同的内容由当事人约定，一般包括下列条款。

1.标题

标题是合同的名称，用以表明合同的业务性质，位于合同书第一行居中的位置。

2.当事人的姓名或者名称和住所

为了行文的简洁，以甲方、乙方或丙方指代合同当事人。要求写明当事人单位的全称和当事人的姓名，也可写上单位地址或家庭住址、联系电话等。

3.正文

正文即合同的主体部分，是当事人经过一致协商确定的有关条款。一般先用简练的语言写明签订合同的目的和方式，然后分条款写明以下内容。

（1）标的。

标的是合同法律关系的客体，是指合同当事人之间权利、义务所指向的对象。

（2）数量。

数量即以数字方式和计量单位方式对合同标的进行具体的确定，亦是衡量标的大小、多少、轻重的尺度。旅游合同中游览景点的数目，即为旅游合同中的数量。

（3）质量。

质量指以成分、含量、纯度、尺寸、精密度、性能等来表示的合同标的的内在素质和外观形象的优劣状况，是合同标的具体化的反映。旅游合同中以国家制定的旅行社服务标准、导游服务标准来检验旅游服务质量。

（4）价款或酬金。

价款或酬金是有偿合同的主要条款，是指一方当事人履行义务时另一方当事人以货币的形式支付的代价。在合同标的是物品时，取得标的物所应当支付的代价为价款；在合同标的为行为时，获得行为服务所应当支付的代价为报酬。

凡国家统一规定的价格，合同各方不得擅自更改。若国家未规定价格，允许议价，价格由当事人协商议定。旅游部门的接待、劳务等合同所涉及的情况比较复杂，如有旺季与淡季之分，有热线与温线、冷线之别，因而其价格、费用变化较大，必须在合同上一一写明，以便共同执行。

（5）履行期限、地点和方式。

履行期限，是指当事人履行合同义务的起止时间。这一项在旅游接待合同中具有特殊意义，尤其是在旅游旺季，履行期限稍有延误就会影响整个接待合同的履行。

履行地点，是指当事人在什么地方履行合同义务和接受履行合同义务。在旅游接待合同中指游客进出口岸、游览地区、下榻宾馆等。

履行方式，是指当事人采取什么样的方法履行自己在合同中的义务。

（6）违约责任。

违约责任是指合同当事人不履行或不完全履行合同所约定的义务所引起的法律后果，即应当承担的法律责任。违约责任是促使当事人履行义务，使非违约方免受或减少损失的法律措施，与当事人的利益关系重大，因此应在合同中予以明确规定。违约责任的承担方法有三种：继续履行；采取补救措施；赔偿损失。

（7）解决争议的方法。

解决争议的方法是明确当事人之间在履行合同过程中发生了争议之后，通过什么样的方法来处理这一争议。争议的解决方法有两种。一是诉讼解决，即通过向人民法院起诉，由人民法院依法裁判解决争议；二是非诉讼解决，其包括三种方式：一是由双方当事人通过友好协商的方式解决，二是由双方当事人共同邀请一个第三人主持调解解决争议，三是由双方当事人事先或事后约定由仲裁机构仲裁解决争议。

4.结尾

（1）写明合同的有效期，双方加盖公章。

（2）双方签字，加盖印章。

（3）写明双方的地址、开户银行和账号,单位或住址的邮编、电话号码。

（4）有鉴证单位的应在合同上出具审批意见并加盖公章或鉴证人的姓名及印章。

（5）签订合同的日期若为表格式,应写在标题右下方;若为条款式,应写在文尾的最后一行。

四、写作实训

试结合"任务导入"代王某同旅行社签订一份旅游合同。

本章练习

一、知识训练

1.在广告的写作中,主要应当依循哪些要求?

2.旅游商品说明书有哪些类型?

3.招标书的写作格式是怎样的?

4.投标书有哪些特点?

5.经济合同的作用主要体现在哪些方面? 有哪些写作要求?

二、能力训练

1.2007年,刘若英第一次代言乌镇西栅,拍摄了第一条宣传片——《生活在梦里的乌镇》;2010年,刘若英再次为乌镇拍摄了宣传片《枕水江南》,其中的广告语"来过,便不曾离开"甚是经典;2017年,乌镇再次请来了刘若英代言,时隔十年,再次拍摄乌镇宣传片。而此时乌镇已成为世界互联网大会的永久会址。结合此背景,谈谈你对其广告创意的看法。

2.同学们四人或六人一组,假设你们毕业后要合作开设一家特色酒店或旅行社,请共同完成拟建企业的广告文案以及与某果蔬市场的采购合同。

第五章 →

旅游日常管理类应用文

学习目标

通过本章学习,应当达到以下目标:

◁ **知识目标** ▷

了解旅游日常管理活动过程中各类应用文的概念、特点、种类、作用及写法,能用其指导计划、总结、简报、制度、守则、细则和办法的写作活动,规范其相关技能活动。

◁ **能力目标** ▷

通过学习本章文种知识研究相关案例,培养在与"旅游日常管理活动"相关的应用文写作情境中分析问题与解决问题的能力。通过写作实训,掌握计划、总结、简报、制度、守则、细则和办法的写法。

◁ **素质目标** ▷

结合本章教学内容,依照行业道德规范或标准,培养观察、想象、思考、判断、推理等能力,灵活运用计划、总结、简报、制度、守则、细则和办法为开展旅游日常管理活动服务。

第一节 计 划

一、任务导入

美国有位富家子弟,继承了他父亲几个大型企业的遗产。虽然他一年从早忙到晚,企业却逐年亏损,不到几年,濒临破产。后来,他不惜重金聘请了一位企业顾问,这位先生劝他说:"你每天一早起来,就先把当天要干的事情按重要程度、急缓程度列出来。排在前面的20%的事情无论如何要做完,至于剩80%的事,就看你的心情和精力如何,决定是否要做。"他照办了,很快企业便重新焕发了活力,并扭亏为盈。而他也较以前轻松多了。

(资料来源:https://wenku.baidu.com/view/48f254474a73f242336c1eb91a37f111f1850daf.html)

看了这个故事后你受到什么启发?

二、范例分享

2020年陕西省黄河文化保护传承弘扬工作计划

为扎实做好陕西黄河文化保护传承弘扬工作,现就2020年重点工作任务安排如下:

一、健全黄河文化保护传承弘扬规划体系

深入挖掘黄河文化内涵,高质量编制《陕西省黄河文化保护传承弘扬规划》《陕西省黄河流域非物质文化遗产保护传承弘扬专项规划》。将相关重大工程、重点项目纳入各级"十四五"发展规划,进一步夯实发展基础,形成推动落实的合力。结合实际,细化规划任务落实措施,深入实施黄河文化记忆保护传承弘扬、文化和旅游融合发展、黄河文化公园群落建设、红色革命文化高地建设、黄河故事创作推广、黄河文化数字化创新等工程,有效保护、创新传承和创造性弘扬陕西黄河文化。(厅政策法规处、非遗处牵头,各相关市、区文化和旅游局、厅机关相关处室按职责分工落实)

二、推动黄河文旅融合项目建设

主动向国家文化和旅游部请示汇报,加强与山西的联动,推动黄河文化旅游带(陕西)重点建设项目列入国家发展战略,推进落地实施。加快建设长征国家文化公园,编制完成《(陕西)长征国家文化公园建设保护分省份规划(建议稿)》《(陕西)长征国家文化公园建设保护分省份规划》。推进沿黄4市13县全域旅游发展,开展第二、第三批国家全域旅游示范区创建验收工作,鼓励黄河文化旅游带相关景区创建国家高A级景区,打造更多体现黄河文化的精品景区。推进文化旅游融合发展,培育文化创意、数字娱乐、电子竞技等新业态,支持一批领军企业,开发形态各异的黄河文化旅游产品。(各相关市、区文化和旅游局,厅机关产业发展处、资源开发处按职责分工落实)

三、完善黄河流域公共文化服务体系

加快补齐基层公共文化设施建设短板,加快完成黄河流域各县(市、区)乡镇(街道)综合文化站和村(社区)基层综合性文化服务中心建设任务,推广新时代文明实践中心和乡贤文化理事会试点建设经验。以文明实践活动、群众参与乡村治理、整合农村公共服务阵地资源为抓手,推动建设一批服务供给高效能的示范性镇村文化服务中心。争取"两馆"建设扶持资金,推进黄河流域市县公共图书馆、文化馆提档升级和效能提升;加大黄河流域县级文化馆、图书馆总分馆制建设支持力度,优先支持黄河流域图书馆和文化馆数字化建设。推进黄河流域文化和旅游公共服务设施的融合发展,提升黄河流域文化和旅游公共服务设施的服务能力。(各相关市、区文化和旅游局,厅机关公共服务处按职责分工落实)

四、加强黄河文化艺术创作展演

围绕全面建成小康社会以及建党100周年等重大时间节点,加强现实题材创作,积极参加全国优秀现实题材舞台艺术作品展演,推出一批思想性艺术性俱佳的文艺精品。组织开展"我们的中国梦"——文化进万家活动等各类文艺演出,丰富人民群众精神文化生活。举办首届全省戏曲武戏大赛、全省民族器乐大赛、"大河颂——歌从黄河来"黄河沿线民歌大赛等系列活动,培育"大河颂"系列文化品牌。(各相关市、区文化和旅游局,厅机关艺术处、公共服务处按职责分工落实)

五、实施黄河文化遗产系统保护工程

抓好"黄河文化记忆"文献资源的收集、整理和开发,在全省公共图书馆开展"黄河文化记忆"文献的收集、整理,指导具有一定规模的公共图书馆设立"黄河文化记忆"文献专架或专题文献展区,组织建设《陕西黄河文化记忆》数字资源。出台《陕西省非物质文化遗产代表性传承人认定与管理办法》,加快推进陕北国家级文化生态保护实验区建设;启动陕西省第七批非物质文化遗产代表性项目申报工作。举办"非遗进景区启动活动""黄河记忆非遗展"等活动,推动非遗与旅游融合发展。加强与山西、河南、内蒙古等省份合作,筹划推动组建黄河流域公共图书馆联盟,组织开展特色文献和数字资源联合建设及联合阅读推广活动,推动建设黄河文化遗产廊道。配合做好历史文化名城、名镇、名村和传统村落保护工作,打造一批旅游特色名镇和乡村旅游示范村。(各相关市、区文化和旅游局,厅机关非物质文化遗产处、公共服务处、资源开发处按职责分工落实)

六、创新开展黄河文化宣传推广

挖掘黄河文化内涵,加强艺术创作生产,不断推出讴歌党、讴歌祖国、讴歌人民、讴歌英雄的优秀文艺精品力作,讲好"黄河故事"。资助优秀文艺作品在国内外进行交流演出,弘扬主旋律,传播正能量。办好第九届陕西省艺术节,做好2020(庚子)年清明视频公祭轩辕黄帝典礼再提升工作。围绕"国风秦韵""丝绸之路起点、兵马俑的故乡""了解中国从陕西开始"等文化旅游品牌,扎实开展海外宣传和推广工作;围绕重点国家和地区选派演出团组开展文化旅游宣传推介活动。办好第七届丝绸之路国际艺术节、2020西安丝绸之路国际旅游博览会,做好2020年我省与悉尼中国文化中心全年合作计划,多平台打造陕西黄河文化品牌。继续推动与携程等企业全面合作,指导办好2020世界文化旅游大会,推进陕西黄河文化旅游产品对外宣传和市场化进程。以阅读文化节为契机,组织全省公共图书馆开展黄河文化传承保护弘扬宣传推广活动;指导各单位利用官方网站、微信公众号、微博、抖音等新媒体平台,加强黄河文化相关资源推送。(各相关市、区文化和旅游局,厅机

关办公室、艺术处、公共服务处、产业发展处、对外合作与交流处按职责分工落实）

　　七、加大专业人才培养力度

　　加强黄河文化主题文艺创作，组织举办黄河流域"新农村 新生活 新风尚"小戏小品创作研修班，挖掘一批保护、弘扬黄河文化的优秀小戏小品精品；落实"中国非物质文化遗产传承人群研修研习培训计划"，提高非遗传承人、爱好者的保护传承与创新创造能力；办好陕西终身成就艺术家系列活动，选送青年艺术学员赴高校进修；举办2020年全省基层文艺院团导演研修班，实施"陕西省文化艺术人才百人计划"，开展基层文艺院团戏曲表演艺术人才培养等活动。（各相关市、区文化和旅游局，厅机关艺术处、公共服务处、非物质文化遗产处按职责分工落实）

　　（资料来源：陕西省文化和旅游厅网站）

【提示】

这是一篇条文式计划。重点突出工作措施，思路明晰，目标明确，措施具体，具有较强的指导性和可操作性。

三、知识览要

（一）计划的概念和种类

计划是某一个单位、部门或个人，对今后一段时间的工作或所要完成的其他任务提出预想的目标，并加以书面化、条理化和具体化的一种文书。

计划可以从不同的角度分为许多类别，归纳起来主要分为以下几类：

（1）按照内容分，有工作计划、生产计划、购销计划、教学计划、科研计划、学习计划等；

（2）按照时间分，有长期计划、中期计划、短期计划等；

（3）按照范围分，有国家计划、部门计划、单位计划、个人计划等。

（二）计划的特点

1.预见性

制订计划一定要有科学的预见，依据对客观实际情况的精确分析，对未来一定时期的工作做出预想性安排。

2.可行性

计划是为了实现而制订的。计划的各项内容必须具有必要和可能的前提，达不到目标的计划是一纸空文。

3.明确性

计划的目的是要人行有所依，所以计划中的目标、任务、步骤、措施、方法要明确。

（三）计划的结构与写作

计划的结构通常由标题、正文、落款三部分构成。

1.标题

计划的标题应包括制发单位、适用时间、计划内容和文种类别四部分，一般四者要齐全。

2.正文

正文包括开头、主体、结尾三部分。

（1）开头。

开头是计划的前言部分，主要阐明制订计划的依据、背景、目的、意义等，要精练概括。

（2）主体。

计划的主体一般由目标、措施、步骤三部分构成，分别回答"做什么""怎么做""什么时间完成"的问题。

目标，是计划要达到的标准和要求。它是对前言提出的总目标、总任务的分解和具体化。

措施，是达到目标、完成任务的具体方法，如采取什么手段、运用什么方法、做哪些分工等。

步骤，主要指时间分配，人力、物力、财力的调配。

（3）结尾。

结尾可以用来提出希望、发出号召、展望前景、明确执行要求等，也可以在条款之后就结束全文，不写专门的结尾部分。

3.落款

计划的结尾，还要署明单位名称和制订计划的具体时间，如果以文件的形式下发，还要加盖公章。

四、写作实训

请指出下列计划书中的问题，并改正。

旅行社经营计划书

我社决定把公司做强做大，为此制订了以下计划：

一、为了节约成本，让资源最大限度地被利用起来，使我社在这些细分市场上占有绝对的市场份额，我社开展了全面分析。经过分析，在商务会议旅游及奖励旅游这一细分市场上，我社有很大的资源优势。所以我们可以通过这个内部优势来做一个市场定位，正如美国学者肯罗曼和珍曼丝所言：定位的精义在于牺牲，只有舍弃若干要点才能重点突出，从而使自己区别于众多的竞争对手，避开市场竞争形成的经营压力。我们要利用总公司带给我们的优势条件，迅速占领市场，成为这一市场的主导型的旅行社。为了达成我社发展的目的，可采取以下营销计划：

（1）在旅行社设专门的公务旅游业务组。可以提供如代订饭店客房、代办交通票据和文娱票据、代客联系参观游览项目、代办旅游保险、导游和交通集散地的接送等服务，为会议主办方排忧解难，做好后勤保障工作，为与会代表提供丰富而周到的服务。

（2）拟定一句旅游业务的宣传口号，可以通过一句朗朗上口的宣传口号反映出我社的市场定位。

（3）通过一切渠道获取有关政府机关、各企事业单位的商务会议信息。

（4）主动出击，承办各类商务会议及旅游业务。

（5）提供周到而丰富的系列服务。

（6）加强与主办方的联系，形成稳定的回头客。

二、除了做好公务旅游这一市场外，旅行社传统的休闲旅游这一块业务要继续做，并且要稳步发展：

（1）在旅行社成立休闲旅游业务组。

（2）根据不同的业务特点，开展不同的营销活动。力争做一个客户便留住一个客户，建立完整的客户档案，因为维系一个老客户比去发展一个新客户容易得多，更容易建立客户对我们品牌的忠诚。

（3）加强与外地组团社的联系与沟通，主动向他们提供我们最新的地接价格以及告知线路的变化，并根据他们的要求提供所需的线路和服务，有针对性地实行优惠和奖励。

（4）主动地走访同行，以及各机关单位、团体、学校、医院、企业等，甚至是深入大街小巷，上门推销我们的旅游产品，这样不仅仅是推销产品，也是在做最廉价的广告宣传。

三、开发新的旅游产品。

目前的旅游市场，各旅行社提供给市民选择的都是近几年来一成不变的几条固定线路。我社可根据这一状况，适时地开发出一条或几条新的旅游线路，只有不断地创新，才能保持竞争优势。当然新的旅游线路的开辟也要有顾客消费群体，符合未来市场的需求，这也是我社明年可尝试的一项工作计划。

四、旅行社营销工作应始终处在科学合理的状态中，各业务组的业务各有其侧重点，但同时其他业务也可兼做，并不矛盾。

五、加强售后服务，这对旅行社保持已有客源和开拓新客源都至关重要，形式有打问候电话、发送意见征询单、书信往来、邮寄问候性明信片等。

第二节 总 结

一、任务导入

请指出下列总结中出现的问题，并改正。

2019年旅游系统工作总结

××××年，我局紧紧围绕区委、区政府年初确定的工作目标，以市场为导向，以发展为动力，大力优化产业结构，不断配套完善基础设施，强力开展宣传促销，持续推进区域合作，较好地推动了全区旅游工作开展。

一、××××年旅游接待情况

××××年1—10月，××区共接待旅游者282.25万人次，占全年计划的85％，比去年同期增长12％；实现旅游收入8.07亿元，占全年计划的74％，同比减少4％……主要旅游经济指标波动的主要原因是国际金融危机和甲型流感使海外旅游者减少，导致旅游外汇收入随之减少，旅游业总收入下降。但接待国内旅游者人次比上年同期有较大增加，说明国内旅游市场受国际金融危机冲击不大，特别是我区近几年来加大旅游基础设施投入，提质增效工作已初见成效，休闲度假旅游产品、村旅游产品、城市生态旅游产品受到国内、省内游客的欢迎。

二、完成的主要工作

（一）认真开展学习实践科学发展观活动

根据中共××区委关于深入学习实践科学发展观的要求和部署，我局学习实践活动自××××年4月1日正式开展，到××××年8月21日结束，经过了学习调研阶段、分析检查阶段和落实整改阶段。

在整个学习实践活动中，我们积极行动，突出主题，结合实际，务求实效，确保学习实践科学发展观活动扎实深入开展。一是领导重视，统筹安排，制定了《××区旅游局开展深入学习实践科学发展观活动实施方案》。二是机构健全，责任明确，成立了陈××局长任组长，马×副局长任副组长的学习实践科学发展观活动领导小组，负责具体落实学习实践活动的各项工作任务。三是按质按量完成各阶段的各项工作任务。学习调研阶段，共组织集中学习4次，学习量48人次，并按要求以读书笔记和撰写心得体会的方式加强学习效果……

（二）开展"阳光政府"建设

阳光政府四项制度是我局面对新形势、新任务，顺应经济社会发展变化，完善政府自身建设体系的重要组成部分，是加强政府自身建设的又一项重要举措。政府重大决策前召开听证会，及时听取群众意见，通过问政于民、问需于民、问计于民，形成了解民情、反映民意、集中民智、珍惜民力的政府决策机制，使政府决策更具科学性并获得广泛的社会认同和理解，促使决策达到预期目的和实现最大社会效益。我局按照区政府办关于贯彻落实阳光政府四项制度监督检查实施意见的要求，认真落实实施意见，积极推进实施工作……

（三）调整旅游文化产业发展思路，引导企业发展

按照市委、市政府提出的把××生态园林、10平方公里生态文化区和东风水库路坝建成三大旅游品牌，用三年的时间，把中心城区建成全市旅游产业的龙头的要求，结合××实际，完成了全区旅游文化产业发展思路调整……

（四）积极推进中国优秀旅游城市创建工作

（1）配合社会主义新农村建设，积极推进乡村生态旅游发展，培育乡村旅游新的亮点。进一步优化农业产业结构，提高土地综合利用率，推进旅游小镇建设，使人民群众的收入不断增加，享受到更好的居住环境和发展条件，带动当地经济发展。坚持按照"政府扶持引导，市场运作，群众参与，群众受益"的方针，做好乡村旅游建设……

（2）积极引进项目，推进旅游休闲度假地建设……近年来，会务旅游、商务旅游

带来的经济效益已经越来越大。而以昆明为中心的周边城市的会务和商务旅游市场无疑给××区的会务经济发展带来……

（五）稳步推进行业管理工作，形成安全有序的旅游市场环境

……在行业内开展"文明旅游"宣传活动，在景区建立"志愿者服务站"和"志愿者服务队伍"，开展志愿者服务行动；在旅行社开展"文明安全出游"宣传培训活动，倡导游客文明旅游；在酒店开展"文明餐桌"行动，做出食品安全服务承诺，普及餐桌文明知识，倡导消费者节俭用餐。

二、范例分享

陕西省文化和旅游厅2020年法治政府建设工作总结

2020年陕西省文化和旅游厅坚持以习近平新时代中国特色社会主义思想为指导，深入贯彻落实中共中央、国务院印发的《法治政府建设实施纲要（2015—2020年）》，全面落实陕西省委省政府全面依法治省的决策部署，围绕推动工作程序化、规范化、制度化，促进文化市场治理现代化，不断完善法治体系，推动法治建设，为陕西文化旅游高质量发展营造良好的法治环境。

一、加强机关工作制度体系建设

制定《陕西省文化和旅游厅2020年度推进法治建设工作计划》《陕西省文化和旅游厅2020年法治政府建设工作要点》，安排部署全年法治建设工作任务。出台《陕西省文化和旅游厅关于落实〈关于依法防控新型冠状病毒肺炎疫情切实保障人民群众生命健康安全的实施意见〉工作方案》，坚持把依法防控、依法治理贯穿始终，坚持运用法治思维和法治方式做好疫情防控及各项业务工作。全面推行文化和旅游部门普法责任制，制定并印发《陕西省文化和旅游厅实行"谁执法谁普法"普法责任制实施方案》，进一步明确各部门普法职责任务，健全工作制度，加强督促检查，提高工作实效，推进普法工作深入开展。

二、扎实开展立法普法工作

加快推进《陕西省公共图书馆条例》立法工作，组织开展立法调研，并广泛征求意见建议。按照省人大常委会工作安排，完成了《〈陕西省秦岭生态环境保护条例〉释义》第六章第四节"旅游开发建设生态环境保护"的释义编纂工作。积极组织厅机关干部参加省委普法办举办的全省学法用法在线考试，通过以考促学、以学促用，在机关营造良好普法尊法用法氛围。2020年全省国家工作人员学法用法考试中，陕西省文化和旅游厅被评为"优秀单位"。认真落实习近平总书记重要讲话精神，切实推动《中华人民共和国民法典》贯彻实施，邀请法学专家开展学习贯彻《中华人民共和国民法典》专题法治讲座，切实提高全厅人员法治意识和依法履职能力。

三、深入推动文化市场综合执法改革

建立省、市、县三级改革台账并动态更新，及时精准掌握市、县两级文化市场综

合执法改革的进展情况，对各市区改革工作进行指导，对改革滞后的市区进行通报督导。截至目前，全省文化市场综合执法改革工作基本完成，所有市、县（市、区）完成文化市场综合执法职能整合、队伍整合；全部印发改革"三定"文件；所有市、县（市、区）完成"同城一支队伍"改革；所有县（市、区）完成"局队合一"改革。印发《2020年全省文化市场综合行政执法工作要点》，制定5个方面15项具体工作内容，强化对全省综合执法工作的统一指导。印发《陕西省文化和旅游厅全面推行文化市场综合行政执法公示制度执法全过程记录制度重大执法决定法制审核制度的实施方案》《陕西省文化市场重大行政执法决定法制审核制度》等文件，推动行政执法"三项制度"贯彻落实。

四、坚持问题导向强化市场整治

针对文旅市场特点规律，持续开展市场整治行动。紧贴新型冠状病毒感染防控常态化特殊背景，突出疫情防控措施落实和日常安全事故防范，印发《2020年度陕西省文化和旅游行业领域专项整治工作方案》。持续开展暑期专项整治，共出动10599检查人次，检查文化经营单位4033家次、景区126家次、旅行社及服务网点306家次、文保单位36家次，执法车辆645次，责令改正118家次，收缴盗版书刊及光碟7542册，取缔无证经营书刊地摊8家次，检查旅游大巴30辆，检查导游执业人员52人次，排查各类疫情防控及安全隐患73处，立案查处63家次，取缔12家次。坚持把开展暗访评估检查作为发现问题线索的重要途径，委托第三方机构先后在全省范围内组织开展了第一轮"体检式"暗访评估，共派出暗访小组22批，对13个市区及其所辖的42个县区进行了重点暗访检查，共发现9类35项1658个涉嫌违法违规、服务质量及安全隐患问题。

五、不断深化"放管服"改革

不断提高市场管理水平，进一步简政放权，加快推进"互联网＋政务服务"工作。在行政审批中优化网上服务流程，精简审批材料，压缩办事时限，推进审批与市场管理工作的"无缝衔接"，积极推动文化和旅游市场管理工作科学发展。持续加大"监管服务平台"推广使用力度，督导和协助市级文化旅游行政部门做好导游管理相关工作。突出涉外演艺演出、演出经纪机构、经营性互联网文化单位、艺术品进口单位审批管理，积极保障意识形态领域安全。推进"双随机、一公开""互联网＋监管"工作落实，强化文化市场执法信息化建设，进一步丰富对上网服务营业场所监管手段，将网吧视频监控信号接入全国文化市场技术监管与服务平台，推动文化市场规范运行。

六、积极预防风险有效化解矛盾

充分利用复议、诉讼、调解等方式，化解社会矛盾。一是落实党政机关法律顾问工作制度，聘请资深律师担任厅法律顾问，协调厅法律顾问与相关业务处室积极处理厅法律事务。二是制定《旅游投诉受理工作制度》，完善行政调解机制，规范行政调解程序，及时解决旅游纠纷，防止纠纷扩大或激化。三是对拟签订的涉及经济的合同进行合法性审核，开展经济合同合法合规性审查211份、规范性文件合法性审查6份，涉及公平竞争制度审查4份，未出现违反公平竞争审查制度的情形。四是依法开展行政诉讼和行政复议工作。积极配合人民法院审判工作,依法履行诉讼义务。2020年我厅依法处理行政诉讼案件9件、劳动争议案件1件,有效化解法律风险。

下一步陕西省文化和旅游厅将继续按照中省政府法治政府建设工作要求,认真履行职责,进一步完善各项工作制度,规范行政行为,推进法治建设工作取得新成效。

陕西省文化和旅游厅

2020年12月29日

(资料来源:陕西省文化和旅游厅网站)

【提示】

这是一篇专题性工作总结。正文开头概括说明活动的根据和基本情况。主体从六个方面具体介绍法治政府建设的情况。结尾说明今后的工作重点。写法上以小标题明确段旨,观点与材料有机统一。全文层次清楚,语言明白晓畅,能给人留下深刻的印象。

三、知识览要

(一)总结的概念和种类

总结是我国党政机关、企事业单位、社会团体及个人对某一特定时间段内发生的工作或具体社会实践活动进行系统回顾、分析和评价,并从中得出规律性认识以指导今后工作的一种常用事务性文书。

该文种对具体工作进行回顾,同时使思想认识从感性层次向理性层次不断提高。

总结可以从不同角度,分成各种类型,如:根据内容多少,可分为综合总结(或全面总结)、专题总结两种;根据总结的对象,可分为工作总结、学习总结、会议总结、思想总结、生产总结等多种;根据范围,可分为个人总结、集体总结等;根据时间,又可分为年度总结、季度总结、月份总结等。

(二)总结的特点

1.针对性

总结对本单位、本部门、本地区的工作实际进行检查、回顾和评价,并提出适合本单位或本部门的未来工作努力方向。

2.客观性

总结注重工作发生发展的实际,运用大量的具体数据和事实对其进行阐述。

3.指导性

总结依据科学的分析方法,提炼归纳出可靠而有效的经验,用以指导今后的工作。

(三)总结的写作格式与要求

总结一般由标题、正文、落款三部分组成。

1.标题

标题最常见的是由单位名称、时间、主要内容和文种组成,如《××旅游局2020年度工作总结》。有的标题由主要工作内容或主要观点概括而成,此种标题不标明"总结"二字,如《大旅游,大发展》。这种标题简明扼要,突出重点。还有的采用正副标题,正标题用来概括总结主旨和重心,副标题具体说明撰写单位、时间和文种,如《提倡绿色生态旅游,拉动地方经济发展——××旅行社2020年度工作总结》。

2.正文

正文是总结的主要部分,包括基本情况概述,工作的具体做法、成绩与不足,改进意见与设想等方面的内容。

1）基本情况概述

基本情况概述就是简要介绍本部门或本单位工作的时间、背景、过程及出现的新局面或总体上的收获等,为下一步的分析研究提供基本情况,给读者或听众以总体认识。例如,"××旅行社创办于2009年,经过近两年的正常运转,在全社员工们的共同努力下,经济效益的增长连创新高。现在,对近两年来的总体工作总结如下……"

2）工作的具体做法、成绩与不足

这是总结的主要部分。首先指出在工作中采用的措施和方法是什么;其次是肯定成绩,叙述成绩表现在哪些方面,列出确切的数据(最好用表格形式)与典型事例;最后,客观地指出工作中存在的不足,并深入分析原因及其可能产生的危害及后果,推断出今后应吸取的教训,并对日常工作模式及过程进行深度挖掘,将具体问题上升到一定的理论高度,总结规律,以指导今后的工作。

3）改进意见与设想

在总结经验教训的基础上,明确工作方向,尽可能提出具体化的改进措施与建议。切忌空喊口号或脱离工作实际谈设想。

3.落款

总结的落款一般包括单位名称和日期。标题中已出现单位名称的,正文后可不必再署。标题中没有单位名称的,要在正文右下方署名并写明年月日。凡单位向上呈报的文件式总结,署名之前可写上"以上总结,如有不当请指正"之类的谦语,落款处还应加盖公章。凡上级下发的总结,一般都要签印,以示负责。

四、写作实训

试指出"任务导入"中的工作总结中存在的问题,并改正。

【知识链接】

计划与总结的区别和联系

计划是确定目标、制定实施方案,要明确时限、方法、步骤。总结是对计划完成情况的检查、回顾和反思,归纳经验、不足,以便实施下一步工作。

两者的区别:计划是事前的安排,总结是事后的回顾。
两者的联系:计划是总结的前提,总结是计划的结论。

第三节 简　报

一、任务导入

指出下列会议简报需要改进的地方。

政协××市六届×次会议简报(第24期)

大会秘书处　　　　　　　　　××××年3月18日

今年政府应办几件实事

××委员说:建议市长要有相应的任期目标,要像××那样一年办几件实事,年终总结,有哪些完成,有哪些没完成,为什么。

改"三公开一监督"为好

×××、×××委员说:报告在谈到廉政建设时,提出实行"两公开一监督",我们认为应改为"三公开一监督",即再增加公开市、县两级主要领导的经济收入,以便接受人民群众的监督。

不能再走大投入、低效益之路

×××委员认为:××××年我市社会总产值为180亿元,国民收入为74亿元,而全市的财政收入只有9.15亿元。很明显,经济效益是很低的。而××××年的计划数字,基本上是按比例同步增长,经济效益无明显提高。这是我市多年来生产发展的一个关键性的问题,即大投入、低效益,致使财政拮据,入不敷出。市领导应着眼长远,从当前入手,致力于大力提高经济效益和增强生产后劲(包括政策、体制、发展规划、产业结构、环境整顿、提高管理水平、提高劳动力的素质、提高劳动生产率、大力发展科技、教育等多方面综合治理)。只有这样,才能使我市的经济进入高一层次的发展,形成良性循环。这才是提高经济效益的真正出路。

二、范例分享

神农架"与爱同行 惠游湖北"第一个月活动情况简报

一、落实惠民政策

与湖北腾旅科技合作,开发"景区入园系统"软件和"与爱同行 惠游湖北 度假神农架"微信平台,按照"限量、预约、错峰"要求,以及日接待量预约限额,完善平台功能,丰富界面设置,方便游客参与。林区平台于8月8日上午7时统一上线运营,运营内容主要有三点。

一是各景区严格按照省文旅厅"与爱同行 惠游湖北"旅游消费季活动方案要

求开放预约通道。自8月8日起神农架所有A级景区全面实行免费预约入园，另外，大九湖、神农坛2个热门景区也实行了免费预约入园政策，感恩回馈全国人民。

二是为维护旅游优惠卡用户的利益，游客持有的神农架旅游年卡、旅游季卡、"武汉加油"卡、好邻居卡到期后向后顺延5个月；未激活使用的好邻居卡及季卡可以办理退卡。

三是针对医护人员开辟绿色通道，优先办理入园手续。

二、抓实疫情防控

坚持以习近平总书记关于统筹推进新型冠状病毒感染防控和经济社会发展工作的重要指示精神为指导，成立神农架林区"与爱同行 惠游湖北"旅游消费季活动疫情防控领导小组，加强组织领导，开展会商研判，搞好指导服务，及时处置突发情况。

一是落实常态化疫情防控。A级旅游景区、星级饭店、文化场所和大型活动现场坚持佩戴口罩，绿码通行，做好体温检测，一旦发现异常情况，迅速报告，妥善处置。

二是做好员工培训监测。对所有参与活动的工作和服务人员开展防疫知识和基本防疫技能培训，提高疫情防控的工作能力。工作和服务人员上岗前必须进行核酸检测，每天进行体温监测，确保安全上岗。

三是加强活动场所消杀。旅行社、星级饭店、A级旅游景区、文化场馆等重点场所、交通工具和设施设备每天进行消杀，确保卫生安全。

三、丰富产品内涵

为了吸引更多游客驻足，神农架各景区、各乡镇纷纷推出旅游产品。

火炮花鼓，民宿观星，月夜篝火……在坪阡古镇，为增强游客体验感，神农架首个院落式大型民俗文化水街——盐道水街近日正式营业，主街上安排有歌手驻唱、戏台演出等。当地居民精心编排的《盐道往事》大型情景剧，生动再现了古盐道背夫翻山越岭运盐的艰辛。当浑厚的盐工号子、质朴的传统唱腔在小镇上空响起，来自全国各地的游客朋友和小镇居民便会齐聚这里驻足观看。

这部情景剧由大九湖镇文化站牵头，在全镇范围内招聘演员。这30多名群众演员中，年龄最大的67岁，最小的只有17岁，其中有7人是精准脱贫户。神农架非遗传承人陈切松在"盐工号子"中担任主要角色。7月2日上午9点，新华网刊发了一篇题为《在神农架大九湖回首"盐道往事"》的新闻，并配发了2分钟的视频短片，这是这台演出首次被中央媒体报道。

大九湖坪阡古镇餐厅推出健康药膳宴，包括十全大补汤、蒸药膳鸡、药材卤牛肉、百合蒸南瓜、蜂蜜荞麦饼等滋补菜肴，引得食客赞叹不已。神农架是我国植物宝库，有220多种药食两用药材。林区先后培训药膳厨师200多名，并邀请湖北中医药大学博导吴和珍、知名美食评论家古清生、中国烹饪协会副会长孙桃香等对药膳给予指导。

木鱼镇青天村全村95%的村民开民宿。全村约有床位2300张，8月份，房间入住率稳定在95%以上。为迎接旅游旺季的到来，村委会对全村民宿进行"手把手"

指导,对房间设施不达标的,督促整改,并组织村民集中培训。通过改造,青天村的民宿变了,经济型、田园风等各品类一应俱全。该村建设旅游综合服务站,设立游客咨询休息室、旅游产品展示厅等,配备旅游地图、医疗急救包、书刊杂志等,全力为游客服务。

篝火晚会让青天村成为"网红",每晚都有游客围着篝火,吃烤全羊、喝本地黄酒。游客白天在景区游玩,晚上在村里看戏。该村请来省级非遗传承人王绪田、当地表演艺术家黄家本长期在村里表演,村民还自编自导自演了传统节目。这些都成为游客难忘的记忆。

青天村有2000亩茶园,所有者在茶园内修建游步道,开发茶园观光游,并让游客体验采茶、制茶乐趣。山下,青天袍民俗文化茶村已经建成,118家农户从事农家乐、民宿、茶社等经营。游客漫步"茶村",可以喝茶、看书,享受"慢生活"的悠闲。

活动开展以来,神农架景区深入研究景区特质,打造景区亮点,培育"二消"新增长点。大九湖景区引入"天空之镜"摄影基地项目。基地分为天梯、日光浴等单元,每个单元内工作人员能借助不同角度的自然景观,帮助游客拍下最美的瞬间。如今,在大九湖游玩可以骑"小黄车"、乘动力伞,还可以在湖边的"蓝可部落"品味200多种可乐。大九湖"天空之镜"摄影基地,截至目前接待近7000人。除此之外,各景区引入神农造物、星空帐篷等体验式项目20余个,让游客有看头、有玩头、有想头。神农造物手工体验馆,截至目前,已接待游客21万余人。

神农顶是享誉中外的生态旅游胜地和科考科研重地,也是捕捉星空的最佳场所。3000多米的海拔高度,90%以上的森林覆盖率,每立方厘米30万的负氧离子含量,让这里成为华中地区绝对的净土。这里更没有有所谓的光污染。游客驻扎在此,不仅能拍摄各种星象,还可以夜宿营地,欣赏日出日落。

四、提升服务质量

林区党委、政府召开专题会议,精心备战旅游高峰,主要领导多次到景区调研,督促各项旅游安全保障措施落实到位。神旅集团启动"黄金周接待预案",全员取消休假并下沉到景区协助做好接待服务工作。林区公安局机关人员全员支援一线,从事交通疏导、游客服务等工作。文化和旅游局执法大队开展明查暗访,严防宰客、不规范经营等情况发生。

自"与爱同行 惠游湖北"活动启动以来,神农架各景区人气持续高涨。神农架林区的景区服务也得到了游客们一致肯定,一位来自河南省漯河市的游客写来感谢信,为大九湖景区的工作人员的贴心服务点赞。除此之外,官门山、天生桥等景区工作人员也多次拾金不昧,游客对景区高效贴心的服务品质给予了高度赞赏。

五、激活文旅市场

截至2020年9月3日,神农架累计预约166.51万人,累计入园97.96万人。活动开展以来,平均每日预约6.17万人,平均每日入园3.63万人,是活动前的3倍。

活动开展以来,神农架9个景区接待人次累计均超同期水平。接待人数最多的景区为:神农顶(25.2万人次)、大九湖(20.5万人次)、官门山(13.7万人次);增长比例最快的景区为:香溪源(3.8万人次,+602%)、画廊谷(1.7万人次,+592%)、巴桃园(2.1万人次,＋89％)。

活动前,8月神农架林区10家重点监测星级/规模酒店总计销售客房8242间夜,平均入住率53.6％。活动开始后,截至昨天,神农架林区10家重点监测星级/规模酒店总计销售客房5.0万间夜,平均入住率73.6％。

根据大数据分析,目前神农架游客以省内为主,占比约88％,武汉、襄阳、宜昌三地游客量分别排在前三位。同时,外省游客量上升势态明显,预约量从免门票活动最初的8％上升到目前的12％。

根据国网湖北电力公司融媒体中心发布的消息:截至目前,神农架旅游景气指数已恢复至139.3,环比增长60.8％,神农顶、神农坛、大九湖等10个旅游景点全部营业,景区用电量环比增长20.7％;周边住宿及餐饮业用电量环比增长48.3％,6—8月电量相比3—5月增长56.4％。

"与爱同行 惠游湖北"活动开展以来,神农架旅游市场已被激活,和旅游联系较为紧密的住宿餐饮行业已恢复至去年同期水平。

（资料来源:http://wlt.hubei.gov.cn/bmdt/szyw/snj/202009/t20200907_2894351.shtml）

【提示】

这是一篇工作简报。标题概括简报的内容,一目了然。正文从"落实惠民政策""抓实疫情防控""丰富产品内涵""提升服务质量""激活文旅市场"五个方面介绍了"与爱同行 惠游湖北"活动开展以来,神农架旅游市场的相关情况,内容具体,层次清楚,语言简明。

三、知识览要

（一）简报的概念和种类

简报又称为"简讯""动态""信息""情况反映""内部参考"等,也有人称简报为"简明情况报道""简要报道"或"工作简报"。它是机关、团体及企事业单位编发的反映情况、汇报工作、交流经验、沟通信息的一种内部文件。机关、团体等单位编发简报,能迅速向上级反映日常工作和业务活动,便于下情上达;于平级和下级之间,简报能起到沟通情况、交流经验的作用,利于开展和推动工作。

简报可以分为以下3个种类。

1.工作简报

工作简报也称情况简报,即反映本部门、本系统各方面工作情况的简报。

2.动态简报

动态简报指反映各部门、各领域的新情况、新动态的简报,如《旅游信息》等。

3.会议简报

会议简报即举行会议期间编发的简报,是报道会议进程和讲座内容的简报,主要用于一些大、中型会议,利于组织和引导会议的进行。

简报按种类划分,可分为专题式、综合式、信息报送式、经验总结式、转发式简报五类。

（二）简报的特点

1.时效性

简报应具有很强的时效性,尤其是那些突发性的动态简报(类似新闻报道中的"快讯")。简报能否发生作用或所发生作用之大小,关键是看它能否及时报送。没有了时效,简报的作用就会大大减小。

2.简明性

简报,顾名思义就是简要报道,是指用少量的文字概括出事实的精髓和意义,做到简短而无疏漏。

3.新颖性

简报反映的应是新情况、新动向、新问题和新经验。只有做到内容新鲜、观点新颖,简报才能引起领导人的关注,发挥其作用。

4.机密性

简报只在机关、单位内部传阅,不公开发行。一般说来,简报发行范围越广,其机密程度越低;发行范围越窄,其机密程度就越高。机关的级别越高,其编写的简报的机密程度也越高。

（三）简报的写作格式与要求

简报的结构由报头、报核、报尾三部分组成。

1.报头部分

报头部分,又称版头。一般占首页三分之一的上方版面,用间隔红线与正文部分隔开。报头的内容包括以下几个方面。

(1)名称。

名称,如"旅游外事简报",放在居中位置,用套红大号字体,要求醒目大方。

(2)期数。

期数排在简报名称的正下方,按期号序编排,有的还注明总期数。

(3)编发单位。

编发单位排在横隔线的左上方位置。

(4)印发日期。

印发日期排在横隔线的右上方位置。

(5)密级。

密级排在报头左侧上方位置,标志密级并加标识,如"机密""秘密"或"内部刊物"。在标识后写上保密时限,如"1年"或"3个月"之类。

(6)份号。

份号印在报头右侧上方位置,便于查找、核对每一份简报。

2.报核部分

简报文稿部分,是简报的核心。一般由按语、标题、正文、作者四项组成。

(1)按语。

按语又叫编者按。编者在此部分对简报所报道内容的意义进行简要评价。按语的作用在于引导与启发，或者提示文章的要点，或者强调其重要性，或者借机传达上级或领导人的指示和要求。按语应简明扼要、画龙点睛。

（2）标题。

标题放在按语下方居中位置，概括简报主要内容。标题多采用新闻式，直言其事，鲜明醒目，含义明确；也可采用主副式双标题的形式，正题概括全文的思想意义，副题说明单位、事项，对正题予以补充。

（3）正文。

正文是简报的主体，常用的写法有以下几种。

第一，报道式。报道式正文类似于新闻报道的写法，其结构包括导语、主体、结尾三部分。导语概括说明基本内容，或说明事情结果，以便引起读者的注意。主体则把导语内容具体化，回答清楚时间、地点、事件、原因、结果等。结尾是对全文内容的总结或深化。在具体写作中，导语、主体一般不可少，结尾可灵活处理。

第二，总分式。总分式正文先总后分，先写一个前言，再分列若干个小标题。这种形式多用于内容较多或较复杂的简报。前言是总述部分，统领全篇。其重点在于讲明总体情况，提出主题，然后再围绕这一中心把有关的材料组织起来，分成几个部分去写。

第三，集锦式。集锦式正文与总分式不同，它是在一条线索下，贯穿若干材料，各部分不必有内在联系，可以相对独立。一些动态简报常采用这种方式，如围绕某一事项或某一中心，选取几则典型事例，反映某些倾向。

第四，摘要式。摘要式正文的内容多是重要会议的发言摘要，每期一个重点，将不同人的发言要点汇编在一起。

第五，转发式。转发式正文是将其他单位的有关材料，根据本单位的需要，经过适当加工而形成的。

3.报尾部分

报尾在简报的最后一页的末尾，一般有横线将其与正文隔开。报尾会写明发送单位名称和印制份数。

四、写作实训

根据以下会议记录编写一份会议简报。

××××酒店经营例会会议纪要[2021]14号

会议时间：2021年6月26日

会议地点：××××酒店三楼会议室

会议主持：王晓天总经理

参会人员：前厅部经理郭胜、餐饮部经理周建、客房部经理冯淑玲、工程部部经理郑力、人力资源部王泽、财务部陈锋

会议主题：周经营例会

会议内容：

一、各部门负责人依次汇报上周计划任务完成进度及总结，并制订本周工作任务计划。

二、总结各部门提出的问题，制订解决方案，指示如下：

(一)家居绿植有问题，采购负责联系更换；

(二)大型宴会、会议住房与续订房错开接待时间；

(三)停车场禁止停放摩托车，通知员工务必在今天12:00之前全部挪走，否则后果自负；

(四)负二楼电梯在维修中，做好客人疏导工作；

(五)电梯做好检修、维护；

(六)酒水饮料采购部做好酒水饮料储备及价格协商工作；

(七)人资上报未办理健康证人员名单至总经理；

(八)工作中有问题，涉及非本部门外的事情及时上报，当天问题要当天反映、当天处理。

本周工作重点：

(一)修复地下1—2楼楼梯；

(二)客房改造的施工衔接、配合等工作；

(三)做好客情的衔接，确保最大限度的接待

(四)员工工作调配及培训；

(五)消防协会本周星期四上午10:30到店做消防培训。

×××× 酒店办公室

二〇二一年六月二十五日

《知识链接》

简报写作中应注意的问题

简报写作中易犯的毛病有三：一是不真实；二是不简洁；三是不明白。

1. 不真实

简报的性质和作用决定了简报的内容必须绝对真实，所反映的问题，所用的事例、数字都要准确无误，运用的语言必须十分贴切。要坚持实事求是的作风，不能夸大，不能缩小，不能报喜不报忧，不能以偏概全，不能移花接木，不能添枝加叶，不能哗众取宠。实事求是简报写作最基本的原则。为此，除了端正思想作风之外，作者还要认真核对简报的内容，对某些内容还应进行调查研究。

2. 不简洁

简报姓"简"，不简就不能称之为简报。造成简报不简的原因既有思想认识方面的，也有写作技巧方面的，主要表现为三点：一是求全思想。作者担心出现片面性，怕影响领导人之间和部门之间的关系，尽量照顾方方面面。二是内容太多，不

会突出重点。简报的容量有限,如果内容较多较复杂,可分作不同方面写成简报,不要都写在一份简报之中。否则,内容又多又复杂,又想把问题讲清楚,势必篇幅过长。三是概括提炼不足。简报应抓住重点,以点带面,选取可以反映事物本质的典型事例,对于一般情况要进行概括,去粗取精,删繁就简。

3.不明白

简报之所以写得不明白,主要是有关背景交代地不清楚。对涉及的事件、人物或是问题,应有必要的说明,其内在的意义要明显,要直陈其事,直述其理。语言表达应通俗易懂,要用规范化的现代汉语,不要用文白夹杂的语言、生僻艰涩的词语,以及佶屈聱牙的词语和方言土语,要符合中国人的思维规律和汉语表达的习惯。

有鉴于此,简报写作应力求避免以上毛病。

第四节　制　　度

一、任务导入

请认真阅读下文,指出其中存在的毛病。

用电管理制度

第一条　制定本制度,是为了合理利用国家电力资源,充分发挥用电设备潜力,达到安全、经济、合理、节约用电的目的。

第二条　加强用电管理,严格用电制度。实行内部经济合同制,每月根据生产,工作任务把用电指标下达到车间、部门,做到日清、旬结、月考核,实行节奖超罚,充分调动各用电部门的积极性。

第三条　所有用电部门应切实做到"五有":

1.用电有计划

各用电部门不得随意更换生产设备、照明设备,以搞好计划用电;特殊情况需要更换时,需经动力科批准,否则动力科有权停止供电。

2.消耗有定额

工艺科根据产品数量、加工性质、工艺流程,制定当日用电定额,下达到车间和所有用电部门,同时交能源办公室一份备考。

3.考核有计量(用电有核查)

所有用电部门的电度表不许任意更动,以免损坏,影响考核;不属于同一电度表的线路不准自行接线使用,违者罚款10—15元。

4.使用有制度

各用电部门要认真执行动力部门许可的用电时间,否则动力部门有权停止供电。如劝阻不改者,每千瓦容电罚款8元。

5.节约有措施

所有用电部门的生产,照明设备均应有专人负责,做到人走灯灭、机床停。

第四条 变电所(室)人员要严格按规定做好用电记录,发现问题立即报管电人员,并按规定时间将用电记录呈报有关部门,登记考核。

第五条 所有办公室、集体宿舍、家属点的照明设施不得超过60 W(有特殊需要者须经厂长批准),违者罚款10元。如不经批准擅自接线使用电熨斗、电炉者,根据不同情节,处以20—100元罚款。由此造成损失者,要负经济责任。

第六条 对常年坚持节约用电有贡献的集体或(和)个人,根据贡献大小,分别在不同范围内予以表扬,或(并)作为评先条件之一;对提出用电合理化建议和改革措施,并且有节电经济效果的集体或(和)个人,要给予物质奖励。

第七条 各部门要经常开展用电安全和合理节约用电教育,普及用电常识,使有限的电力资源在我厂发挥应有的作用。

二、范例分享

××公司年终考核制度

一、宗旨

为考核员工的工作成绩,将其作为奖惩、调迁、升职、退职等的依据,以督促工作及改善其工作为宗旨,特制定本制度。

二、程序

1.员工考绩每年定为一次,作为年终考绩。

2.农历春节休假前15日,由管理部人事科分发考核表,至各部门。各部门主管须于春节前10日初核完毕,递交表册至总经理室汇整,再呈报总经理复核及批示。

3.各单位主管考绩由总经理复核。

4.春节前6日,总经理全部复核完毕,由管理部转发各单位各人知悉。

5.年度考绩事宜由总经理室督导,管理部执行,各部门配合。

三、分等

年度考绩区分为四等:

90分以上:特等;

80至89分:甲等;

76至79分:乙等;

60至69分:丙等。

同时要注意考绩分数一律为整数。

四、限制

1.员工及主管在年度内有下列情景之一者,其考绩不得列为特等。

(1)在考绩年度内曾受任何一种惩戒处分未予撤销者;

(2)迟到早退全年累计达13次以上(含);

(3)旷工全年达1日以上(不含)。

2.于年度内有下列情景之一者,其考绩不得列为甲等。

(1)曾受记过以上处分未予撤销者;

（2）迟到早退全年累计达20次以上（含）；

（3）旷工全年达2日以上（不含）。

3.人数限制。

（1）特等。

各单位人数为5人以下，特等考绩人数最高限为1人。

各单位人数5人以上（不含），特等考绩人数最高限为2人。初核为特等考绩者，该单位主管须另呈"特等考绩报告一书"予总经理。

（2）各单位考绩平均总分数不得逾越80分（示例，某单位8人，则总分数不得超过8×80＝640分）。但如果该单位主管认为该单位表现极佳，须签呈总经理核示，核准者为例外处理，但总分数仍不得超过85分（含）。

注：特等考绩分数不并入该单位考绩总分数的核计。

五、增减分数

员工于年度内，曾受奖惩者，其年度考绩应行加减分数，其按下列规定：

1.记大功1次者加5分，记大过1次者减5分。

2.记小功1次者加3分，记小过一次者减3分。

3.嘉奖1次者加1分，申诫1次者减1分。

4.旷工1日者扣2分。

5.迟到次数超过13次者（含），每逾一次扣0.5分。

本项增减分数，独立于考绩平均总分数（80分或85分）限制之外。

六、奖惩

1.考绩特等者，优先予以升迁职位及职务。

2.考绩奖金、罚金连同年终奖金发出。

七、申诉

凡个人对单位主管所评定的考绩分数不服者，可签报呈递总经理室，再呈报总经理。由总经理室进行调查裁定。申诉日期限考绩经管理部门通知个人后2日内，逾期不予受理。

八、要求

办理考绩的主管人员均应以客观立场评议，不得徇私。凡经总经理室审查出有违反企业的规定者，该主管记一次小过，呈总经理核备。

九、附则

1.各员工的考绩，经总经理复核后，若有批驳者，由总经理室人员发回该考核的主管，重新审慎评核考绩分数，再呈批示。

2.固定年终奖金额数，由总经理依年度经营状况做裁决。

3.本办法呈交总经理核实后，自发布之日起执行。

（资料来源：http://www.qunzou.com/jihua/15282.html）

【提示】

本制度采用了典型的条文并列模式，全文层次分明，条理清晰，涵盖了年终考勤的方方面面,实用性强。全文内容鲜明、逻辑缜密,符合制度类应用文的特点。

三、知识览要

(一)制度的概念

制度是党政机关、社会团体、企事业单位为加强对某项工作的管理而制定的要求有关人员共同遵守的规范性文书,例如要求大家共同遵守的办事规程或行动准则。

制度的发布方式比较多样,除作为文件存在之外,还可以张贴和悬挂在某一岗位和某项工作的现场,以便随时提醒人们遵守,同时便于大家互相监督。

(二)制度的特点

1.实践性

制度是针对实际存在的问题,适时做出的规定。其制定有特定的目的,着眼于当前或是一个时期的实际效用。

2.强制性

制度是以某些法律、法令为依据做出的规定,一旦正式公布,必须依照执行。

3.条款性

制度表达上采用条款结构,内容鲜明具体,条文准确规范。

4.严肃性

必须依照相关的法令、政策制定制度,即制度不能与国家的法令、政策相抵触。

115

5.具体性

制度要具体、全面、周到。

(三)制度的写作格式与要求

1.标题

制度的标题一般为"单位名称＋适用对象＋文种"。

2.正文

制度的正文写法没有固定的模式,但是多见的是条款式、分项式、条文并列式等。

(1)条款式的写法。

采用条款式的写法写作的制度在格式上与规定、章程大同小异。制度除了和规定、章程一样要条理清楚、层次分明之外,尤其要注意制定与制度实行相关的规定,如定期检查、集体考核、奖优惩劣等规定。

(2)分项式写法。

分项式写法即通过几个项目的系统讲述,说明相关的行为规则。这种写法适用于条款较少,但是每个条款都需要系统讲述,不适宜分割的制度。

(3)条文并列式写法。

条文并列式写法将条款式和分项式写法综合在一起。这种写法适用于内容繁多而且比较复杂的制度。

不论采用哪种写法,正文的开头都要交代清楚制度订立的缘起、依据、目的、原则等总揽性的问题。在具体条款的部分要注意可操作性,安排好细节,使整个制度周密、严谨,其他一般的写作思路和规定一样。

3.制发单位和日期

如有必要,可在标题下方正中加括号注明制发单位名称和日期,格式也与"规定"完全相同。其位置也可以在正文之下,相当于公文落款的地方。

四、写作实训

试结合对"任务导入"中病文的分析,写出病文的修改稿。

第五节　守　　则

一、任务导入

2014年12月11日,在从泰国曼谷飞往南京的亚航航班上,两名中国游客因提供热水及找零问题与空姐发生冲突。男游客把垃圾倒在过道上乱踩并辱骂空姐,女游客把一整杯热水泼在空姐身上。该事件造成了恶劣影响,也让国家形象受到负面冲击。

文明旅游关乎国家和民族形象,体现公民素质。作为一名旅游工作者,你能拟写一篇文明旅游守则吗?

二、范例分享

酒店员工工作守则

一、工作态度

1.按酒店操作规程,准确及时地完成各项工作。

2.员工对上司的安排有不同意见但不能说服上司时,一般情况下应先服从执行。

3.员工对直属上司答复不满意时,可以越级向上一级领导反映。

4.工作认真,待客热情,说话和气,谦虚谨慎,举止稳重。

5.对待顾客的投诉和批评应冷静倾听,耐心解释,任何情况下都不得与客人争论,解决不了的问题应及时报告直属上司。

6.员工应在规定的上班时间适当提前到达岗位做好准备工作。工作时间不得擅离职守或早退。在下一班员工尚未接班前当班员工不得离岗。员工下班后,无公事,应在30分钟内离开酒店。

7.员工不得在店内任何场所接待亲友来访。未经部门负责人同意,员工不得使用客用电话。外线打入私人电话不予接通,紧急事情可打电话到各部门办公室。

8.上班时不做与本职工作无关的事,严禁串岗、闲聊、吃零食。禁止在餐厅、厨房、更衣室等公共场所吸烟。

9.热情待客,站立服务,使用礼貌语言。

10.未经部门经理批准,员工一律不准在餐厅做客。各级管理人员不准利用职权给亲友以各种特殊优惠。

二、制服及名牌

1.员工制服由酒店发放。员工有责任保管好自己的制服。除工作需要外,员工穿着或携带工作衣离店,将受到失职处分。

2.所有员工应佩戴作为工作服一部分的名牌。不戴名牌扣人民币10元,员工遗失或损坏名牌需要补发者应付人民币20元。

3.员工离职时须把工作服和名牌交回人事部,如不交回或工作服破损,须交付服装成本费。

三、仪表、仪容、仪态及个人卫生

1.员工应表情自然、面带微笑、端庄稳重。

2.员工的工作服应随时保持干净、整洁。

3.男员工应修面,头发不能过耳和衣领。

4.女员工应梳理好头发,使用发夹网罩。

5.男员工应穿黑色皮鞋、深色袜,禁穿拖鞋或凉鞋。女员工应穿皮鞋、肉色筒袜,筒袜末端不得露于裙外。

6.手指应无烟熏色。女员工只能使用无色指甲油。

7.只允许戴手表、婚戒以及无坠耳环。厨房员工上班时不得戴戒指。

8.工作时间内,不剪指甲、抠鼻、剔牙、打哈欠,打喷嚏应用手遮掩。

9.工作时间内保持安静,禁止大声喧哗。做到说话轻、走路轻、操作轻。

四、拾遗

1.在酒店任何场所拾到钱或遗留物品应立即上缴保安部并做好详细的记录。

2.如物品保管三个月无人认领,则由酒店最高管理当局决定处理方法。

3.拾遗不报将视同偷窃处理。

五、酒店财产

酒店物品(包括发给员工使用的物品)均为酒店财产,无论是疏忽还是有意损坏,当事人都必须酌情赔偿。员工如有盗窃行为,酒店将立即予以开除,并视情节轻重决定是否交由公安部门处理。

六、出勤

1.员工必须依照部门主管安排的班次上班,需要变更班次,须先征得部门主管允许。

2.除4级以上管理人员外,所有员工上、下班都要打工卡。

3.员工上、下班忘记打卡,但确实能证明上班的,将视情节,每次扣除不超过当月效益工资的金额。

4.严禁替他人打卡,如有违反,代打卡者及持卡者本人将受到纪律处分。

5.员工如有急事不能按时上班,应征得部门主管认可,补请假手续,否则,按旷工处理。

6.如因工作需要加班,应由部门主管报总经理批准。

7.工卡遗失,应立即报告人事部,经部门主管批准后补发新卡。

8.员工在工作时间未经批准不得离店。

七、员工衣柜

1.员工衣柜的配给由人事部负责,必要时,可两个或两个以上的员工合用一个衣柜。员工衣柜不能私自转让,如有违反,将受纪律处分。

2.员工须经常保持衣柜的清洁与整齐,柜内不准存放食物、饮料或危险品。

3.人事部配给衣柜时免费发给一把钥匙。如遗失钥匙须赔人民币10元。

4.如有紧急情况或员工忘带钥匙,可向人事部借用备用钥匙,但须部门主管同意。故意损坏衣柜者,须承担赔偿责任,并会受到处分。

5.不准在衣柜上擅自装锁或配钥匙,人事部和保安部可随时检查衣柜,检查时应有两个以上人员在场。

6.不准在更衣室内睡觉或无事逗留,不准在更衣室内吐痰、抽烟、扔垃圾。

7.员工离店时,必须清理衣柜,并把钥匙交回人事部。若不及时交还衣柜,酒店有权对衣柜进行清理。

八、员工通道

1.员工上、下班从指定的员工通道入店,不负重的情况下不得使用服务电梯,禁止使用客用电梯。

2.后台员工非工作关系不得任意进入店内客用公共场所、餐厅、客房,不得使用酒店内客用设施。

3.员工在工作时间要离开酒店时,应填写出门许可单,经部门主管签字后方能离店。

九、酒店安全

1.员工进出酒店,保安人员保留随时检查随带物品的权利。

2.员工不得携带行李、包裹离店,特殊情况必须部门主管签发出门许可单,离店时主动将出门许可单呈交门卫,由保安部存案。

十、电梯故障

当电梯出故障,客人被关在梯内时,一般来说,里面的客人会按警铃。当前厅主管/行李员听到铃声时,应采取下列措施:

1.通知工程部,立即采取应急措施设法解救电梯内客人。

2.和关在里面的客人谈话,问清楚以下事项:

(1)电梯里面关了多少人;

(2)如可能,问一下姓名;

(3)有无消息要带给领队、队里的成员或同伴。

如值班人员无法解救客人,立即通知总工程师。

(资料来源:https://www.docin.com/p-1222876784.html)

【提示】

本守则根据酒店单位具体情况,有针对性地提出了具体操作规范,条目清晰、逻辑严谨,是一篇比较规范的工作守则。

三、知识览要

(一)守则的概念

守则是国家机关、社会团体、企事业单位为维护公共利益和工作秩序,向所属成员发布的行为准则和道德规范。守则是根据本单位具体情况制定的,有的还是工作中的具体操作规范,有特定的使用范围和较强的针对性。

守则的制定有三个依据:一是党和国家的方针、政策;二是有关法律、法规;三是全社会共同遵守的道德规范。因此,遵守守则,实际上也就是遵纪守法,就是讲文明、讲道德。

(二)守则的特点

1.原则性

守则的原则阐述多于具体要求。它在指导思想、道德规范、工作和学习态度等方面,提出基本原则,但不过多涉及具体事项和方法、措施。如《全国职工守则》有以下主要条文:

一、热爱祖国,热爱共产党,热爱社会主义。
二、热爱集体,勤俭节约,爱护公物,积极参与管理。
三、热爱本职,学赶先进,提高质量,讲究效率。
四、努力学习,提高政治、文化、科技、业务水平。
五、遵守纪律,廉洁奉公,严格执行规章制度。
六、关心同志,尊师爱徒,和睦家庭,团结邻里。
七、文明礼貌,整洁卫生,讲究社会公德。
八、扶植正气,抵制歪风,拒腐蚀,永不沾。

这些条文是一些基本的思想原则和道德规范,内容涉及思想、工作、学习、生活等方面。

2.约束性

守则是用来规范人的道德、约束人的行为的。通常在一个系统内部,人人都要熟悉守则,人人都要遵守守则。它虽然不具有法律效力,也没有明显的强制性,但对有关人员的教育作用和约束作用还是很明显的。

3.完整性

守则一般篇幅都比较短小,但内容涉及成员应该遵循的所有基本原则和规范,系统而完整。因此守则要条目清晰、逻辑严谨。

(三)守则的写作格式与要求

守则一般由标题、正文和签署三部分构成。

1.标题

守则的标题由发文机关、事由和文种类别(守则)组成,有时可省去发文机关和事由,只写"××人员守则"或"守则"。

2.正文

守则的篇幅一般比较短小,多采用分条式写法。如果正文内容复杂,为了更有条理性也可采用章条式写法进行写作。此时正文由总则、分则、附则三部分组成,部分下面再分章,章下再分条。

在正文的写作中,条与条之间的划分是否符合逻辑规律,能不能做到条理清楚,层次是否分明,是写作成败的关键。另外还要注意语言表达的简练、质朴、准确。

3.签署发文机关和日期

如标题中已标明发文机关,或在题下标明了发布日期,这部分的内容可以省略。

四、写作实训

试结合"任务导入"中的材料,拟写一篇文明旅游守则。

知识链接

守则写作的注意事项

(1)因为需要有关人员遵守,涉及的人比较多,守则必须简短、精练、易记。

(2)守则写法多半是把内容概括为几条,甚至是朗朗上口的若干短句或词组,以便于群众掌握。

(3)分析情况要认真细致。

(4)确定目标要实事求是。

(5)措施步骤要切实可行。

(6)条目要分明,语言要简洁。

第六节　细　　则

一、任务导入

请指出下列细则中存在的问题,并给予改正。

2020旅游景区公司员工管理细则

为了规范公司管理制度,制定以下公司管理细则,希望各位员工自觉遵守。

一、员工入职及辞职

1.员工须由公司人力资源部(办公室招聘人员或总经理)考核合格,填写员工入职登记表,由组长、总经理助理、总经理签名确认后才能上班。员工入职登记表是员工工资结算以及入职依据之一。

2.员工入职后需要经历为期1—3个月的试用期。试用期内公司和员工可以双向选择。试用期满经公司相关领导同意之后,员工与公司签订劳动合同。

3.员工在合同期内辞工需提前一个月提出申请,经组长及总经理助理批准后做工作移交手续,工资发放与公司其他员工同步;合同期内公司辞退员工,员工做工作移交手续后公司立即结算工资。员工不管以哪种方式离开公司,只要拒绝做工作移交手续或没经过相应手续而离开的,公司有权拒绝发放工资。

4.合同期满前一个月,员工需提交申请跟公司续签合同,否则公司视其为默认放弃工作。

5.公司有权根据工作需要调整员工的工作岗位。

二、工作时间及注意事项

公司上班时间统一规定为上午8:30到17:30(如有特别安排的,按组长安排上下班时间),上班时间内不能无故离开工作岗位,不能做与工作无关的事情,应严格执行工作安排并在规定的时间内完成领导下达的任务。

三、个人形象及着装要求

1.为振奋员工的精神面貌,每天早上上班前须利用5—10分钟统一列队,检查着装及个人仪容;上班时间内所有员工要统一穿着公司定做的瑶族服装。

2.员工要做瑶乡人民的形象大使,见到游客要有礼貌,主动向游客打招呼,道一声"您好!"或点头微笑。

3.在园区内禁止乱丢乱吐,争做一个文明好市民。

4.公司定做的瑶族服装向每位员工收取部分成本押金(130元/套)。若员工在公司工作两年以上,押金退还,服装无偿提供;若员工在公司工作两年内离开的,公司将没收押金,瑶服归员工所有。小洞内的员工一律穿军装,押金200元/套。护漂员在公司做满半年者可退还押金。

四、奖罚制度

1.公司设立光荣榜,每周全体员工做一次不记名投票,对票数最多的前三名分别给予3个、2个、1个红星奖励,每月分别给予红星最多的两位员工300元、200元现金奖励,每年分别给予红星最多的前五位员工1300元、1200元、1100元、1000元、900元的现金奖励。

2.发现并检举其他员工过错行为并作了罚款的每次奖励10元。

3.罚款条例:

(1)上班迟到,早退;

(2)上班时间干与工作无关的事情;

(3)不服从上级领导的工作安排;

(4)没有在规定的时间内完成下达的工作任务(若有特别原因不能完成,需说明原因,在得到上级领导批准的情况下可以例外);

(5)上班时间不穿公司统一制作的瑶族服装(若有特殊工作经上级领导批准可以例外);

(6)工作弄虚作假;

（7）顶撞游客；

（8）在园区内随地乱丢乱吐；

（9）受到游客有理投诉。

（10）上班时间内不在工作岗位，擅自离岗。

有以上条行为者处以下罚款：

①由所在组组长发现的，组长开出罚单给过错人，每次罚款10元；拒绝在罚款单上签名的加倍罚款；

②由总经理助理或另外员工发现的，总经理助理开出罚单给过错人所在组长，每次罚款50元，过错人每次罚款10元，拒绝在罚款单上签名的加倍罚款；

③由总经理发现的，总经理开出罚单给总经理助理，每次罚款200元，过错人所在组组长每次罚款50元，过错人每次罚款10元，拒绝在罚款单上签名的加倍罚款；

④为培养我司员工良好的公民意识，在蓝田乡树立榜样，公司要求员工爱园如家，不损坏公物，否则按被损坏物的二倍价格赔偿；

⑤演出组因表演或个人原因造成公司受到投诉的，组长罚款100元/次，受到游客表扬的奖励100元/次。

五、公司所有文件须由总经理或董事长签字后生效。

二、范例分享

赴台旅游手续办理细则

目前开放大陆居民赴台自助游的城市有北京、上海、南京、武汉等47个城市。赴台自由行流程为：

1. 在当地公安局办理往来台湾通行证和签注。

2. 通过国家文化和旅游部指定经营大陆居民赴台旅游业务旅行社办理《中华民国台湾地区出入境许可证》。

办理《大陆居民往来台湾通行证》所需材料如下：

1. 《中国公民出入境证件申请表》。

2. 通过湖北省出入境证件数码相片检测的照相回执。

3. 交验居民身份证原件并提交复印件（未满16周岁的，也可交验户口簿），在居民身份证领取、换发、补发期间，可提供临时居民身份证。

4. 申请人未满16周岁的还需由其监护人或监护人委托他人陪同申请，监护人陪同的，应当交验监护证明（如出生证、独生子女证、载明亲属关系的户口簿或其他能够证明亲属关系的具有法律效力的证明）、居民身份证原件等身份证明并提交复印件；监护人委托他人陪同的，还需提交委托书，同时交验被委托人的居民身份证原件并提交复印件。

5. 登记备案的国家工作人员还需当提交按照人事管理权限审批后出具的"关于同意申办出入境证件的函"，该证明须按照公安机关提供的统一格式要求出具。

6.现役军人及属部队管理的离退休军人除提交按照人事管理权限审批后出具的"关于同意申办出入境证件的函"外,还需交验军官(离退休)证和居民身份证原件并提交复印件。

7.已持有有效《大陆居民往来台湾通行证》仅申请旅游签注的,需提交《大陆居民往来台湾通行证》及上述相关材料(无须提交身份证)。

8.持有效本式《大陆居民往来台湾通行证》,且其在有效期内的,可继续使用本式《大陆居民往来台湾通行证》,也可以凭原通行证和上述材料办理申请换发电子往来台湾通行证,但原本式证件上仍有效的签注将被注销。

9.已持有《大陆居民往来台湾通行证》的,因下列原因可以凭原往来台湾通行证和上述材料申请换、补发证件:

(1)原证件遗失、被盗、损毁。

(2)证件有效期不足拟申请签注的有效期。

(3)电子芯片失效。

(4)个人关键身份信息变更。

10.提交公安出入境管理部门认为确有必要的其他材料。

(资料来源:武汉政府微信公众平台)

【提示】
这篇细则采用条文式行文方法对赴台旅游相关手续的办理方法进行具体说明,语言明晰,可操作性强。

三、知识览要

(一)细则的概念

细则是国家党政机关和大型企、事业团体为已颁布的法令、条例、规定等文种做出具体说明和阐释的规范性公文。

(二)细则的特点

1.针对性
细则应针对已颁布的法令、条例或规定中的某项内容进行说明和阐释。其内容不得与已颁布文种的内容脱离。

2.具体性
细则所阐述的内容应当比原法令、条例或规定中的内容更加具体,更加细致。

(三)细则的写作格式与要求

细则由标题和正文构成。

1.标题
一般由发文机关、事由和文种构成,如《中华人民共和国公民出境入境管理法实施细则》。也可不写发文机关,直接由事由和文种构成标题,如《旅行社管理条例实施细则》。如果是经过会议批准或通过的,要用括号在标题下另加注说明"××××年×月×日×会议批准（通过或修订）"。

2.正文

细则的正文有两种写法:条款式和章条式。

（1）条款式。

这是一种不分章,直接列条的写法。把制定细则的根据、目的、基本原则、指导思想等内容,写入前几条;解释、补充和规定的内容写在中间（该部分条款最多）;执行要求写在最后。该写法适用于内容较简单、篇幅较短的细则。

（2）章条式。

章条式写法适合于内容较多的细则。分为总则、分则、附则三大部分。

总则是开头部分,用来说明制定细则的根据、目的、指导思想、基本原则、实施机关等。总则一般排为第一章,分若干条。

分则是细则的主体部分,分若干章,每章再分若干条。分则用来对原法律、法规进行解释、补充,进行细致周密、切实可行的阐述。

附则是细则的结尾部分,应写明实施时间及负责解释的单位或部门等内容。

四、写作实训

试对"任务导入"中的病文进行分析,指出其中存在的问题并改正。

第七节　办　　法

一、任务导入

随着旅游热的兴起,员工外出旅游渐成时尚。公司希望加强对员工外出旅游的管理,你能代公司拟写一个"办法"吗?

二、范例分享

中国公民出国旅游管理办法

（2002年5月27日中华人民共和国国务院令第354号公布　根据2017年3月1日《国务院关于修改和废止部分行政法规的决定》修订）

第一条　为了规范旅行社组织中国公民出国旅游活动,保障出国旅游者和出国旅游经营者的合法权益,制定本办法。

第二条　出国旅游的目的地国家,由国务院旅游行政部门会同国务院有关部门提出,报国务院批准后,由国务院旅游行政部门公布。

任何单位和个人不得组织中国公民到国务院旅游行政部门公布的出国旅游的

目的地国家以外的国家旅游;组织中国公民到国务院旅游行政部门公布的出国旅游的目的地国家以外的国家进行涉及体育活动、文化活动等临时性专项旅游的,须经国务院旅游行政部门批准。

第三条 旅行社经营出国旅游业务,应当具备下列条件:

(一)取得国际旅行社资格满1年;

(二)经营入境旅游业务有突出业绩;

(三)经营期间无重大违法行为和重大服务质量问题。

第四条 申请经营出国旅游业务的旅行社,应当向省、自治区、直辖市旅游行政部门提出申请。省、自治区、直辖市旅游行政部门应当自受理申请之日起30个工作日内,依据本办法第三条规定的条件对申请审查完毕,经审查同意的,报国务院旅游行政部门批准;经审查不同意的,应当书面通知申请人并说明理由。

国务院旅游行政部门批准旅行社经营出国旅游业务,应当符合旅游业发展规划及合理布局的要求。

未经国务院旅游行政部门批准取得出国旅游业务经营资格的,任何单位和个人不得擅自经营或者以商务、考察、培训等方式变相经营出国旅游业务。

第五条 国务院旅游行政部门应当将取得出国旅游业务经营资格的旅行社(以下简称组团社)名单予以公布,并通报国务院有关部门。

第六条 国务院旅游行政部门根据上年度全国入境旅游的业绩、出国旅游目的地的增加情况和出国旅游的发展趋势,在每年的2月底以前确定本年度组织出国旅游的人数安排总量,并下达省、自治区、直辖市旅游行政部门。

省、自治区、直辖市旅游行政部门根据本行政区域内各组团社上年度经营入境旅游的业绩、经营能力、服务质量,按照公平、公正、公开的原则,在每年的3月底以前核定各组团社本年度组织出国旅游的人数安排。

国务院旅游行政部门应当对省、自治区、直辖市旅游行政部门核定组团社年度出国旅游人数安排及组团社组织公民出国旅游的情况进行监督。

第七条 国务院旅游行政部门统一印制中国公民出国旅游团队名单表(以下简称"名单表"),在下达本年度出国旅游人数安排时编号发放给省、自治区、直辖市旅游行政部门,由省、自治区、直辖市旅游行政部门核发给组团社。

组团社应当按照核定的出国旅游人数安排组织出国旅游团队,填写名单表。旅游者及领队首次出境或者再次出境,均应当填写在名单表中,经审核后的名单表不得增添人员。

第八条 名单表一式四联,分为:出境边防检查专用联、入境边防检查专用联、旅游行政部门审验专用联、旅行社自留专用联。

组团社应当按照有关规定,在旅游团队出境、入境时及旅游团队入境后,将名单表分别交有关部门查验、留存。

出国旅游兑换外汇,由旅游者个人按照国家有关规定办理。

第九条 旅游者持有有效普通护照的,可以直接到组团社办理出国旅游手续;没有有效普通护照的,应当依照《中华人民共和国公民出境入境管理法》的有关规定办理护照后再办理出国旅游手续。

组团社应当为旅游者办理前往国签证等出境手续。

第十条　组团社应当为旅游团队安排专职领队。

领队在带团时，应当遵守本办法及国务院旅游行政部门的有关规定。

第十一条　旅游团队应当从国家开放口岸整团出入境。

旅游团队出入境时，应当接受边防检查站对护照、签证、名单表的查验。经国务院有关部门批准，旅游团队可以到旅游目的地国家按照该国有关规定办理签证或者免签证。

旅游团队出境前已确定分团入境的，组团社应当事先向出入境边防检查总站或者省级公安边防部门备案。

旅游团队出境后因不可抗力或者其他特殊原因确需分团入境的，领队应当及时通知组团社，组团社应当立即向有关出入境边防检查总站或者省级公安边防部门备案。

第十二条　组团社应当维护旅游者的合法权益。

组团社向旅游者提供的出国旅游服务信息必须真实可靠，不得作虚假宣传，报价不得低于成本。

第十三条　组团社经营出国旅游业务，应当与旅游者订立书面旅游合同。

旅游合同应当包括旅游起止时间、行程路线、价格、食宿、交通以及违约责任等内容。旅游合同由组团社和旅游者各持一份。

第十四条　组团社应当按照旅游合同约定的条件，为旅游者提供服务。

组团社应当保证所提供的服务符合保障旅游者人身、财产安全的要求；对可能危及旅游者人身安全的情况，应当向旅游者作出真实说明和明确警示，并采取有效措施，防止危害的发生。

第十五条　组团社组织旅游者出国旅游，应当选择在目的地国家依法设立并具有良好信誉的旅行社（以下简称境外接待社），并与之订立书面合同后，方可委托其承担接待工作。

第十六条　组团社及其旅游团队领队应当要求境外接待社按照约定的团队活动计划安排旅游活动，并要求其不得组织旅游者参与涉及色情、赌博、毒品内容的活动或者危险性活动，不得擅自改变行程、减少旅游项目，不得强迫或者变相强迫旅游者参加额外付费项目。

境外接待社违反组团社及其旅游团队领队根据前款规定提出的要求时，组团社及其旅游团队领队应当予以制止。

第十七条　旅游团队领队应当向旅游者介绍旅游目的地国家的相关法律、风俗习惯以及其他有关注意事项，并尊重旅游者的人格尊严、宗教信仰、民族风俗和生活习惯。

第十八条　旅游团队领队在带领旅游者旅行、游览过程中，应当就可能危及旅游者人身安全的情况，向旅游者作出真实说明和明确警示，并按照组团社的要求采取有效措施，防止危害的发生。

第十九条　旅游团队在境外遇到特殊困难和安全问题时,领队应当及时向组团社和中国驻所在国家使领馆报告;组团社应当及时向旅游行政部门和公安机关报告。

第二十条　旅游团队领队不得与境外接待社、导游及为旅游者提供商品或者服务的其他经营者串通欺骗、胁迫旅游者消费,不得向境外接待社、导游及其他为旅游者提供商品或者服务的经营者索要回扣、提成或者收受其财物。

第二十一条　旅游者应当遵守旅游目的地国家的法律,尊重当地的风俗习惯,并服从旅游团队领队的统一管理。

第二十二条　严禁旅游者在境外滞留不归。

旅游者在境外滞留不归的,旅游团队领队应当及时向组团社和中国驻所在国家使领馆报告,组团社应当及时向公安机关和旅游行政部门报告。有关部门处理有关事项时,组团社有义务予以协助。

第二十三条　旅游者对组团社或者旅游团队领队违反本办法规定的行为,有权向旅游行政部门投诉。

第二十四条　因组团社或者其委托的境外接待社违约,使旅游者合法权益受到损害的,组团社应当依法对旅游者承担赔偿责任。

第二十五条　组团社有下列情形之一的,旅游行政部门可以暂停其经营出国旅游业务;情节严重的,取消其出国旅游业务经营资格:

(一)入境旅游业绩下降的;

(二)因自身原因,在1年内未能正常开展出国旅游业务的;

(三)因出国旅游服务质量问题被投诉并经查实的;

(四)有逃汇、非法套汇行为的;

(五)以旅游名义弄虚作假,骗取护照、签证等出入境证件或者送他人出境的;

(六)国务院旅游行政部门认定的影响中国公民出国旅游秩序的其他行为。

第二十六条　任何单位和个人违反本办法第四条的规定,未经批准擅自经营或者以商务、考察、培训等方式变相经营出国旅游业务的,由旅游行政部门责令停止非法经营,没收违法所得,并处违法所得2倍以上5倍以下的罚款。

第二十七条　组团社违反本办法第十条的规定,不为旅游团队安排专职领队的,由旅游行政部门责令改正,并处5000元以上2万元以下的罚款,可以暂停其出国旅游业务经营资格;多次不安排专职领队的,并取消其出国旅游业务经营资格。

第二十八条　组团社违反本办法第十二条的规定,向旅游者提供虚假服务信息或者低于成本报价的,由工商行政管理部门依照《中华人民共和国消费者权益保护法》《中华人民共和国反不正当竞争法》的有关规定给予处罚。

第二十九条　组团社或者旅游团队领队违反本办法第十四条第二款、第十八条的规定,对可能危及人身安全的情况未向旅游者作出真实说明和明确警示,或者未采取防止危害发生的措施的,由旅游行政部门责令改正,给予警告;情节严重的,对组团社暂停其出国旅游业务经营资格,并处5000元以上2万元以下的罚款,对旅游团队领队可以暂扣直至吊销其导游证;造成人身伤亡事故的,依法追究刑事责任,并承担赔偿责任。

第三十条 组团社或者旅游团队领队违反本办法第十六条的规定,未要求境外接待社不得组织旅游者参与涉及色情、赌博、毒品内容的活动或者危险性活动,未要求其不得擅自改变行程、减少旅游项目、强迫或者变相强迫旅游者参加额外付费项目,或者在境外接待社违反前述要求时未制止的,由旅游行政部门对组团社处组织该旅游团队所收取费用2倍以上5倍以下的罚款,并暂停其出国旅游业务经营资格,对旅游团队领队暂扣其导游证;造成恶劣影响的,对组团社取消其出国旅游业务经营资格,对旅游团队领队吊销其导游证。

第三十一条 旅游团队领队违反本办法第二十条的规定,与境外接待社、导游及为旅游者提供商品或者服务的其他经营者串通欺骗、胁迫旅游者消费或者向境外接待社、导游和其他为旅游者提供商品或者服务的经营者索要回扣、提成或者收受其财物的,由旅游行政部门责令改正,没收索要的回扣、提成或者收受的财物,并处索要的回扣、提成或者收受的财物价值2倍以上5倍以下的罚款;情节严重的,并吊销其导游证。

第三十二条 违反本办法第二十二条的规定,旅游者在境外滞留不归,旅游团队领队不及时向组团社和中国驻所在国家使领馆报告,或者组团社不及时向有关部门报告的,由旅游行政部门给予警告,对旅游团队领队可以暂扣其导游证,对组团社可以暂停其出国旅游业务经营资格。

旅游者因滞留不归被遣返回国的,由公安机关吊销其护照。

第三十三条 本办法自2002年7月1日起施行。国务院1997年3月17日批准,国家旅游局(现国家文化和旅游部)、公安部1997年7月1日发布的《中国公民自费出国旅游管理暂行办法》同时废止。

（资料来源:http://zwgk.mct.gov.cn/zfxxgkml/zcfg/xzfg/202012/t20201204_905494.html)

【提示】

这篇办法采用条款式安排正文的内容层次,首先说明制定办法的目的,接着写具体的实施方法和措施,最后补充说明本办法的解释权限,具有非常强的法规性、针对性和操作性。

三、知识览要

（一）办法的概念

办法是国家行政机关、企事业单位、社会团体等为贯彻某一法令、条例或者做好某项工作而制定的法规性文书。

该文种的应用范围广泛,使用率高。随着我国经济发展水平的不断提高,各行业对该文种的使用越来越频繁。目前,在旅游事务管理中,该文种也越发体现出在执行工作事务过程中的效力。

（二）办法的特点

1.法规性

办法为某项工作在特定的时间内，做出法规性的解释和说明。

2.针对性

可以根据相关法律、条例，制定具体工作实施办法；也可以针对某项工作做出具体的规定。

3.可操作性

办法的制定和实施应具备可操作性，能够指导实际工作。

（三）办法的写作格式与要求

办法的结构一般由标题、正文两部分构成。

1.标题

由发文机关、事由和文种三部分组成，如《国家旅游局行政许可实施暂行办法》。也有省略发文机关的，如《旅行社质量保证金存取管理办法》。办法属"试行""暂行"的，要在标题中标明；属会议通过或需标明发布日期的，可在标题下加括号注明。也有办法在题下标明发文机关，但这时标题或落款中不能再有发文机关字样出现。

2.正文

正文的写法有两种，即条款式和章条式。

（1）条款式。

该种写法适用于内容简单的办法。先把制定办法的目的、依据、宗旨等，写在总条目靠前的位置；中间较多的条款写具体的实施方法、步骤、措施等；最后一两条写需要补充的内容和实施要求。

（2）章条式。

内容复杂的办法，可采用章条式写法进行写作。具体地说，就是把正文分成总则、分则、附则来写。

总则写明制定办法的目的、依据、意义、适用范围、实施部门等。分则列出具体的方法、步骤、措施、要求等，可分若干章展开。附则写须特别指出的事项及生效时间等。

四、写作实训

试结合"任务导入"中的材料，拟写一个"办法"。

本章练习

一、知识训练

1.简述计划的种类。

2.总结的写作格式是怎样的？

3.简报的特点是什么？

4.制度的特点有哪些？

5.简述细则的结构。

6.办法有什么特点？

二、能力训练

1.结合本章课程的学习,写一篇学习总结。

2.以下为某乡所出简报,请找出其中的逻辑、语法错误及错别字。

×××乡召开2019年终工作总结暨表彰大会简报

元月15日,我乡在乡报告厅召开2019年终工作总结暨表彰大会,参加会议的有乡全体工作人员。

乡党委书记占胜作了2019年工作报告。他指出:2019年,我乡在各方面取得了出人意料的成绩,特别是农业突破历史;牧业上,虽然今年全乡受灾严重,但乡党委,政府的带领下,干部职工奋不顾身,把损失降到最低。"3·14"事件发生后,我乡快速召开乡党政联席会议,传达上级有关精神,结合我乡实际,安排部署维稳工作,确保我乡经济社会安定有序。

会议充分回顾总结了2019年各项工作,并给予颁发先进集体和个人奖项。在农牧民群众欢快的舞姿和优美的歌声中,我乡年终工作总结暨表彰大会圆满结束。

第六章 →

旅游公务活动类应用文

学习目标

通过本章学习,应当达到以下目标:

◁ **知识目标** ▷

了解旅游公务活动过程中各类应用文的概念、特点、种类、作用及写法,能用其指导报告、请示、批复等公文的写作活动,规范其相关技能活动。

◁ **能力目标** ▷

通过学习本章文种知识研究相关案例,培养在与"旅游公务活动"相关的应用文写作情境中分析问题与解决问题的能力。通过写作实训,掌握报告、请示、批复等公文的写法。

◁ **素质目标** ▷

通过学习本章内容,培养学生良好的思想政治素质,提高马列主义修养和政策水平,让学生懂法律、讲规矩、正确做人做事,以规范的公文写作解决工作中遇到的实际问题,运用法律维护合法权益。

第一节 公文概述

一、行政公文的概念

行政公文,是公务文书的简称,是人类在治理社会,管理国家的公务实践中使用的具有法定权威和规范格式的应用文。公文是表述国家意志、执行法律法规、规范行政执法、传递重要信息的最主要的载体。所以从某种程度上说,公文是国家法律法规的延续和补充。公文对写作的要求很高。起草者要具有工作实践的基础,懂得工作中许多微妙的环节,在具体起草中要有较好的文字语言能力。公文语言总的要求是庄重、平实、概括。公文语言能力的核心是选词,选词一要与所反映的客观实际需要相一致,二要符合明晰、确切、简练的标准,三要根据具体的语言环境,为避免上下文重复而选择不同的词语,注意文中多用书面语和文书用语,少用形象和描绘性词语和口语,不用方言土语。

二、行政公文的特点和作用

（一）行政公文的特点

1.政策性

行政公文对政治、经济、社会生活各个领域有指导作用,是用来贯彻执行党和国家的有关政策,执行国家的法律法令的文种。

2.实用性

行政公文是根据现实需要、针对实际问题而制发的,有明确的写作目的,即处理公务。

3.可靠性

行政公文所涉及的材料、数据、事实必须真实可靠,没有任何虚假错漏。

4.定向性

行政公文由特定机关制发,是针对特定事务,写给特定读者的。

5.时间性

行政公文所针对的问题总是存在于特定时间范围之内的。

6.规范性

行政公文写作格式和办理程序有一定的规范。

（二）行政公文的作用

1.颁布法规

宪法、刑法、民法以及某些规定办法都要通过行政公文予以颁布实施,其在法制完善的进程中起积极作用。

2.指挥管理

公文的制发主体是领导机构。很多公文的起草、定稿过程实质上就是管理过程。

3.交流信息

下行文中的公告、通告、公报,上行文中的报告、请示,平行文中的函等,都具有交流信息的基本功能。

4.宣传教育

决议、公报、公告、通报、会议纪要等文件具有宣传教育功能。如《关于建国以来党的若干历史问题的决议》,教育全党和全国人民正确认识毛泽东和毛泽东思想。

5.商洽协调

某些工作需要若干单位合作完成。这些单位因此需要进行协调商议。协调商议所使用的主要文种是函。

6.凭证依据

下行文是下级机关的工作依据。上行文是上级机关决策的依据。机关内部公文是开展工作的记录和凭证。

（三）行政公文分类

行政机关公文有15种,分别是决议、决定、命令(令)、公报、公告、通告、意见、通知、通报、报告、请示、批复、议案、函、纪要。

（四）旅游行政公文

旅游行政公文是指在旅游事务中,经常用到的行政公文,包括指示类的决定、意见、批复、通知;呈请类的报告和请示;晓谕类的通告、通报;商洽类的函等。

第二节 报 告

一、任务导入

试分析下文存在的问题。

高速公路塌方事故的报告

市委,市政府:

2014年1月23日,××高速公路××路段发生塌方事故,造成一定的伤亡后果。事故发生前,桥面上分散有二三十名工人,已浇筑了近200立方米的混凝土;而且违章施工,按照施工程序应分两次浇筑的混凝土却一次浇筑,估计事故原因是桥面负荷过重。事故发生后,近200名消防队员、工地工人、公安干警到现场紧张抢救,抢救时间持续近28小时。据查,该工程承建商是××市市政总公司第一分公司。特此报告。

2014年1月24日
市政工程总公司

二、范例分享

市文化和旅游局2020年度政府信息公开工作年度报告

根据《中华人民共和国政府信息公开条例》要求,市文化和旅游局编制了政府信息公开工作2020年度报告。报告中所列数据统计期限为2020年1月1日至2020年12月31日。

一、总体情况

2020年，为保障公民、法人和其他组织依法获取政府信息，提高工作透明度，市文化和旅游局不断提升政府信息公开质量、重大政策解读质量、决策执行公开质量、公开平台建设质量，促进政务公开工作再上新台阶。

（一）提升政府信息公开质量。制定《市文化和旅游局政府信息公开实施办法》，全面公开机构职能、机构设置、财政预决算信息、权责清单及办事流程、建议提案办理情况、政府采购等信息，修订《市文化和旅游局政府信息公开指南》。规范政府信息公开内容，对外公布文件时，列明索引号、文件类型、文号、发布时间、有效性等信息。对于已公开的规范性文件、重要政策文件等政府信息，根据立、改、废等情况进行动态调整，以加强政府信息生命周期管理。

（二）聚焦重大政策解读质量。及时发布A级景区、星级饭店、旅行社、文博场馆等文旅行业疫情防控指南，局主要负责同志及相关负责同志带头解读文旅产业复苏发展相关政策和活动。全年召开新闻发布会4次，通过湖北省人民新闻办公室新闻发布会，介绍"惠游湖北·打卡大武汉"系列活动；通过武汉市人民新闻办公室新闻发布会，介绍2020国庆中秋文旅系列活动、第九届琴台音乐节和"12分钟文化圈"建设情况等，回应市民关切。通过媒体、图文等各种形式解读《武汉市支持文化旅游产业复苏发展若干措施》《第十七届中国戏剧节武汉筹备工作方案》等，介绍政策出台背景、主要内容和社会影响。

（三）加强决策执行公开质量。针对《武汉市文化和旅游发展"十四五"规划》《〈武汉市文化和旅游发展"十四五"规划〉环境影响评价》《武汉市旅游突发事件应急管理办法(草案)》《黄鹤群星奖评奖办法》《武汉市"12分钟文化圈"建设规划纲要(初稿)》等文件向相关单位征求意见，通过走访、座谈等各种形式统一各方意见，同时面向社会公开征求意见，对征集结果进行反馈，使各项政策更接地气、更合民意、体现民生。

（四）提高公开平台建设质量。按照《武汉市政府网站集约化建设工作实施方案》要求，全面完成局网站的栏目策划、前端建设、后台改造、数据迁移和域名更新等集约化工作；按照《省人民政府办公厅关于规范政府信息公开平台建设有关事项的通知》要求，统一规范信息公开平台的名称、格式、页面设计、栏目设置等。加强政务新媒体建设，提升城市影响力。围绕官微、官博等政务新媒体，强化与粉丝群体、网络达人、本地"大V"、自媒体、网络平台的联动，以"好看""好吃""好玩"为主题策划推文。官方微博粉丝数194万，日均阅读量20万以上。在2020年全国地级文旅新媒体传播力指数TOP 10榜单中，市文化和旅游局新媒体综合传播力指数和微信传播力指数均位列榜单第一名。

二、行政机关主动公开政府信息情况

2020年，市文化和旅游局主动公开信息1790条。其中，政务动态信息549条，概况类信息155条；参加在线访谈5次；发布政策解读稿件25篇；开设专题专栏数13个，今年新增数5个；局长信箱314件，均按时办结。官方微博信息数2779条，官方微信信息数271条。

三、行政机关收到和处理政府信息公开申请情况

2020年，收到政府信息公开申请10件，办结9件，结转1件。

四、因政府信息公开工作被申请行政复议、提起行政诉讼情况

2020年，未因政府信息公开工作被申请行政复议、提起行政诉讼。

五、政府信息公开工作存在的问题及改进情况

2020年，市文化和旅游局政府信息公开工作虽然有了新进展、新成果，但在政策解读力度、信息公开质量、公开平台建设等方面还存在不足。2021年政府信息公开将重点做好以下工作：

一是进一步丰富政策解读形式。充分发挥网络传播的特点，更多运用图片、图表、图解、视频等方式，使政策解读传播可视、可读、可感。

二是进一步提高信息公开质量。积极落实政府信息主动公开新要求，聚焦重点政务信息，规范统一公开方式；以完善内部制度为抓手，全面提升政府信息公开申请办理工作质量。

三是进一步加强公开平台建设。做好公开平台集约化建设，优化信息公开栏目设置，细化信息公开工作流程，方便人民群众检索查询。

六、其他需要报告的事项

市文化和旅游局办理省、市人大代表建议、政协提案共133件，主办（含承办和分办）54件，会办件79件。其中，省人大代表建议2件，省政协提案8件，市人大代表建议25件，市政协提案98件。2020年主办件中，通过局网站公开省人大代表建议1件、省政协提案3件、市人大代表建议4件、市政协提案31件，以上共39件。

135

【提示】

这是一篇政府信息公开工作年度报告。开头说明报告的整体情况，简明扼要。主体从行政机关主动公开政府信息情况，行政机关收到和处理政府信息公开申请情况，因政府信息公开工作被申请行政复议、提起行政诉讼情况和政府信息公开工作存在的问题及改进情况，四个方面作了专项工作汇报，既有情况概述，又有具体措施说明，条理清楚，语言简洁，可读性强。

三、知识览要

（一）概念和特点

报告是下级机关向上级机关或业务主管部门汇报工作、反映情况、提出意见或建议、答复上级机关询问时使用的公文。它不需要上级机关给予回复或批示，行文方向具有单向性。报告的内容主要以事实和具体数据为主，所使用的语言都是陈述性的。多数报告是在工作开展了一段时间或某种情况发生之后向上级做出的，具有事后性。

（二）种类

根据性质和内容，报告可分为以下五类。

1.工作报告

工作报告适用于向上级汇报例行工作或临时性工作。工作报告要把某项工作的基本情况、成绩、问题、经验教训阐述清楚,对下一步工作提出意见。目的是让上级了解工作情况和动态,让其能掌握全局,指导工作。工作报告又可分为综合工作报告和专题工作报告两种。

2.情况报告

情况报告适用于向上级汇报某一问题或某一偶发事件。情况报告涉及的内容一般有两种:一是对本单位出现的重大事件、事故进行反省、总结;二是汇报本单位公务活动中出现的新情况、新问题。呈请情况报告的目的是"下情上达",保证上级机关对下面的情况始终了如指掌,如果隐瞒不报,则是一种失职的表现。情况报告重点报告工作中的"情况",工作报告则注重报告工作的"全过程"。

3.建议报告

建议报告适用于向上级机关就今后的工作提出意见和建议。建议报告是在对自己职权范围内的某方面工作深思熟虑,有了切实可行的设想之后,归纳整理、呈报上级的意见、办法、方案。对于建议报告,上级机关可能采纳,也可能不予采纳。这都是很正常的。下级机关对此要有清醒的认识。

4.答复报告

答复报告适用于答复上级机关询问情况和工作。其从内容上看,也属于工作报告或情况报告。不同的是,它是被动报告,即答复上级的询问,且答复的内容要有针对性,询问什么,答复什么,不能答非所问。答复前,作者还要做深入的调查研究。

5.报送报告

一般向上级报送文件、物件时使用报送报告。其正文通常比较简单,写清楚报送材料(文件,物件)的名称、数量,结尾用"请审阅""请收阅"收束。重要的内容在所报送的文件里。

（三）写作格式和要求

报告一般由标题、主送机关、正文组成。

1.标题

报告的标题一般采用"发文机关＋事由＋文种"的写法,如《国家旅游局关于2014年"十一"黄金周情况的报告》,也可以采用"事由＋文种"的写法,如《关于2014年星级酒店安全检查情况报告》。内容紧急的报告,则在"报告"前加上"紧急"字样。

2.主送机关

报告中要写明主送的领导机关,一般只送一个上级机关即可。如需其他相关的上级机关阅知,可以抄送。一般不得越级报告。

3.正文

报告的正文由以下几部分组成。

(1)报告的缘由。

开头简要概括报告的原因、依据和目的,要开门见山,直陈其事,然后用"现将有关情况报告如下"之类的陈述语,转入报告主体。

(2)报告的事实和问题。

这是报告的主体部分,要重点写明工作进展情况、采取的措施、取得的成效、存在的问题和不足、对今后工作的意见,或写明事情发生发展的基本情况,对事情做出分析、评价,说明处理结果或提出处理意见,等等。

(3)结束语。

结束语通常有两种:一是提出建议或意见,供领导参考,也可以重申意义,展望未来;二是用"特此报告""请指正""请审查"等模式化的语言收结全文,呈转报告常用"以上报告如无不妥,请予批转执行"等结语。

(4)落款和日期。

四、写作实训

试结合对"任务导入"中病文的分析,写出病文修改稿。

第三节　请　示

一、任务导入

指出下列公文在格式、内容和语言文字方面存在的问题并改正。

××社区关于便民早餐店等若干问题的请示报告

××街道办事处,谭大林主任:

根据×政发2014年4号文件,《××区人民政府关于推动社区"早餐工程"建设的决定》精神,为了加快解决社区居民早餐难的问题,我们打算在社区活动中心附近兴建便民早餐店(已经规划部门批准),力争在二〇一五年三月一日开业,产权归××社区所有,聘请社区内的下岗职工承包经营,便民早餐店预算建设资金共计一百二十五万元,现已筹集资金八十五万元,还有四十万元资金没有着落,为此,要求街道办事处给予支持解决。

另外,社区活动中心室外健身场的健身器械严重不足,难以满足居民健身需要,居民意见很大,故请顺便追加拨款十五万元用于购置健身器械。此事关系到社区居民的切身利益,务必批准。

2014年9月1日

二、范例分享

关于成立滨州市旅游行业协会的请示

市委组织部:

近几年来,随着我市经济和社会各项事业的快速发展,我市旅游事业发展迅猛。截至目前,我市拥有旅行社30家、星级酒店11家、A级景区点3处,旅游从业人员已达3000余人。今年上半年,我市共接待海外游客1000人次,接待国内游客

137

118.4万人次,实现国内旅游总收入1.29亿元,比去年同期增长22.2%。

为进一步适应市场经济条件下政府职能转变和旅游产业快速发展形势的迫切需要,文化和旅游部、省旅游局先后组织成立了全国、全省旅游行业协会组织。我省11市地半数以上都组建了各自的行业协会组织。旅游行业协会是由旅游行业及与旅游密切相关的社会团体、企事业单位和有关部门,按照平等自愿原则组成的地方性行业协会,是非营利性的社会自律组织,具有独立的社团法人资格。旅游行业协会管理、协调、服务企业,已经成为沟通政府与企业的桥梁。

为更好地发挥政府宏观调控作用,结合滨州旅游工作实际需要,我们拟组织筹建滨州旅游行业协会。为便于开展工作和借鉴上级及周边市地的经验,新组建的旅游行业协会拟由市旅游局局长朱洪星同志任会长,由市旅游局副局长张振泉、梁金生同志任副会长,由梁金生同志兼任协会秘书长。当否,请批复。

滨州市旅游局
2011年1月11日

（资料来源:滨州市政府信息网）

【提示】

这是一份请求批准的请示。正文首先交代行业背景,说明请示目的,叙述有据,理由充分;接着顺势提出筹建滨州旅游行业协会的问题,事项单一;最后以习惯用语作结。全文行文规范,简洁明了。

三、知识览要

（一）概念和种类

请示是下级机关向上级机关请求指示、批准时使用的公文。上级机关指有隶属关系的上一级的机关,包括领导和被领导的关系,业务上指导与被指导的关系两种。

呈报请示的直接目的就是得到批复。下级有请示报上去,上级就会有对应的批复发下来。因此,期复性是请示的重要特点。与其他公文相比,请示更强调"一文一事"的原则。一份请示只能就一项工作或一种情况、一个问题做出请示,不得在一份请示中请求指示和批准若干事项。请示还具有时效性,上级机关收到请示后应该及时研究,给予批复,不宜拖延不复,否则会贻误解决问题的时机或影响下级机关正常开展工作。

请示一般可分为请求指示的请示、请求批准的请示、请求批转的请示、请求帮助的请示。

（二）写作格式和要求

请示一般由标题、主送机关和正文构成。

1.标题

请示的标题一般采用"发文机关＋事由＋文种"的写法,如《华容县关于将湘鄂西革命根据地红色旅游区纳入国家重点红色旅游项目的请示》,也可以采用"事由＋文种"的写法,如《关于申请成立湖北省旅游节活动办公室的请示》。

2.主送机关

请示的主送机关一般只写一个,需要同时送其他机关的,应当用抄送形式,但不得抄送其下级机关。

3.正文

请示的正文由以下几部分构成。

(1)请示的缘由。

这部分是请示的导语,也是上级机关批复的主要依据,一般要直接写明所遇到的新情况、新问题,或自身没有能力解决的困难,要写得理由充分、言简意赅、明白具体。

(2)请示的具体事项和意见。

这部分是请示的核心和主体,要写明想在哪些具体问题、哪些方面得到指示。请求批准的请示,要把要求批准的事项分条列款一一写明。如果在请求批准的同时还需要人、财、物等方面的支持和帮助,更需要把编制、数据、途径等表达清楚、准确,以便上级及时批准。

(3)结束语。

请示的结束语比较简单,常用"当否,请批示""妥否,请批复""以上请示,请予审批""以上请示如无不妥,请批转有关部门执行"等模式化的语言写明期复请求。

(4)落款和日期。

四、写作实训

　　××学院近几年引进青年教师10人。过去因资金紧张,从未建职工宿舍,青年教师住房非常困难,这个问题再得不到解决将会严重影响他们的工作积极性。为改善这种局面,经院长办公会研究,学院申请建造青年教师周转房3000余平方米,须拨款200万元。

请根据以上材料拟写一份请示。

📑 知识链接

怎样确定请示主送机关?

请示在确定主送机关时,要注意以下三点。

1.主送机关只能有一个

国务院办公厅规定,请示一般只写一个主送机关,如需同时送其他机关,应当用抄送的形式。中共中央办公厅也规定,向上级机关行文,应当主送一个上级机关,受双重领导的机关向上级机关行文,应当写明主送机关和抄送机关,由主送机关负责答复其请示事项。请示如果多头行文,很可能得不到任何机关的批复。

2.只能主送上级机关,不能送领导者个人

请示主送的是上级机关,不能是某领导者个人。对此,国务院办公厅规定,除上级机关负责人直接交办的事项外,不得以机关名义向上级机关负责人报道"请示"。中共中央办公厅规定,请示不应直接送领导者个人。

3.不得越级

国务院办公厅规定,一般不得越级请示和报告。中共中央办公厅规定,党委各部门应当向本级党委请示问题。未经本级党委同意或授权,党委各部门不得越过本级党委向上级党委主管部门请示重大问题。

请示与报告的区别

请示与报告都是下级机关向上级机关反映情况、陈述意见时使用的公文,同属上行文,但在使用中却是两个不同性质的文种,不能混淆。两者主要区别如下。

1.行文目的不同

请示的目的是请求上级给予批准和答复。报告的目的是下情上达,它一般不需要回复。

2.行文时限不同

请示必须事前行文,请求批复,不能违背组织原则"先斩后奏"。报告的行文时间较灵活,事前、事中和事后行文都可以。另外,请示的内容常常较迫切,需要受文的上级单位及时研究处理。相对来说,对于报告的研究处理没有那么紧迫。

3.行文结构不同

请示要一文一事,内容具体单一,结构较稳定。而报告内容广泛,可一文一事,也可一文多事,结构灵活。

140

第四节 批 复

一、任务导入

阅读下文,试分析其中存在的问题。

关于建立联合贸易公司给××乡的批复

××乡政府:

有关请示收悉,经研究,应该以不建立为妥,此复。

××县政府

××××年×月×日

二、范例分享

国家外汇管理局关于旅游换汇有关问题的批复

中国银行:

你行《关于旅行社旅游换汇有关问题的请示》(中银结〔20××〕11号)收悉,现就有关问题函复如下：

一、境内居民个人因私出境会亲、探亲需兑换外汇的，除了提交《境内居民个人外汇管理暂行办法》(已废止，现行《个人外汇管理办法》)第十七条规定的有效证明材料、文件外，还需提供境外亲属的邀请信件。

二、境内居民个人出境定居的，其离休金、退休金、离职金、退职金、抚恤金可以全部兑换外汇，其中离职金不足等值2000美元的，可以兑换2000美元外汇；无工资收入的，可一次性兑换等值2000美元外汇；未满十四岁的儿童，每人可兑换等值1000美元外汇。

三、境内居民个人在出境前办理出境定居兑换外汇手续时，在规定金额内，应向银行提供下列文件：

(一)本人工作单位(无工作单位的，为户口所在地街道办事处或乡以上人民政府)的证明文件；

(二)已办妥前往国家或地区有效入境签证的护照和出境证明，或者前往港澳通行证或往来港澳通行证；

(三)前往国家或地区的居住证；

(四)兑换离休金、退休金、离职金、退职金、抚恤金的，还应提供发放上述款项单位的证明文件。

境内居民个人兑换外汇超过规定金额的，应持上述证明文件向所在地外汇局申请，由外汇局审核真实性后，凭外汇局的核准件到银行兑换外汇。

四、境内居民个人在境外定居后，其离休金、退休金、退职金、抚恤金可以每半年合并后兑换外汇。兑换外汇时，居民个人应向银行提供境外定居证明和有效的生存证明，以及发放上述款项的单位的证明文件。

五、境内居民个人移居境外后，其出租境内房屋的合法人民币租金收入，可凭房屋产权证明、房屋出租许可证明、出租合同、完税证明申请购汇。

六、旅行社组织境内居民个人自费出境旅游的，由于境外旅游机构负责导游在境外的费用，对导游只按每次实际出境游团组中个人零用费的标准供其个人零用，团费部分不供汇。

七、中资国际旅行社需向境外旅游机构退还团费时，应持申请报告(写明退团原因、原计划接待团组等)、境外机构要求退团款的通知书或文件，向银行申办相应手续。

国家外汇管理局
二〇××年三月六日

(资料来源：法律图书馆网站)

【提示】

这是一份答复性批复。开头引述来文标题和发文字号，接着以过渡句引出下文。主体采用条款式行文提出指导性意见和要求。全文条理清晰、格式规范。

三、知识览要

（一）概念和种类

批复是上级机关批示或答复下级机关请示事项时使用的公文。

批复必须以下级机关的请示为前提，没有下级机关的请示就没有上级机关的批复。批复与请示，是行政公文中唯一具有关联性的一对文种，而批复也是行政公文中唯一纯粹的被动性文种。这一特点，决定了批复的撰写必须充分体现批复对于请示的针对性。其行文受到请示机关和请示内容的制约，行文关系和行文内容都是特定的。

根据内容特点，批复可以分为批准性批复、否决性批复和答复性批复。

（二）写作格式和要求

1.标题

批复的标题一般采用"发文机关＋事由＋文种"的写法，如《××市政府关于旅游规划的批复》，也可以采用"事由＋文种"的写法，如《关于旅游规划的批复》。

略有不同的是，可以在批复的标题中加上"同意""不同意"等以表明态度，如《关于同意成立"××旅游开发有限公司"的批复》，其中"同意"两字就是用来表明态度和意见的。如果不批准请求事项，标题中可以不出现态度和意见，到正文中再表态。答复性批复，也无须在标题中表态。

2.主送机关

批复的主送机关一般只有一个，即上报请示的下级机关。

3.正文

批复的正文一般由批复依据、批复事项、结语三部分组成：

(1)批复依据。

请示的来文是批复最主要的论据。批复要完整引用请示的标题并加括号注明其请示的发文字号，如：

你县《关于成立"××旅游开发有限公司"的请示》(××政2011,9号)收悉。

上级有关文件和规定是答复请示的政策和理论依据，可表述为"根据××关于××的规定，现作如下答复"，必要时，可标引文件名、文件编号和条款序号。如果下级请示的事项在上级文件和规定中找不到依据，就不必出现这样的文字。

(2)批复事项。

批复事项即针对请示的事项或问题表示同意、否决或做出解答。不管持什么态度，都要根据法规和政策并结合实际情况做出简洁而明确的答复。如果同意，还应进一步提出指示意见和要求；如果不同意，一定要阐明不同意的理由并做出处理的指示和办法，使下级机关能有所遵循。如果内容复杂，可分条表述，但必须坚持一文一批的原则。

(3)结语。

批复一般用"此复""特此批复"为结束语。

四、写作实训

试结合对"任务导入"中病文的分析,写一篇同意建立联合贸易公司的批复。

第五节 决 定

一、任务导入

试分析下文存在的问题。

关于向赵小红同志学习的决定

集团公司所属各单位:

我公司××分公司职工赵小红在8月14日的特大洪水灾害中,为抢救国家财产不幸身亡。集团公司决定开展向赵小红同志学习的活动。

一、学习赵小红同志公而忘私、奋勇保护国家财产的高尚品德,爱祖国爱人民、敢于牺牲的精神。

二、根据赵小红同志生前的表现和愿望,追记赵小红同志为中共党员。

三、在集团系统内广泛宣传赵小红同志的先进事迹,运用这一典型对全体干部职工进行一次努力奉献、坚持改革、敢于进取的革命精神,以及勇于献身的革命英雄主义精神教育。宣传科和工会要把赵小红同志的事迹册子、墙报,广为发放。

四、各单位要开展讨论,学习赵小红同志的优秀品质,开展比、学、赶、帮活动,争取经营上一个新台阶。

××市物资集团有限公司

二、范例分享

**文化和旅游部关于命名"21世纪避暑山庄"文化旅游产业园区等9家园区为
国家级文化产业示范园区的决定**

各省、自治区、直辖市文化和旅游厅(局),新疆生产建设兵团文化体育广电和旅游局:

为深入贯彻党的十九大和十九届二中、三中、四中、五中全会精神,规范发展文化产业园区,推动文化产业高质量发展,根据《文化和旅游部办公厅关于做好国家级文化产业示范园区创建验收工作的通知》(办产业发〔2020〕84号),经对2017年获得创建资格的园区进行验收并公示,文化和旅游部决定命名以下9家园区为"国家级文化产业示范园区"(按行政区划顺序):

河北省 "21世纪避暑山庄"文化旅游产业园区

吉林省 吉林省东北亚文化创意科技园（同时取消"国家级文化产业试验园区"称号）

浙江省 杭州市白马湖生态创意城

江西省 景德镇市陶溪川文创街区

山东省 台儿庄古城文化产业园（同时取消"国家级文化产业试验园区"称号）

湖南省 湘潭昭山文化产业园

广东省 广州北京路文化核心区

重庆市 重庆市南滨路文化产业园

云南省 建水紫陶文化产业园区

希望此次获得命名的园区珍惜荣誉，再接再厉，坚持把社会效益放在首位，牢牢把握正确导向，守正创新，大力培育和弘扬社会主义核心价值观，不断提高园区建设质量效益和核心竞争力，提供更多既能满足人民文化需求，又能增强人民精神力量的文化产品，实现社会效益和经济效益有机统一，充分发挥示范引领和辐射带动作用，为推动我国文化产业高质量发展做出应有贡献。

希望各园区创建主体继续支持园区建设发展，进一步优化区域文化产业发展政策和服务环境，提升产业链现代化水平和创新链效能，促进当地文化产业资源要素合理配置和结构优化升级，不断提高区域文化产业发展质量和水平。

各地文化和旅游行政部门要立足新发展阶段，贯彻新发展理念，统筹规划、科学布局，引导当地文化产业园区规范发展，将园区建设成为培育壮大市场主体、做优做强文化产业、激发文化创新活力、扩大优质文化产品供给、带动区域文化产业协调联动发展的综合载体，促进形成文化产业发展新格局。

特此决定。

文化和旅游部

2020 年 12 月 25 日

144

【提示】

这是一则公告性决定。文章开头说明行文目的，主体说明决定事项，结尾提出要求，内容具体明确，语言简洁明快。

三、知识览要

（一）概念和种类

决定是上级机关对重要事项或者重大行动做出安排、奖惩有关单位及人员、变更或者撤销下级机关不适当的决定事项的公文。决定是一种指令性和规定性公文，要求下级机关和个人必须贯彻执行。

决定一般包括处置性决定、公布性决定、部署性决定等。

（二）格式和要求

1.标题及成文时间

决定的标题一般采用公文常规模式写法,即"发文机关＋事由＋文种",如《国务院关于加快发展旅游业的意见》。不同的是,一般要在题下标明成文时间,用圆括弧括入,文末不再标写年月日,如:

国家旅游局关于废止部分规章的决定

（××××年4月4日）

有些处置性决定,也可以把成文时间标在正文后面,而不是标在题下。经会议通过或批准的决定,一定要在题下写明"××××年×月×日×会议（全称）通过",如:

政协全国委员会常务委员会关于举行辛亥革命90周年纪念活动的决定

（××××年2月28日政协九届常委会第十二次会议通过）

有些决定的标题可以采用省略式,由"事由＋文种"构成,如《关于命名第二批"中国优秀旅游城市"的决定》,但落款中一定要标明发文机关。

2.正文

决定的正文一般由开头、主体、结尾三部分组成。

（1）开头。

开头须简要写明决定的缘由、目的、根据、意义。行文中,可以用"目前……"引出事实依据,用"根据……"引出理论依据,用"为了……"引出目的主旨,用"现决定……"引出意图主旨。

（2）主体。

主体主要写明决定事项,如:用于部署工作的决定,要提出工作任务、措施、方案、要求等;用于处理事故的决定,要剖析事故的原因、性质,追究领导人、当事人的责任,总结应吸取的教训;用于人事任免、机构设置的决定,要写明根据及决定的意见,可以不说明理由;用于表彰或惩戒的决定,要写明表彰决定和项目,或处分决定、处罚方法。

内容比较单纯的决定,一般采用一段式写法。内容较复杂的决定,可用条款式写法,分条写出事项。对重大决策的决定,还可用小标题显示层次。行文中,可以在决定的缘由和决定的事项之间,用"为此……决定""现决定……"转接,以引领下文。

（3）结尾。

决定结尾一般提出要求、希望、号召或执行说明。

四、写作实训

试结合对"任务导入"中病文的分析,写出病文修改稿。

第六节 通 告

一、任务导入

从内容和形式来看，你认为下面的通告有哪些问题？

关于加强市区犬类管理的通告

（×府告[2014]11号）

2011年2月22日

为了预防和控制狂犬病、保障人民群众的人身安全、维护社会秩序、保证市区清洁卫生，根据创建全国文明卫生城市的标准要求和《××省犬类管理规定》(×府[2014]9号)，经市政府研究，现就加强市区犬类管理工作通告如下：

一、从2014年12月19日起，严禁一切犬类在市区内大街小巷、公共场所走动，应依规办理有关手续后，在室内圈（栓）养。

二、严格犬类的粪便管理，禁止犬类在室外拉粪便。

三、若犬类咬人致死、致伤，除责令立即捕杀外，犬主要按有关规定承担相关责任。

四、要加强对饲养犬类的管理，凡发现犬类上街、到公共场所走动或乱拉犬粪的，公安等有关部门应按有关规定没收该犬或对犬主予以处罚。

二、范例分享

关于白沙洲大道快速化改造工程地面道路恢复施工期间交通管理的通告

武公交规〔2023〕53号

2023年8月12日至2023年8月31日，洪山区白沙洲大道将进行快速化改造工程地面道路恢复施工。为确保施工顺利进行，根据《中华人民共和国道路交通安全法》等法律法规的规定，现将该路段施工期间道路交通管理有关事宜通告如下：

一、白沙洲大道（丽水路至青菱河路）实行机动车由南向北（丽水路往青菱河路方向）单向通行。

二、需通行施工路段的机动车可绕行青菱河路、青菱河东路、丽水路等周边道路。

三、公交营运路线及停靠站点调整，按照《武汉市城市公共客运交通管理条例》规定，另行通告。

四、机动车、非机动车驾驶人及行人应服从交通警察指挥及现场管理人员疏导，按照交通信号指示通行。

违反本通告的，公安机关交通管理部门将依照《中华人民共和国道路交通安全

146

法》等法律法规的规定,予以处罚。

　　特此通告

武汉市公安交通管理局

2023年8月4日

【提示】

　　这是一则制约性通告,正文由通告背景、目的、法律依据和遵守的事项组成,以"特此通告"结尾,内容简洁,语气严肃。

三、知识览要

(一)概念和种类

　　通告是在一定范围内向所属机关、单位或人民群众公布应当遵守或者周知的事项时使用的公文。通告具有政策性、法规性、告晓性、广泛性等特点。

　　通告大致可分为法规性通告和事项性通告两类。

(二)写作格式和要求

1.标题

通告的标题,一般有四种写法。

一是公文标题的常规写法,即"发文机关+事由+文种",如《××旅游学院关于维护学院秩序的通告》。

二是"事由+文种"的写法,如《关于治理、整顿旅游景点的通告》。

三是只有文种名称,如《通告》。

四是"发文机关+文种"的写法,如《××市旅游局通告》。

2.正文

正文一般包括通告缘由、通告事项、通告结语等部分。

(1)通告缘由。

主要写明发布通告的背景、根据、目的、意义,末句一般用"特通告如下""现将有关事项通告如下"等惯用语转入下文。

(2)通告事项。

这是通告的主体部分,要写明通告的有关事项和有关规定。如果内容较复杂,文字较多,就要采用分条列项的写法,做到条理分明,层次清晰。如果内容比较单一,也可采用贯通式写法。不管用哪种方式,文字表达要准确、严密、通俗,语气要坚定庄重。

(3)通告结语。

通告结语的写法比较简单,多采用"本通告自发布之日起实施"或"特此通告"的模式化结语。有些通告没有结语。

四、写作实训

试结合对"任务导入"中病文的分析，写出病文修改稿。

知识链接

通告与公告之比较

行政公文中有一种跟通告很相似的公文，即公告。二者都具有晓谕性和公布性，具体说，二者的内容都是知照性的，发布范围都是面向全社会。在实际工作中，经常看到一些企业单位，用"公告"发布诸如招标、转让、拍卖之类的日常事务性内容，显然是用错了文种。造成这种错误的主要原因是混淆了二者的概念，没有把握好二者的特点和适用范围，不了解国家行政公文使用的严肃性和规范性。要避免这种错误，关键是要区分它们的不同，其实二者有较大的区别。

1.发布内容的重要程度不同

公告是用来发布重要事项或法定事项的，涉及内容多是国家大事或省市级的行政大事。小的局部性事项和非法定的事项，不能采用公告的形式公布。通告用来发布在一定范围内需要遵守或周知的事项，它涉及的事项没有公告那么重大。

2.对发文机关的限制性不同

公告是一种高级别的文种，一般只有涉及全局性的重大事项或法定事项时，才能由高级别的行政部门发布。通告是一种高级别机关和基层单位都可使用的文种，不仅行政机关可以制发，社会团体、企事业单位在自己的职权范围之内，也可以制发。

3.发布范围不同

公告的发布范围比较大，用来向国内外宣布重要事项或者法定事项。它面向全国，甚至全世界。通告的发布范围比较小，是向社会各有关方面公布应当遵守或周知的事项。它限定在特定的范围，内容指向特定的人群。

4.发布方式不同

公告多刊登在报刊上，一般不用红头文件下发，也不公开张贴。通告可以刊登在新闻媒体上，也可以用红头文件下发，还可以公开张贴。

第七节 通 知

一、任务导入

阅读下面材料，你认为写作会议通知还应添加哪些要素？

为了总结2014年全市旅游工作，部署2015年旅游工作任务，同时表彰全市旅游工作先进单位和先进个人，××市旅游局决定于2014年12月8日（星期一）上午

9:30,在市平湖大酒店2楼10号会议室(××路××号)召开全市旅游工作会议。要求各县(市)、区旅游局长,星级饭店、旅行社、旅游景区、四星级以上乡村旅游点负责人,高等院校旅游系及旅游院校负责人,2014年度旅游先进单位和先进个人参加会议。

二、范例分享

市文化和旅游局关于印发《2021年旅行社"引客入汉"组团奖励政策》的通知

全市各旅行社:

《2021年旅行社"引客入汉"组团奖励政策》已经市人民政府同意,现印发给你们,请遵照执行。

武汉市文化和旅游局
2021年5月19日

【提示】

这是一则指示性通知。全文一个自然段,分三层意思。首先说明行文目的和背景,接着说明工作的指导原则,最后提出希望和要求。全文条理清楚,规定具体,语言果断,具有约束力。

三、知识览要

(一)概念和种类

通知是批转下级机关公文,转发上级机关和不相隶属机关的公文,传达要求下级机关办理和需要有关单位周知或执行的事项,任免人员时使用的公文。

通知是所有行政公文中使用最广泛、使用频率最高的文种。通知的使用不受机关或组织性质、级别的限制,任何一级机关、企事业单位、社会团体,均可制发通知。通知的内容不受轻重繁简的限制,比较灵活、实用。无论是发布重要决策,还是进行日常行政工作,都可以使用通知。

通知一般包括发布性通知、转发性通知、指示性通知、告知性通知、会议通知、任免通知等。

(二)写作格式和要求

通知一般由标题、主送机关、正文三部分组成。

1.标题

通知的标题一般采用"发文机关+事由+文种"的写法,如《国家旅游局关于进一步做好旅游涉外饭店星级评定工作的通知》,也可以采用"事由+文种"的写法,如《关于××等同志职务任免的通知》。使用范围很小的事务告知性通知,也可只用文种名。

对于发布规章的通知,所发布的规章名称要出现在标题中,并使用书名号,如《国家旅游局关于批转国务院《旅行社管理暂行条例》的通知》。批转和转发文件的公文,所转发的文件内容要出现在标题中,但不一定用书名号,如《宜昌市人民政府关于转发市旅游局2008年三峡国际文化旅游节系列活动方案的通知》。

2.主送机关

与其他公文不同,通知的主送机关通常较多,要注意主送机关排列的规范性。有的通知,如发布性通知,涉及范围广泛,则可以省略主送机关。

3.正文

通知的正文由通知缘由、通知事项、执行要求三部分组成。

(1)通知缘由。

此部分发布指示,安排工作的通知,主要用来表述有关背景、根据、目的、意义等。批转、转发文件的通知,根据情况,可以在开头表述通知缘由,但多数以直接表述转发对象和转发决定为开头,无须说明缘由。发布规章的通知,一般是一段式,也不交代缘由。

(2)通知事项。

通知事项是通知的主体部分,一般包括发布的指示,安排的工作,提出的方法、措施和步骤等,内容复杂的需要分条列款。

(3)执行要求。

发布指示、安排工作的通知,可以在结尾处提出贯彻执行的有关要求,如无必要,或其他篇幅短小,可以没有这部分。

撰写通知主题要集中、重点要突出、措施要具体,要讲求实效,不能贻误时机。

四、写作实训

根据对"任务导入"中材料的分析,在合理添加的基础上拟写一份会议通知。

第八节 通 报

一、任务导入

阅读下面的材料,你认为批评性通报正文部分应分为哪几个层次?

　　山西某学院借出境培训之机公款旅游:2014年3月至4月,学院分别由党委书记朱×和党委副书记、院长刘×带领,分两批组织40名骨干教师和管理人员赴台湾培训,培训期间,未经有关部门批准,擅自增加3天时间,以文化参访名义到日月潭、台北故宫博物院、台北101大楼等景点旅游,两次用公款支付旅游费用共计21.432万元。省纪委对未履行主体责任,违规延长在台湾停留时间的朱×、刘×,分别给予党内严重警告处分;对负有领导责任的分管副院长陈××,给予党内警告处分;对负有监督责任的党委委员、纪委书记徐××,给予党内警告处分,责令参与公款旅游人员全部退缴相关费用。

二、范例分享

关于全市出境旅游工作3·4紧急会议参会情况的通报

全市各旅行社：

根据国家旅游局、湖北省旅游委相关工作部署,我局于3月4日上午召开了全市出境旅游工作紧急会议,要求全市58家出境组团社法定代表人参会。现将参会情况通报如下：

一、会议要求。本次会议是传达落实国家关于出境旅游政策的重要会议,会议时间为3月4日上午9:00,要求各旅行社法定代表人参会。法定代表人不能到会的,代会人应持有书面委托函参会。

二、到会情况。会议当天严格遵照会议通知要求准时参会的旅行社共39家,其中旅行社法定代表人参会的旅行社18家,持法定代表人授权委托函的代会人参会的21家。

迟到的旅行社17家,其中迟到超过15分钟的7家,分别是武汉中国旅行社有限公司、湖北省职工国际旅行社、武汉碧海蓝天国际旅行社有限公司、湖北寰宇国际旅行社有限公司、武汉携程国际旅行社有限公司、武汉飞途假期国际旅行社有限公司、湖北省亲和力国际旅行社有限公司。

旷会的2家,分别是湖北华天国际旅行社有限公司、湖北漫游国际旅行社有限公司。

三、处理意见。对39家按要求参会的旅行社提出通报表扬。

对迟到15分钟以上的7家旅行社及旷会的2家旅行社提出通报批评。

3月6日,市旅游局旅行社管理处约谈了湖北华天国际旅行社有限公司、湖北漫游国际旅行社有限公司的主要负责人,当面提出批评,并告知3月15日前将重点督查2家旅行社3·4会议精神落实情况。

武汉市旅游局

2017年3月6日

【提示】

这是一则情况通报。全文结构紧凑,层次分明,语言精练。

三、知识览要

（一）概念和种类

通报是国家机关、社会团体、企事业单位表彰先进、批评错误、传达重要精神或情况时使用的公文。

通报的内容必须真实、准确、可靠。反映的事物必须具有代表性和典型性,能起到感召、宣传、教育的作用。

通报一般分为表彰性通报、批评性通报和情况通报三种。

（二）写作格式和要求

通报一般由标题、主送机关、正文组成。

1.标题

通报的标题，一般有四种写法：

一是公文标题的常规写法，即"发文机关＋事由＋文种"，如《国家旅游局关于近期较大旅游安全事故的通报》。

二是由"事由＋文种"组成，如《关于星级酒店卫生检查情况的通报》。

三是由"发文机关＋文种"组成，如《广东省旅游局通告》。

四是只有文种名称，即《通报》。

2.主送机关

一般通报都要写明主送机关。如果受文范围较广，可不写此项。

3.正文

正文一般包括以下部分。

（1）主要事实。

主要事实部分应写明典型事例的基本情况，包括时间、地点、人物、经过和情节、表现等，要求用概括精练的语言写清楚主要事实。

（2）分析实例的教育意义。

此部分着重指出通报事例的重要意义或严重后果，揭示其中实质性问题，从现象到本质加以分析。批评性通报要分析犯错误的原因，指出其严重性和危害性，以引起普遍重视，并提出处理意见及处分决定。有的表彰性通报要写出给予精神或物质奖励的决定。

（3）号召和要求。

此部分写明根据通报的精神要如何去做，或者号召为什么目标而奋斗。

四、写作实训

根据对"任务导入"中材料的分析，拟写一份批评性通报。

第九节 会议纪要

一、任务导入

阅读下文，试分析其中存在的问题。

××市税务局市场征收工作经验交流大会纪要

××××年×月×日，××市税务局召开了"市场征收工作经验交流大会"，××副局长对去年4月1日农贸市场实行征税以来的工作进行了回顾总结，部署了今后工作。

××副局长在总结中指出,在各级党政领导重视支持和有关部门密切配合下,经过广大税务专管员的努力,取得了不少成绩:

一、运用税收经济杠杆,加强了税收管理。(略)

二、初步探索,积累了一些行之有效的征收管理办法。(略)

三、在培养、锻炼新生力量方面迈出了可喜一步。

××副局长还号召市场税务专管员向一年来立功受奖的同志学习,拒腐蚀,永不沾。

只有思想上筑牢一道防线,方能在种种糖衣炮弹面前立于不败之地。

最后,××副局长要求各单位进一步加强市场专管员的队伍建设,在思想、业务水平、工作经验上都有一个新提高;认真贯彻市委18号文件,密切与其他部门配合,把整顿市场秩序的工作做好。

二、范例分享

海南省旅游协会第六次会长会议纪要研究省旅游协会改革思路及工作等事宜

××××年4月23日下午,受省旅游协会会长××委托,省旅游委副主任、省旅游协会副会长××主持召开了省旅游协会第六次会长会议,研究省旅游协会改革思路及工作等事宜,省旅游委党组副书记、副主任××参加了会议并讲话,省旅游协会副会长兼秘书长××、海口旅游投资控股集团有限公司董事长××、海南中远博鳌有限公司总裁××、海南椰湾集团有限公司董事长××、海口旅行社协会会长××、三亚南山文化旅游区董事长××、海南省中国旅行社总经理××,以及海南陵水猴岛旅业发展有限公司、三亚天涯海角旅游发展有限公司、三亚湘投银泰度假酒店的代表出席了会议。省旅游协会副秘书长××、××,省旅游协会旅游景区分会秘书长××,旅行社分会秘书长××列席会议。会议议定如下:

一、关于省旅游协会的改革思路

会议对省旅游委党组副书记、副主任××在省旅游协会四届二次理事大会上的讲话给予充分肯定。会议认为,根据国务院44号文件精神,结合我省的实际情况,××副主任关于省旅游协会改革的思路是正确的,筹备成立海南省旅游联合会是可行的。会议要求省旅游协会秘书处按照省旅游委的统一部署,把协会体制机制的改革创新作为今年的重要任务来抓,积极推进,并在认真调查基础上,研究制定改革的具体方案,报省里审批后实施。

二、关于协会的几项工作

(1)要抓紧整理××同志在省旅游协会四届二次理事大会上的讲话,及时印发给全省旅游企业及会员单位认真学习和贯彻落实。

(2)针对省旅游协会四届二次理事大会提出的今年的十项具体工作,协会秘书处要认真做好责任分工,并充分发挥行业分会职能作用,确保各项工作落实到位。

（3）省旅游协会单靠会员经费是不足以支撑发展的,还要积极争取政府的支持,同时要积极主动争取一些项目和活动,增加经费收入,增强协会自身造血功能。

（4）随着职能的转变,省旅游委将逐步把一些具体工作下放给协会。因此,协会工作任务将不断增多。协会要切实加强和充实秘书处的力量,确保各项工作能够有序有效开展。

×××× 年 4 月 28 日

（资料来源:海南省旅游协会网站）

【提示】

这是一份工作会议纪要。开头介绍了会议主题、时间、地点、主持人和出席人。主体采用归纳分类法,省略会议讨论过程,突出议定事项及决议。全文条理清楚,概括完整。

三、知识览要

（一）概念和种类

会议纪要是记载和传达会议基本情况或主要精神、议定事项等时使用的公文。

会议纪要是根据会议的宗旨,综合会议议程,在会议记录的基础上整理出来的,具有指导性、纪实性、概括性等。会议纪要对上级可作为情况汇报,对下级可作为工作指导,对与会单位可作为开展工作的依据,要求共同遵守和执行,对友邻单位可起到互通信息的作用。会议纪要大致可分为办公会议纪要和专项会议纪要。

（二）写作格式和要求

会议纪要一般由标题、正文、落款和日期等组成。

1.标题

会议纪要的标题一般由会议名称和文种构成,如《全国旅游工作会议纪要》。也有的会议纪要采用正、副标题的形式。一般情况下,正题阐述会议的主要精神、意义,副题交代会议名称、文种,如《以人为本,充分发挥员工的积极性——××旅游公司关于加强人力资源管理工作座谈会纪要》。

会议纪要是一种正式的公文,其标题必须写明确,不能仅以"会议纪要"为题。

2.正文

会议纪要的正文一般由以下部分组成:

（1）开头。

开头简要介绍会议的基本情况,包括会议的目的、时间、地点、参加人、主持人、会期、形式、主要议程、主要议题、会议的结果等。然后一般用"现纪要如下"等套语转入主体。

（2）主体。

主体主要反映会议情况和会议结果,要把会议的基本精神,特别是会议形成的决定、决议,准确地概述清楚,这部分常见的写法有以下几种:

第一，综合概述法，即把会议的发言内容，讨论情况综合到一起，概括叙述出来。

第二，归纳分类法，即把会议的内容整理，归纳成几个问题简明扼要地阐述出来，突出会议中心。

第三，发言摘要法，即按与会者发言的顺序，写出每个人发言中的主要意见，客观地反映每个人的意见和不同看法。

（3）结尾。

结尾即结束语，一般是向受文单位提出希望、号召和要求。有的会议纪要没有结尾部分，主体写完就结束全文。

3.落款和日期

落款只用于办公会议纪要。一般会议纪要可不署名，只写成文时间，加盖公章。

四、写作实训

试结合对"任务导入"中病文的分析，写出病文修改稿。

第十节　函

一、任务导入

阅读下文，试分析其中存在的问题。

函

××酒店：

兹有我校酒店管理专业学生毕业实习即将开始，经研究分配2011届酒店管理1班学生到贵酒店实习，望能妥善安排。

可否，请迅速回复。

二、范例分享

**市旅游发展委员会关于报送
《旅行社旅游服务质量保证金账户情况表》的函**

质保金存管银行：

依据《中华人民共和国旅游法》及《旅行社条例》《旅行社条例实施细则》《旅游服务质量保证金存取管理办法》的有关规定，银行应及时和定期通报保证金情况信息。为切实保障旅游者合法权益，加强对旅行社旅游服务质量保证金存款情况的管理，定期检查旅行社旅游服务质量保证金存款情况，我委启动了旅行社旅游服务质量保证金对账工作。请质保金存管银行按填报要求报送《旅行社旅游服务质量保证金账户情况表》，于3月8日前发送至我委邮箱2893204163@qq.com。

附件：《旅行社旅游服务质量保证金账户情况表》

武汉市旅游发展委员会
2018年3月5日

【提示】

这是一则告知。全文层次清楚、行文简洁、格式规范。

三、知识览要

（一）函的概念

函是不相隶属机关之间商洽工作、询问和答复问题、请求批准和答复审批事项时使用的公文。函是行政公文中唯一的平行文。

（二）函的种类

根据不同的分类方法，函可以分成不同的种类。

1.发函和复函

根据行文方向，函可分为发函和复函。主动发函一方制发的函为发函，回复对方来函的函称为复函。一般情况下，对方发来的是函，回复的也应该是函。但是，上级机关发函向下级机关询问有关情况，下级机关回复时应使用报告。

2.公函与便函

根据行文是否郑重和规范，函可分为公函和便函。公函是正式的公文，要严格按照公文格式撰写制作。便函不属于正式公文，格式可以比较随意，没有文件头，没有发文字号，甚至可以没有标题。但正文之后，要有署名、日期和公章。本章介绍的是作为正式文件的公函。

3.商洽函、询问函、答复函和请批函

根据内容、性质、用途的不同，函可以分为商洽函、询问函、答复函、请批函等。

（三）函的写作格式和要求

函一般由标题、主送机关和正文构成。

1.标题

函的标题通常采用"发文机关＋事由＋文种"的写法，要写明是"函"，还是"复函"。如《上海葛洲坝国际旅游公司关于委托三峡旅游职业技术学院举办导游培训班的函》。

也可以采用"事由＋文种"的写法，如三峡旅游职业技术学院制发的《关于为上海葛洲坝国际旅游公司举办导游培训班的复函》。

2.主送机关

写明受函单位名称，一般是明确、单一的。如涉及多个部门，则要注意排列规范。

3.正文

函的正文一般由以下几部分构成。

(1)开头。

开头部分主要说明发函的根据、目的、缘由等。如果是复函,则先引用对方来函的标题、发文字号,然后再交代根据,说明缘由。这部分结束时,常用"现将有关情况说明如下""现就有关问题函复如下"等套语转入主体。

(2)主体。

主体应写明所商洽、询问、请示或答复的具体内容,要求明确具体、条理清晰。同时,要注意用语的分寸,因是平行文,语言要平和礼貌,但要避免阿谀逢迎。

(3)结尾。

结尾部分通常向对方提出希望或请求,最后,另起一行以"特此函商""特此函询""特此函告""特此函复""以函复为盼""请即复函"等套语收束。

(4)落款和日期。

四、写作实训

试结合对"任务导入"中病文的分析,写出病文修改稿。

157

本章练习

一、知识训练

1.怎样理解公文的基本含义?

2.常见的公文分类方法有哪些?

3.简述公文写作的基本要求。

4.简述公文正文的结构。

5.什么是公文的行文规范?它包括哪几个方面?

6.批评性通报的正文一般应包括哪些内容?

7.批复与复函有什么区别?

8.写作会议纪要时应注意哪些事项?

二、能力训练

1.××职业学院经过一年多的努力,已基本具备了招收"旅游英语"专业学生的条件,决定向省教育厅申报成立"旅游英语"专业,并拟于明年开始招生。请你为该院拟定一份请示。

2.旅游公司因业务发展需要,拟从××学院挑选10名应届毕业生充实管理队伍。请以该公司名义,拟一份致××学院商洽此事的函。具体内容,如对毕业生的要求、办理办法等,可作合理想象。

3.××市民警张军、李明为保护人民生命财产，与持枪歹徒搏斗，身负重伤。省公安厅为此做出表彰决定，并授予他们"优秀人民警察"称号。请代省公安厅起草该决定。

4.《谏逐客书》是李斯写的。奏章题目中的"书"，指的是古时候的奏章，相当于今天行政公文中的报告类，属于上行文。请阅读这篇古代公文并赏析。

秦宗室大臣皆言秦王曰："诸侯人来事秦者，大抵为其主游间于秦耳，请一切逐客。"李斯亦在逐中。

斯乃上书曰："臣闻吏议逐客，窃以为过矣。昔缪公求士，西取由余于戎，东得百里奚于宛，迎蹇叔于宋，来丕豹、公孙支于晋。此五子者，不产于秦，而缪公用之，并国二十，遂霸西戎。孝公用商鞅之法，移风易俗，民以殷盛，国以富强，百姓乐用，诸侯亲服，获楚、魏之师，举地千里，至今治强。惠王用张仪之计，拔三川之地，西并巴、蜀，北收上郡，南取汉中，包九夷，制鄢、郢，东据成皋之险，割膏腴之壤，遂散六国之从，使之西面事秦，功施到今。昭王得范雎，废穰侯，逐华阳，强公室，杜私门，蚕食诸侯，使秦成帝业。此四君者，皆以客之功。由此观之，客何负于秦哉！向使四君却客而不内，疏士而不用，是使国无富利之实，而秦无强大之名也。

今陛下致昆山之玉，有随和之宝，垂明月之珠，服太阿之剑，乘纤离之马，建翠凤之旗，树灵鼍之鼓。此数宝者，秦不生一焉，而陛下说之，何也？必秦国之所生然后可，则是夜光之璧，不饰朝廷；犀象之器，不为玩好；郑、卫之女不充后宫，而骏良駃騠不实外厩，江南金锡不为用，西蜀丹青不为采。所以饰后宫，充下陈，娱心意，说耳目者，必出于秦然后可，则是宛珠之簪，傅玑之珥，阿缟之衣，锦绣之饰不进于前，而随俗雅化，佳冶窈窕，赵女不立于侧也。夫击瓮叩缶弹筝搏髀，而歌呼呜呜快耳者，真秦之声也；《郑》《卫》《桑间》《昭》《虞》《武》《象》者，异国之乐也。今弃击瓮叩缶而就《郑》《卫》，退弹筝而取《昭》《虞》，若是者何也？快意当前，适观而已矣。今取人则不然。不问可否，不论曲直，非秦者去，为客者逐。然则是所重者在乎色乐珠玉，而所轻者在乎人民也。此非所以跨海内、制诸侯之术也。

臣闻地广者粟多，国大者人众，兵强则士勇。是以太山不让土壤，故能成其大；河海不择细流，故能就其深；王者不却众庶，故能明其德。是以地无四方，民无异国，四时充美，鬼神降福，此五帝三王之所以无敌也。今乃弃黔首以资敌国，却宾客以业诸侯，使天下之士退而不敢西向，裹足不入秦，此所谓'藉寇兵而赍盗粮'者也。

夫物不产于秦，可宝者多；士不产于秦，而愿忠者众。今逐客以资敌国，损民以益仇，内自虚而外树怨于诸侯，求国无危，不可得也。"秦王乃除逐客之令，复李斯官。

第七章

旅游社交活动类应用文

学习目标

通过本章学习,应当达到以下目标:

◁ **知识目标** ▷

了解旅游社交活动过程中各类应用文的概念、特点、种类、作用及写法,能用其指导申请书、求职信、演讲稿、欢迎词、答谢词和欢送词的写作活动,规范其相关技能活动。

◁ **能力目标** ▷

通过学习本章文种知识研究相关案例,培养在与旅游社交活动相关的应用文写作情境中分析问题与解决问题的能力。通过写作实训,掌握申请书、求职信、演讲稿、欢迎词、答谢词和欢送词的写法。

◁ **素质目标** ▷

结合本章教学内容,依照社交礼仪的规范,健全思想、情感、态度、行为、心理、哲学、艺术、性格和体质等,灵活运用申请书、求职信、演讲稿、欢迎词、答谢词和欢送词开展旅游社交活动。

第一节　申　请　书

一、任务导入

峡州旅行社员工黄×长期与妻子分居,最近母亲病重,儿子又面临中考,妻子一人难以承担。因此,黄×想回到在家乡的分社工作。你能代黄×拟写一份调动工作的申请书吗？

二、范例分享

工作调动申请书

尊敬的领导：

  我于20××年来到×××工作，因本人工作地×××离家较远、经常出差等，无法照顾年幼的小孩，特向领导提出申请，将本人调到离家较近的×××工作。

  20××年我与在××上班的爱人结婚，20××年我们在××西路北坛花园小区购置了房屋，我的父母在××居住，爱人的父母在××居住，均因年事已高，不能来此与我们一起居住，不能给我们提供任何帮助。我的儿子今年1岁，因为丈夫从事跑外工作，无暇顾及家庭，教养儿子及家务劳动都由我独自承担。因我们家至×××较远，路上需要两个小时。长期以来，我一直在单位与家庭间奔波，疲倦之极，实在难以支撑，给我的生活带来了诸多困难，也影响了我的工作。为解决家庭实际困难，免除后顾之忧，更好地投身工作，我希望就近调入社区工作。

  请领导批准。

  此致

敬礼！

申请人：×××

20××年×月×日

【提示】

  这是一份关于调动工作的申请书，申请的事项清楚具体，理由充分，语言得体，符合申请书的写作要求。

三、知识览要

  申请书是个人、单位、集体向组织、领导提出请求，要求批准或帮助解决问题的专用书信。申请书的使用范围广泛。申请书也是一种专用书信，它同一般书信一样，也是表情达意的工具。申请书要求一事一议，内容要单纯。不同的对象有不同的申请书，常见的有入团申请书、入党申请书等。

  申请书的使用范围相当广，种类也很多。按作者分类，可分为个人申请书和单位、集体公务申请书。

（一）申请书的特点

1.申请书请求的特性

  "申请"顾名思义是申述自己的理由有所请求的意思。无论是个人在政治生活上入团、入党的申请，或者个人、单位在其他方面的申请，均是一种请求满足要求的一种公用文书。所以请求的特性是申请书的一个根本特性。

2.申请书采用书信体格式

申请书是一种专用书信,因此它也必须按照书信的格式来行文。内容因要求不同而不同,形式都基本保持不变。

3.申请书是个人向组织、下级向上级的行文方式

个人向组织、下级向上级的行文方式是申请书的性质所决定的。所以申请书在语言的使用和选择上均需符合这种下对上的行文方式。

（二）申请书的格式

一般分为标题、称谓、正文、结尾、署名和日期五个部分。

1.标题

标题有两种写法,一是直接写"申请书",另一是在"申请书"前加上申请的内容。

2.称谓

顶格写明接受申请书的单位、组织或有关领导,如"尊敬的校领导"。

3.正文

正文部分是申请书的主体,首先提出要求,其次说明理由。理由要写得客观、充分,事项要写得清楚、简洁。

4.结尾

结尾写明惯用语"特此申请""恳请领导帮助解决""希望领导研究批准"等,也可使用"此致""敬礼"等礼貌用语。

5.署名与日期

个人申请要写清申请者姓名,单位申请写明单位名称并加盖公章,注明日期,如"学生：×××""×××年××月××日"。

四、写作实训

指出下列申请书在格式和内容方面存在的问题并改正。

岗位调动申请书

我叫×××,于××××年××月份进入×××工作至今,现想申请调动从现在的×××岗位到×××岗位。

在×××工作×年多的时间里,我都是在××岗位工作,不但学到了较多的专业知识,更是培养了我吃苦耐劳、勇于接受挑战的精神,还使我学到了更多做人的道理。在此,感谢领导对我的培养,感谢同事们对我的帮助。

本人现为了学到更多的知识,为了未来能够更好地展开工作,更好地为×××服务,非常渴望到×××岗位进行锻炼。我很喜欢×××的工作氛围和工作环境,以及造人、树人、重视培养年轻人的理念。

我很喜欢这份工作,或许没有××工作经验是我最大的不足之处,但这也是我最大的前进动力,我会努力学习,我相信,在×××的培养和我的勤奋努力下,我会在新的工作岗位做得更加出色的。

此事关系到我的切身利益，务必批准！

此致

敬礼！

申请人：×××

××××年××月××日

知识链接

入党申请书

入党申请书的基本内容和写法如下。

1.标题

标题一般写"入党申请书"或"入党申请"。

2.称谓

称谓指申请人对党组织的称呼，如"敬爱的党组织"或"敬爱的×××党支部"等，顶格写在第一行，后面加冒号。

3.正文

这是入党申请书的关键部分，主要包括三方面内容：一是对党的认识和要求入党的动机，也就是为什么要入党。对党的认识，主要是对党的性质、纲领、奋斗目标、宗旨、路线、方针、政策的认识；入党动机，就是参加中国共产党的目的，即为什么要加入党组织。写这部分要联系自己的思想实际，可以写学习党的基础知识、听党课、参加有意义的活动以后的思想演变过程，以及思想认识上有什么提高等。

二是个人履历（学历和工作经历）、家庭成员和主要社会关系的情况。如果本人家庭成员和主要社会关系中，有人有政治历史问题，或者犯过什么错误，或受到过刑事处分的，都要写清楚并表明自己的态度，以便让组织上了解。

三是自己的优缺点和今后的努力方向，即个人在政治、思想、学习、工作、作风、纪律等方面的主要表现，特别是要敢于指出自己身上存在的缺点和不足，并向党组织表明改正的决心和努力方向，以及如何以实际行动争取入党。

最好将正文中关于"个人履历"和"本人家庭成员和主要社会关系"部分单独写成"本人自传"。自传的内容主要包括姓名、出生年月、家庭出身、本人成分、个人履历、家庭主要成员及社会关系的姓名、政治面貌、职业及工作单位。至于本人的政治历史情况（如受到的奖励、处分等），在重要情节中要提出证明人。

4.结尾

入党申请书的结尾，一般可写"请党组织在实践中考验我"或"请党组织看我的实际行动"等。正文写完之后，加上"此致""敬礼"等用语，亦可不写。

5.署名和日期

入党申请书写完后，要署上申请人的姓名、申请时间，以示郑重。

第二节　求　职　信

一、任务导入

某市平湖旅行社招聘导游、会计若干。假如你是某校导游专业的应届毕业生,请结合专业实际拟写一封求职信。

二、范例分享

求职信

尊敬的贵公司领导:

您好!

首先真诚地感谢您在百忙之中浏览此份自荐信。这对一个即将迈出校门的学子而言,将是一份莫大的鼓励。这是一份简单而又朴实的求职函,也许它的普通没深深地吸住您的眼光,但它蕴涵着一颗真诚的心。

我是重庆工学院09级旅游管理专业即将毕业的一名学生,名叫车龙龙,怀着一颗赤诚的心和对事业的执着追求,真诚地向您推荐自己。作为一个农民的儿子,我的血管里流着的是泥土的芳醇和农民的憨厚,也受着坚忍不拔的处事准则和方法的教导和孕育;家庭的贫困、父母的期望、社会的竞争是学习的动力。

作为需要奋斗的学子,我十分珍惜大学四年的学习时间。在校的四年里,我学习了旅游概论、社会学概论、旅游心理学、导游基础、导游实务、旅游美学与欣赏、民族民俗、管理学、电子商务、大型活动项目管理等课程,熟悉统计学的方法与会计的原则,掌握管理学基本原理、企业管理的知识和策划活动的工作流程,并能熟练操作 Win 2000/XP 平台操作系统,Office 2000 办公软件(Word、Excel、FrontPage 等)。

我的特长是人际沟通和协调。在校时,为了培养自己的综合能力,在学好课程的同时,我努力进取,进入学生会,配合老师和领导为同学们服务。学生会的经历丰富了我的社会经验、锻炼了我的人际交往和沟通协调能力。我还参与大型元旦迎春晚会的策划与组织,了解到人际沟通的重要性与活动组织的困难性,也能更好地把握活动组织的每个流程与人事分配。作为班委会的一员,与同学们积极交流,做好每一件事,相互学习。

作为一名即将从象牙塔出来的大学生,我的经验不足或让您犹豫不决,但请您相信我的干劲与努力将弥补这暂时的不足。我也许不是目前条件最好的,但绝对是最努力的。我相信用心一定能赢得精彩!

良禽择木而栖,士为知己者而搏。愿您的慧眼,开启我人生的旅程。

再次感谢您留出时间,来阅读我的自荐书,祝您工作顺心!期待您的面试!我的电话是×××××××××××。

　　此致
敬礼！

车龙龙
2021 年 6 月 30 日

【提示】

　　这封求职信正文导言谦恭有礼,说明"投石问路"的缘由。主体分为三部分:第一部分介绍自己的学业情况,重点介绍了自己的学习情况和自学能力;第二部分突出写自己注重参加社会实践,特别自评了自己的爱好、责任感和吃苦耐劳精神;第三部分用恳切的言辞表达了自己的求职愿望和决心。附件为信函提供了旁证。全文情辞恳切、谦恭得体、不卑不亢,值得借鉴。

三、知识览要

　　求职信是欲就业或欲转新岗位的人向用人单位申请职位所用的信件。撰写求职信的目的是让对方了解自己、相信自己、录用自己。它是一种私人对公并有求于公的信函。

(一)求职信的功能

1.沟通交往,意在公关

　　求职信是在求职者和用人单位之间起沟通作用的桥梁。让双方通过一定的沟通,在相互认识、交流的基础上,实现交往,是求职信的基本功能。实现交往,求职者才可能展示才干、能力、资格,突出其在实绩、专长、技能等方面的优势,从而得以被录用。因此,求职信应有非常强的自我表现力,带有相当的公关要素与公关特色。

2.表现自我,求得录用

　　要实现自己的求职目的,在众多的求职者中脱颖而出,就必须充分扬长避短,突出自己的优势,以自己的某些特长、优势、技能等吸引用人单位。表现自我,求得录用,是求职信的又一基本功能。

(二)求职信的目的和作用

　　求职信起的是毛遂自荐的作用。好的求职信可以拉近求职者与人事主管(负责人)之间的距离,令求职者获得面试机会。

　　求职信是用来自我表白的,其目的和作用是让人事主管看到自己的能力。由于人事主管有太多的求职信函要看,好的求职信应简明扼要。

(三)求职信的格式、内容及写作要求

　　求职信的格式主要有称谓、正文、结尾、附件、署名、成文时间几部分。

1.称谓(对受信者的称呼)

称谓写在第一行,要顶格写受信者单位名称或个人姓名。单位名称后可加"负责同志";个人姓名后可加"先生""女士""同志"等,在称谓后加冒号。

求职信不同于一般私人书信,受信人未曾见过面,所以称谓要恰当,郑重其事。

2.正文

正文要另起一行,前空两格开始写求职信的内容。因为内容较多,正文一般要分段写。

第一,写求职的原因。首先简要介绍求职者的基本个人情况,如姓名、年龄、性别等。

接着要直截了当地说明从何渠道得到有关信息以及写此信的目的,如"我叫李民,现年22岁,男,是一名财会专业的大学本科毕业生。从报上我看到贵公司招聘一名专职会计人员的消息,不胜喜悦。以本人的水平和能力,我不揣冒昧地毛遂自荐,相信贵公司定会慧眼识人,使我有幸成为贵公司的一名会计人员。"

这段是正文的开端,也是求职的开始,介绍有关情况要简明扼要,对所求的职位,态度要明朗,而且要吸引受信者有兴趣将你的信读下去,因此开头要有吸引力。

第二,写对所谋求的职位的看法以及对自己的能力客观公允的评价,这是求职的关键。要着重介绍自己应聘的有利条件,要特别突出自己的优势和"闪光点",以使对方信服,如"我于1994年×月毕业于东北财经学院财会专业,毕业成绩优秀,在省级会计大奖赛中,获得'能手'嘉奖(见附件),在《海南金融杂志》上发表过多篇学术论文(见附件)。我在有关材料上看到过关于贵公司的情况介绍。我喜欢贵公司的工作环境,钦佩贵公司的敬业精神,又很赞赏贵公司在经营、管理上的一整套的切实可行的规章制度。这些均体现了在当前改革开放的经济大潮中,贵公司的超前意识。我十分愿意到这样的环境中去艰苦拼搏;更愿为贵公司贡献我的学识和力量。我相信,经过努力,我会做好我的工作。"

写这段内容,语言要中肯,恰到好处;态度要谦虚诚恳、不卑不亢,达到见字如见其人的效果;要给受信者留下深刻印象,进而让受信者相信求职者有能力胜任此项工作。这段文字要有说服力。

第三,向受信者提出希望和要求,如"希望您能为我安排一个与您见面的机会"或"盼望您的答复"或"敬候佳音"之类的语言。

这段属于信的内容的收尾阶段,要适可而止,不要啰嗦,不要苛求对方。

3.结尾

另起一行,前空两格,写表示敬祝的话。如"此致"之类的词,然后换行顶格写"敬礼",或祝"工作顺利""事业发达"等词语。"此致"后边不加任何标点,"敬礼""工作顺利"或"事业发达"等词语后加惊叹号,以表示祝颂的诚意和强度。

4.署名和日期

写信人的姓名和成文日期写在信的右下方。姓名写在上面,成文日期写在姓名下面,姓名前面不必加任何谦称的限定语,以免有阿谀之感,或让对方轻看你的能力。成文日期要年、月、日俱全。

5.附件

有说服力的附件是对求职者的鉴定的凭证。所以求职信的附件是不可忽视的组成部

分。附件可在信的结尾处注明,如:

　　　附件:(一)××××××;
　　　　　　(二)××××××;
　　　　　　(三)××××××……

　　然后将附件的复印件单独订在一起随信寄出,附件不需太多,但必须有分量,足以证明求职者的才华和能力。

　　同时还要附上求职者的详细地址、电话号码、邮政编码等,以便用人单位回复。

（四）求职信的写作原则和技巧

(1)语气自然。

语言和句子要简单明了。写信就像说话一样,语气可以正式但不能僵硬,语言直截了当。

(2)通俗易懂。

写作要考虑读者对象的知识背景,不要使用生僻词语、专业术语。

(3)言简意赅。

在重点突出、内容完整的前提下,尽可能简明扼要,切忌面面俱到。

(4)具体明确。

不要使用模糊、笼统的字眼;多使用实例、数字等具体的说明。

166

四、写作实训

结合"任务导入"写一封求职信。

第三节　演　讲　稿

一、任务导入

　　文明旅游,是提高社会文明程度、促进社会和谐、形成良好社会风尚的有效途径。为促进我国旅游事业健康发展,提高人民群众的旅游文明素质,需要围绕"文明旅游"这一主题写一篇演讲稿。请你谈谈对这篇演讲稿的写法的看法。

二、范例分享

旅游安全生产演讲稿

　　尊敬的各位领导,同事们:

　　随着国家经济的快速发展和社会生活水平的不断提高,以及交通条件的不断完善,外出旅游已经成为人们日常生活中不可缺少的一部分。我国的旅游业进入了一个蓬勃发展的时期。然而,旅游活动的增多也使旅游安全事故的数量增多,旅游安全问题逐渐成为社会各界日益关注的焦点。

安全,是旅游业发展的基础。它不仅是旅游活动顺利发展的保障,也是旅游业发展的前提。旅游业是个综合性的产业,它涉及很多社会部门和行业。旅游活动又包含了食、住、行、游、购、娱六大方面,涉及社会生活的方方面面。可以说,现代旅游业由于收到各种社会和自然因素影响,潜藏着许多危险和不安全因素。旅游行业和旅游活动的各个环节中都存在着旅游风险。旅游安全问题产生后,会通过各种媒介影响到潜在旅游者,影响潜在旅游者对目的地的决策。

如今这个社会,"安全"这两个字有时会被人忽略。因为在巨大的社会竞争压力下,少部分人为了利益已经无法去想别的东西。我们经常会在电视上、报纸上、网络上看到很多意外事故发生,其中很多是人们缺乏安全知识造成的。惨痛的教训、血的代价,让我们不得不重视安全生产,不得不参与到安全生产的工作中。请你千万不要忽略安全,请你珍爱生命,因为生命的可贵、不容忽视,它与安全密不可分。

为了更好地避免和处理旅游安全问题,我们可以做出以下五个对策。

(一)完善旅游安全法规

目前,虽然旅游安全问题已经引起了人们的关注,国家和地方也相继出台了各种相关法规,但是我国的旅游法制还不完善,对安全问题只是做出了原则性的指导和规定,在很多旅游安全相关问题的处理上,还存在着依据空缺。旅游安全法规是旅游安全得到保障的基础,完善的旅游安全法规是旅游业顺利、平稳发展的保障和前提。

(二)建立旅游安全预警系统

旅游安全不仅仅考虑与人们生命财产直接相关的安全问题,还应涵盖旅游资源安全、旅游环境安全等内容。准确、及时的预警信息能有效减少国家经济损失,确保人们生命财产安全。

旅游安全预警就是在安全事故发生之前,通过科学指标,对未来特定的一段时间、一定旅游区域内的旅游动向进行预测和引导,使旅游效果达到最佳。

(三)建立旅游急救系统

应建立一个完善的旅游安全急救系统,以救援指挥中心为核心统一策划旅游安全急救工作。一旦发生旅游安全事故,各方面能够快速、有序地开展工作,发挥集体的力量,顺利地解决问题。

(四)加强旅游从业人员培训

旅游业属于劳动密集型产业。相对于其他产品,旅游产品有无形性、生产和消费的同时性、不可储存性、异质性的特点。这些特点决定了旅游产品的质量在很大程度上是由旅游从业人员的即时表现决定的。如果旅游从业人员没有掌握足够的基本安全知识,或是在旅游活动过程中不按有关规定行事,就会大大增加旅游安全事故发生的可能性。因此,旅游企业和旅游有关部门应按照国家有关规定定期对旅游从业人员进行培训,提高他们的安全知识水平和安全防范意识,强化他们在旅游活动过程中严格按照规章制度工作的意识,将安全事故扼杀在萌芽阶段。

（五）加大旅游安全的宣传教育

针对近年来出现的诸多安全事故，旅游企业及旅游有关部门应加大旅游安全的宣传教育，增加人们对旅游活动过程中潜在危险的了解，提高社会大众的自我保护意识。

生命如歌，就要吟出激越；生命如歌，就要走向辉煌。当我们沐浴明媚的阳光时，当我们肆意地享受雨露时，我们要感谢安全为此营造的氛围，感谢安全的呵护。因此，我们要从现在做起，从自身做起，让安全意识扎根脑海，贯彻于我们的工作中，让安全的警钟长鸣，让生命之花灿烂、绽放！

谢谢大家！

【提示】

本文目的明确、逻辑严密、语言通畅，结构上条理清晰，语言上通俗易懂、生动活泼，同时，感情真挚，是一篇值得学习的演讲稿。

三、知识览要

（一）演讲稿的概念和种类

演讲稿是在公众集会或一定场合上发表个人见解的口头演讲的文稿，也称讲演稿或演说词。它是人们在社会活动中一种常用的应用文体。演讲稿能通过富有激情的演讲，充分表达出讲话人的立场、观点、思想、情感，具有较强的宣传和鼓动作用。

演讲稿按不同的划分标准可分为不同的种类：

按性质分，有宣传性演讲稿、工作性演稿、辩论性演讲稿和吊唁性演讲稿等；

按内容分，有政治性演讲稿、经济性演讲稿、军事性演讲稿、外交性演讲稿、学术性演讲稿和社会礼仪性演讲稿等；

按形式分，有个人演讲稿、多人辩论性演讲稿；

按文种分，有贺词、祝酒词，欢迎词、欢送词、解说词、悼词等。

现常常按演讲的要求和性质，把演讲稿分为即席演讲稿、专题演讲稿和报告演讲稿三种。

（二）演讲稿的特点

1.目的明确

演讲稿的主题应是社会关注的问题，立场观点鲜明，能引起听众的兴趣。因此，演讲者应根据不同的对象、不同的场合，为听众设计不同的演讲内容，选择不同的写法。

2.逻辑严密

演讲稿的结构特点是条理清晰而又环环紧扣、前后照应，所讲的道理层层深入，具有内在的逻辑性。

3.语言通畅

演讲稿的语言特点是通俗晓畅、生动活泼。因为演讲稿不是通过阅读来领略其中的情味,而是要诉诸演讲者的口头表达,因此它必须以易说能讲、上口入耳为前提。一篇好的演讲稿,对演讲者来说,要讲起来顺口;对听众来说,要悦耳动听。要做到这点,演讲者在写作演讲稿时应多用通俗易懂的口语、短句,少用修饰语过多的长句、书面语,把书面语转换为口头语,化专业语汇为通俗语汇,把一本正经的内容用生动活泼的语言说出来;多用比喻、俗语,使人一听就懂,就明白;多用整齐的句子,如排比句、对偶句,少用长短悬殊的句子;多用响亮的平声字,少用短促的仄声字。总之,演讲稿的语言要流畅、生动、易懂,让听众能听得津津有味。

4.感情真挚

演讲稿要讲究艺术性,要言之有物、言之有理、言之有序、言之有文、言之有情,以便激发起听众的兴趣,与演讲者产生共鸣。这样,演讲才能获得成功。

(三)演讲稿的写作格式与要求

演讲稿的结构一般包括开头、主体、结语三部分。

1.开头部分

这部分主要包括以下两方面的内容。

一是听众的称谓。在正式发表演讲内容之前,需要称呼与会者,以示礼貌和引起注意。称谓要注意三点:第一要确切,必须与听众的身份相符合。如果是代表会议,一般称呼"各位代表";如果是工作会议,可称"各位领导、各位同志";如果是群众性集会,应称"朋友们、女士们、先生们";如果有重要来宾,还应加上专指性称呼,以示礼貌和尊重。称谓写在标题下左侧顶格处,独占一行,用冒号连起下文。第二要照顾全面,主要听众和一般听众均须顾及。第三要有顺序,重要的在前,一般的在后。

二是引出演讲主题,其方法根据内容需要而定,常见的开头方法有以下几种。

(1)开宗明义。

开宗明义即开门见山,直接切入主题。这种方法显得质朴明了,重点突出,使听众易于把握演讲的要领。

(2)设问造疑。

设问造疑即出人意料地提出问题,制造悬念。这种方法催人深思,发人深省。它的好处是,容易把听众的注意力吸引过来,使其追随演讲者的思路,让听众由被动的听转为主动的思索,从而很好地掌握演讲的内容。

(3)借典发挥。

借典发挥即借用典故、名言等,巧妙发挥,切入正题。这种方法是引用哲人的名言、警句或俗语、谚语、歇后语,以及成语典故、奇闻趣事等来提纲挈领,然后顺势阐发观点,表明态度。这种开头富有哲理性,能为下面的论证做好铺垫,也容易引起听众的兴趣。

(4)幽默开场。

幽默开场即运用幽默开场,能较好地表现演讲者的智慧和才华,并且能使听众在轻松愉悦的气氛中不知不觉进入角色,接受演讲的内容。这种方法能在笑声中给听众美的享受,而

且能沟通演讲者与听众的感情,缩短演讲者与听众的距离。

(5)交代缘由。

这种开头方法一般是先交代演讲的背景、缘由,使听众很快了解演讲的目的,从而排除疑虑,安心地听讲。这种方法也可以迅速拉近演讲者和听众的距离,在感情交融的基础上使演讲产生良好的效果。

2.主体部分

这是演讲的重点、核心,也是最能展示演讲者才华的部分。主体部分主要是叙事、说理、抒情,写法比议论文、杂文灵活。总的要求是寄情于理,寓理于事,叙议结合,把叙事、说理、抒情结合起来熔为一炉,写时要注意以下几点。

(1)主题鲜明。

主题的鲜明、集中是引起强烈反响的主要条件,选择主题时要注意选择听众急需了解的、自己熟悉的、有新意的主题。

(2)材料典型。

所选材料要能说明主题,征服听众。因此,材料必须真实可靠且足够典型,能充分展现主题;要符合听众兴趣、特点,易于被听众理解;要具体、生动、说服力强。

(3)层次分明。

内容要层次清晰、结构严谨,同时又要波澜起伏、张弛有道,要有强调、有反复、有比较、有照应、有发展、有变化,层层深入,扣人心弦。

主体部分一般都是根据演讲的具体内容、演讲者本人的个性和文化素养以及听众对象,按照演讲稿文体的特点,灵活地进行安排的。根据演讲的讲述特点,演讲稿的材料一般按照一定的层次选择和组合。演讲者在演讲过程中,根据听众的情绪和反应,用有声语言和形体语言将内容诉诸听众,有张有弛地引导听众的注意力。因此,演讲稿段落、层次之间的过渡、变换都应讲究艺术性,力求自然、巧妙。

3.结语部分

人们把好的文章结尾称为"豹尾",意思是说,结尾必须有力、鼓舞人心、催人奋进。演讲稿的结语也是如此。好的演讲结语言简意赅,余味无穷,令人思索,催人行动。

结语应根据实际需要确定,有的总结全文,深化主题;有的提出问题,发人深省;有的阐发哲理,令人回味;有的豪情满怀,鼓舞人心;有的提出目标,催人奋进;有的感情浓郁,令人遐思。无论采用何种方法,目的都是要给听众留下深刻的印象。

四、写作实训

以"文明旅游"为主题,写一篇演讲稿。

知识链接

1.即席演讲稿

这是参加某些会议、集会或在某些活动场所发表演讲的文稿,也叫即兴演讲稿。这种演讲往往是无准备的,演讲稿的主题和内容都是根据当时的形势、听众的情绪和政治上的需要来确定的,往往都具有鲜明的倾向性和很强的针对性。因此,这类演讲稿是最典型的,是最能体现演讲者眼光、学识和水平的,也是最难写的。

写这类演讲稿,首先,必须通过深入考察和科学分析,确定深刻独到的主题思想;然后,选用典型生动的具体事例,进行分析论证;最后,用通俗易懂、准确生动的语言进行表达,使人耳目一新,为之一振。

2.专题演讲稿

这是在专门召开的专题演讲会或演讲比赛上所作演讲的文稿。这种演讲一般限定题目范围,所讲内容必须新颖独到,才能独树一帜,给人鲜明印象。

由于篇幅短小,专题演讲稿须有精巧的结构和生动的表达,否则,演讲难以吸引听众。

3.报告演讲稿

这是在专门召开的事迹报告会或学术报告会上所作演讲的文稿。事迹报告演讲稿的标题,常见的有《×××个人先进事迹介绍》《×××个人成长史》等。其正文写法与通讯正文写法相同,只是多用第一人称,多谈心理活动,多谈细节,语言恳切实在,目的是用生动的事实感动人。

学术报告演讲的标题一般为《×××学术报告》或《×××学术讲座》。其正文写法与学术报告正文一样,由绪论、本论、结论三部分组成。本论部分可用纵式结构,也可用横式结构,但切忌使用生僻、深奥的词句。

第四节 欢 迎 词

一、任务导入

某旅行社接待了一个来自香港的旅行团。该团打算在宜昌停留两天,一天游三峡大坝,一天游车溪民俗风景区。作为该团的地接导游,你打算怎样致辞以表示欢迎,给客人留下美好的印象呢?

二、范例分享

欢迎词

大家早上好!大家早上好!(见客人没反映时补上一句),很好,大家都睡醒了,现在请大家抬起高贵的头看看车的正前方,看到什么了?导游?对!我就是你们今天的导游。那么,请大家务必记住我这张长得不算美但总算对得起观众的脸(笑

声）。把我留在脑海中，旅途快乐又轻松。

下面呢，我就给大家正式介绍一下自己。哎呀，激动的心，颤抖的手，拿起话筒我要献丑，谁要不鼓掌谁就说我丑（大家鼓掌）。哎！很好，谢谢大家的掌声，后面还有一句呢，谁要说我丑我下车就走（笑声）。从大家的掌声中可以看出大家的审美眼光还是相当不错的嘛！

我呢，是××旅行社的一名专职导游员，我……

哇！大家有缘坐在一辆车里就是一家人了，古语有云："百年修得同船渡，千年修得共枕眠。"今天我们同吃、同游、同乐。只要你需要我，我会第一时间出现在你面前。

那么啰嗦完自己之后呢，隆重给大家介绍一位重要人物，一般呀重要人物出场都会有一种声音……好，谢谢大家的掌声，他就是我们风流倜傥、英俊潇洒、人见人爱、车见车载的张师傅（笑声），从后脑勺看就很像明星嘛，大家想不想看看张师傅正面呀？想呀？那让张师傅站起来跟大家打声招呼好不好？（笑声）好呀，那可不行，他站起来谁给我们开车呀？好了，我替张师傅谢谢大家的掌声。大家呀，别看这张师傅长得没什么技巧，他开起车来呀那可是相当有技巧，用东北话说那是："冈冈地！"

那么大家出来旅游呀，一定要服从导游的领导，一定要跟着导游走。这跟着导游走，吃喝啥都有，问啥啥都会，走着还不累。等一下到景点就请大家跟着我的导游旗走，小旗不倒，不许乱跑。因为呀，只有跟着我的导游旗走，美好的感觉才会有！

（资料来源：http://www.fwdq.com/huanyingci/217883.html）

【提示】

这是一篇在导游现场发表的欢迎词。开篇对游客表示热烈的欢迎，接着在介绍中向游客表明服务的诚意，最后预祝大家旅游愉快。它篇幅简短，语言明快，感情真挚，能给人留下难忘的印象。

三、知识览要

欢迎词指行政机关、企事业单位、社会团体或个人在公共场合欢迎友好团体或个人来访时致辞的讲话稿。

（一）欢迎词的种类

欢迎词从表达方式上可分为以下几种。

1.现场讲演欢迎词

现场讲演欢迎词一般指由欢迎人在被欢迎人到达时在现场口头发表的欢迎稿。

2.私人交往欢迎词

私人交往欢迎词是在个人举行较大型的宴会、聚会、茶会、舞会、讨论会等非官方的场合下使用的欢迎稿，通常要在正式活动开始前发表。私人交往欢迎词通常具有很强的即时性、现场性。

3.公事交往欢迎词

这种欢迎词一般在较庄重的公共事务中使用,要有事先准备好的得体的书面稿,文字措辞上的要求较私人交往欢迎词要正式和严肃。

（二）欢迎词的特点

1.欢愉性

中国有句古话是"有朋自远方来,不亦乐乎",所以,致欢迎词要有一种愉快的心情,言词用语务必富有激情并表现出致辞人的真诚,给客人一种"宾至如归"的感觉,为下一步各种活动的完满举行打下好的基础。

2.口语性

欢迎词是现场当面向宾客口头表达的,所以要口语化,在遣词用语上要运用生活化的语言,既简洁又富有生活的情趣。口语化能拉近主人同来宾的关系。

（三）欢迎词的基本格式

欢迎词一般由标题、称呼、正文和落款四部分组成。

1.标题

标题写法一般有两种:一种是单独以文种命名,如《欢迎词》;另一种由活动内容和文种名共同构成,如《在××学术讨论会上的欢迎词》。

2.称呼

称呼要写在开头顶格处,要写明来宾的姓名称呼,如"尊敬的各位先生们、女士们""亲爱的××大学各位同仁"等。

3.正文

欢迎词的正文一般可由开头、中段和结尾三部分组成。

（1）开头。

欢迎词的开头通常应说明现场举行的是何种仪式,发言者代表什么人向哪些来宾表示欢迎。

（2）中段。

欢迎词的中段一般要阐述和回顾宾主双方在共同的领域所持的共同的立场、观点、目标、原则等内容,较具体地介绍来宾在各方面的成就及在某些方面做出的突出贡献,同时要指出来宾本次到访或光临对宾主友谊及合作交流所具有的现实意义和历史意义。

（3）结尾。

欢迎词的结尾通常会再次向来宾表示欢迎,并表达自己对今后合作的良好祝愿。

4.落款

欢迎词的落款要署上致辞单位名称,致辞者的身份、姓名,并署上成文日期。

（四）欢迎词写作的注意事项

欢迎词是出于礼仪的需要而使用的,因此要特别注意礼貌。通常要注意以下几点:

（1）称呼要用尊称,感情要真挚,要比较得体地表达自己的原则、立场。

（2）措辞要慎重，勿信口开河，同时要注意尊重对方的风俗习惯，应避开对方的忌讳，以免发生误会。

（3）语言要精确、热情、友好、温和、礼貌。

（4）篇幅短小，言简意赅。

四、写作实训

2011年9月20日，三峡艺术节将在××学院隆重举行。请你代领导拟写一份欢迎词。

第五节　欢　送　词

一、任务导入

指出下列欢送词在格式、内容和语言方面存在的问题。

欢送词

今天，是一个让我们非常伤感的日子，是因为你们就要离开公司了，我们的心情是依依不舍的。

在即将分别的时刻，回想过去几天我们愉快的相聚，真是让人不堪回首；大家相处的时间是短暂的，但我们之间的友好情谊是长久的。我们相信，我们都会想念你们的，希望你们也能记住我们大家，中国有句古语："来日方长，后会有期"，虽然你们的离去，是我们的巨大遗憾，但是，我们还是希望大家一路顺风，多多保重！再见了朋友们。

×××公司经理×××

××年××月××日

二、范例分享

欢送词

亲爱的朋友们，我们的车马上就要到达机场了，这也就意味着我们这几天欢乐的北京之行马上就要圆满结束了。说实话我很舍不得和大家说再见，但不管我们这次玩得有多开心，大家都要踏上回家的道路。我们现在能做的就是祈祷，祈祷我们下次再见！

短短几天，我们对北京有了深刻的印象。这也是我非常开心的几天。当然了，由于我年纪轻，做导游的时间也不长，旅途当中有做的不好的，或照顾不周的地方还望各位多多海涵。就我本人来说，我不信佛不也信道，但我信缘分，大家从大老远的地方来到北京，又从近万名导游中挑中我为你们服务，这难道不是缘分吗？我会好好珍惜这份也许花了千年修来的缘分！请大家记住北京,记住我。

在我们车上,大家来自全国各地,我想不管你是富有还是贫穷,只要我们这辈子都能平平安安、健健康康、快快乐乐,就是我们最大的福气。所以我在这祝愿我们在座的每一位都能健康吉祥、平安如意！祝小朋友们快乐向上,青年的朋友们爱情甜蜜、工作顺利,中年朋友家庭幸福、事业腾达,老年朋友们健康长寿！

机场到了,我代表北京人民向您,并通过您向您的家人致以真挚的问候和诚挚的邀请,希望你们以后有时间再来。

（资料来源:https://wenku.baidu.com/link?url=9k-pwTzV58IDCWoo0mRE-iACUHR2h6LQKKehi_d05zSFPG0pqwWLzkSSLNVF0spISuRPE8yAjX4ewNQs5kzHoPjlhsMp4uTpsMOqTyHhqGRkrHz9wGYhwMnVsCmU6-2Qk)

【提示】

这是一篇导游现场发表的欢送词。开头以谈话的口吻说明旅行即将结束,接着引导游客回味旅行的美好感受,最后祝福游客归途平安。口语化的语言饱含依依惜别之情,使人深受感染。

三、知识览要

欢送词是行政机关、企事业单位、社会团体或个人在公共场合欢送团体或亲友出行时致辞的讲话稿。

（一）欢送词的种类

1.按表达方式分

欢送词从表达方式上可分为现场讲演欢送词和报刊发表欢送词两种。

2.按公关性质分

欢送词从社交的公关性质上可分为私人交往欢送词和公事往来欢送词两种。

（二）欢送词的特点

1.惜别性

正如有句古诗所说:"相见时难别亦难",欢送词要表达亲朋远行时的感受,更要令依依惜别之情溢于言表。但格调也不可过于低沉,尤其是公共事务的交往更应把握好分别时所用言辞的分寸。

2.口语性

同欢迎词一样,口语性也是欢送词的一个显著的特点。遣词造句应注意使用生活化的语言,使送别既富有情趣又自然得体。

（三）欢送词的基本格式

同欢迎词一样,欢送词也由标题、称呼、正文和落款四部分组成。

1.标题

标题的写法一般有两种：一种是单独以文种命名，如"欢送词"；另一种是由活动内容和文种名共同构成。

2.称呼

称呼应写在开头顶格处，要写出宾格的姓名和称呼，如"尊敬的各位女士们，先生们""亲爱的×××大学各位同仁"等。

3.正文

欢送词的正文一般由开头、中段和结尾三部分组成。

（1）开头。

欢送词开头通常应说明此时在举行何种欢送仪式，发言人是以什么身份代表哪些人向宾客表示欢送的。

（2）中段。

欢送词在中段要回顾和阐述双方在合作或访问期间在哪些问题和项目上达成了一致的立场，取得了哪些突破性的进展，陈述本次合作交流中双方的合作和交流给双方所带来的益处，阐述其深远的历史意义。私人欢送词还应该表达双方在共事合作期间彼此友谊的加深、增进以及分别之后的思念之情，若为朋友送行，还应该加上一些勉励的话。

（3）结尾。

欢送词通常在结尾处再次向来宾表示真挚的欢送之情，并表达期待再次相会的心愿。亲朋远行要表达希望早日团聚的惜别之情。

4.落款

欢送词在落款处要署上致辞的单位名称，致辞者的身份、姓名，并署上成文日期。

（四）欢送词写作的注意事项

（1）称呼要用尊称，注意宾客的身份，致辞要恰到好处，感情要真挚、诚恳而且要健康。

（2）措辞要慎重，勿信口开河，要尊重对方风俗习惯，以免发生误会。

（3）语言要精确、友好、热情、温和、礼貌。

（4）行文要言简意赅，篇幅不宜过长。欢送词也是一种礼节性的社交公关辞令，要短小精悍，这样更宜于表达主人的礼貌和对客人的尊重。

四、写作实训

写出"任务导入"中欢送词的修改稿。

第六节 答 谢 词

一、任务导入

××公司将于8月1日举行开业庆典仪式，宋总经理要致辞答谢社会各界朋友。你能代宋总经理写一篇答谢词吗?

二、范例分享

答谢词

尊敬的上海金华酒店××总经理,尊敬的上海金华酒店的朋友们:

首先,请允许我代表××职业技术学院酒店管理系部分师生对上海金华酒店××总经理及上海金华酒店对我们的盛情接待表示衷心的感谢。

我们学院首次来贵酒店参观学习,此次学习时间虽短,但收获颇大。仅几天的时间,我们对贵酒店的酒店管理有了比较全面的了解,与贵酒店建立了友好的合作关系。这一切,都得益于主人真诚的合作和大力支持。对此,我们表示衷心的感谢。

酒店管理业是发展的产业,有着广阔的发展前景。贵酒店的酒店管理具有现代化管理理念和素质,管理人员具有较强的实践能力和应对能力。我们有幸与贵酒店建立友好的合作关系,为我院酒店管理专业的发展提供了新的契机,必将推动我们学院酒店管理专业迈上一个新的台阶。

最后,我代表××职业技术学院酒店管理系的师生再次向上海金华酒店表示感谢,并祝贵酒店生意兴隆,更希望彼此继续加强合作,共创明天。最后,我建议为我们今后更加密切合作,干杯!

【提示】

这篇答谢词首先对主人的盛情接待表示感谢;其次,对对方的情况做介绍,以示尊重;最后,提出希望与之进一步发展合作关系的强烈意愿。其内容合乎规范,篇幅简短,语言精练,是答谢词的典型写法。

三、知识览要

答谢词,是指在特定的公共礼仪场合,主人致欢迎词或欢送词后,客人所发表的对主人的热情接待和多方关照表示谢意的讲话的文稿。答谢词也指客人在举行必要的答谢活动中所发表的感谢主人的盛情款待的讲话的文稿。自古以来,人们就提倡"礼尚往来""知恩报德""来而不往非礼也",于是在人际交往中便有了"谢"的言行:或揖拳,或鞠躬,或以言辞道谢,或以纸笔作书,写成谢函、谢帖、感谢信,倘若在庄重的礼仪场合,那便要温文尔雅地致"答谢词"了。

(一)答谢词的基本类型

依据致谢缘由和致谢内容的不同,答谢词可划分为两个基本类型。

1."谢遇型"答谢词

"遇",指招待,款待。"谢遇型"答谢词,即用来答谢别人的招待的致辞,它常用于宾主之间,既可用于欢迎仪式、会见仪式上,与"欢迎词"相应,也可用于欢送仪式、告别仪式上,与

"欢送词"相应。

2."谢恩型"答谢词

"恩",指受到的好处,即别人的帮助。"谢恩型"答谢词,即用来答谢别人的帮助的致辞。它常在捐赠仪式或某种送别仪式中使用。例如,1998年长江中下游地区遭受洪涝灾害的居民在接受全国各地捐赠物品的仪式上、在洪水退后为抗洪抢险的解放军战士送行的仪式上,都使用了这种答谢词。

（二）答谢词的基本格式

1.标题

答谢词在第一行居中的位置写上"答谢词"。

2.称谓

答谢词在标题后另起一行顶格写致辞对方的姓名、头衔,称呼后加":"以示引领全文。答谢词的对象既可以是广泛对象,也可以是具体对象。

3.正文

答谢词正文应首先对主人的盛情表示感谢,并对对方的优越性予以肯定,表达出自己的荣幸与激动。这是答谢词的写作重点。其次,正文要对对方的情况做较详细的介绍,以示尊重。最后,正文应提出希望与之进一步发展合作关系的强烈愿望。

4.结尾

答谢词结尾再一次用简短的语言表示感谢。

（三）答谢词的写作要求

1.内容与结构要合乎规范

两类答谢词所涉及的写作内容以及所运用的结构形式,各有相应的范式。在写作中,一不可混淆,二不可随心所欲地"独创",要尽可能地符合写作规范,否则将会张冠李戴,非驴非马。

2.感情要真挚,坦诚而热烈

既然要"答谢",就应该动真情、吐真言,这就是所谓"真挚,坦诚"。虚情假意、言不由衷或矫揉造作,只能引来对方的反感。况且,"答谢"的本身,就是一种"言情"方式,既然要"言情",就应热烈奔放、热情洋溢,给人以如坐春风的温煦感;那种薄情寡义、冷冰冰、干巴巴、硬邦邦的致辞是很难获得对方认可的。

3.评价要适度,要恰如其分

一般说来,对于对方的行动,"谢遇型"致辞不宜妄加评论,说三道四,而"谢恩型"致辞则可就其"精神"或"风格"做出评价,但要适度,要恰如其分,不可故意拔高、无限升华,以免造成"虚情假意"之嫌。

4.篇幅要简短,语言要精练

礼仪的"仪式"场合毕竟不是开大会,致辞一般应尽量简短,决不可像某些会议报告那么冗长。作为"答谢词",文章有千字即可。要想篇幅简短,语言必须精练,应尽可能地将可有可无的字、句、段删掉,努力做到文约旨丰、言简意赅。

四、写作实训

结合"任务导入"写一篇答谢词。

《 知识链接 》

答谢词须注意处理好的关系

1.客套与内容

"客套"是礼仪的表现,"内容"才是实际的东西。一方面,答谢词需要客套;另一方面,客套要为内容服务,客套话不宜过多,更不宜过分,以免引起对方的反感。

2.友谊与原则

答谢词既要充分表达友好之情、友谊之愿,又不可丧失原则、立场。对于回避不掉的矛盾与分歧,应以坦诚的态度、温和的口吻、委婉的言辞做出恰当得体的表达,要谨防因出言不逊或不慎而伤害对方的感情。

3.过去与未来

"逝者已矣,来者可追。"对于昔日的矛盾与分歧,不宜念念在口,耿耿于怀,应面向未来,化干戈为玉帛。故致辞中应少讲昔日之"辛酸",多谈未来之"美好"。

4.现实与设想

也许,"现实"的双方关系不那么尽如人意,甚或存在着较大的矛盾与分歧。对于这种情况,致辞中可稍作点示,应集中笔墨去做较完美的"设想",因为"设想"的本身就是"面向未来"。但是,"设想"毕竟不是"现实",不宜于说得那么实在,忌用"一定""必然"等副词修饰,宜用虚笔出之,比如可采用假设连词以及带有"感觉""希望"意义的意念性动词加以表达,例如"假如""我相信""我觉得""我个人觉得""我也感到""我非常盼望""我们也相信""我们很希望""我们也希望"。

5."己见"与"人见"

"己见",即自己的见解与意见;"人见",指别人的、对方的见解与意见。当然,答谢词所表述的主要是"己见";但是,当自己的答谢处于对方的"欢迎词"或"欢送词"之后时,最好能将对方的意见引述出来,融入自己的意见之中。这样做,不仅可以丰富致辞的内涵,也可巧妙地融洽双方关系,增强和悦气氛。

6."言谢"与"行谢"

"言谢",即以言语致谢;"行谢",指以实际行动致谢。孔夫子就主张要"听其言而观其行",可见"行"是取信于人的一个最重要的方面。"谢恩型"答谢词一般要把"如何以实际行动感谢对方的帮助"明确地表达出来;而"谢遇型"答谢词则常将"行谢"的内容隐含在对未来的期望中,而且,一般不说自己将如何做,而是常以"我们……"来代指双方的共同行动。

7."直"与"曲"

"直"与"曲"是对"章法"以及"表达"形式的辩证要求.对于"谢恩型"答谢词来说,无论是章法结构还是表达形式,都应求"直"不求"曲",也就是说,应依照其结构及逻辑层次平直地

写来，无须设置章法上的起伏或者曲折，文字表达也应直来直去，排斥任何形式的婉言曲语。而"谢遇型"答谢词则不尽然，它要求"章法求直，表达求曲"，即似乎半吞半吐、欲言又止，却能婉转透迤、曲折尽意。

8."雅"与"俗"

"雅"与"俗"是对致辞语言的辩证要求。与其他的演讲文书一样，答谢词是诉诸听觉的，要想让人听得顺心悦耳，就应将优美雅洁的书面语与活泼生动的口语有机融为一体，以获得琴瑟和谐、雅俗共赏的美感。

本章练习

一、知识训练

1.撰写求职信应注意哪些问题？

2.演讲稿有哪些开头方法？

3.欢迎词写作应注意哪些问题？

4.欢送词的基本格式是怎样的？

5.答谢词的写作要求有哪些？

二、能力训练

1.结合所学专业实际，向某单位写一篇求职信。

2.以"竞争"为话题，写一篇800字左右的演讲稿。

3.请为迎新晚会写一篇欢迎词。

第八章 →

旅游法律诉讼类应用文

学习目标

通过本章学习,应当达到以下目标:

◁ **知识目标** ▷

了解旅游法律诉讼活动过程中各类应用文的概念、特点、种类、作用及写法,能用其指导旅游民事起诉状、旅游答辩状和旅游上诉状的写作活动,规范其相关技能活动。

◁ **能力目标** ▷

通过学习本章文种知识研究相关案例,培养在与旅游法律诉讼活动相关的应用文写作情境中分析问题与解决问题的能力。通过写作实训,掌握旅游民事起诉状、旅游答辩状和旅游上诉状的写法。

◁ **素质目标** ▷

通过学习本章内容,培养良好的思想政治素质,增强法律意识,自觉遵守法律法规,尊重国内的政策、意识和文化,具有制度敬畏精神,以规范的法律诉讼类文书写作来解决工作中遇到的实际问题,运用法律维护合法权益。

第一节 旅游民事起诉状

一、任务导入

陈某去年与一家旅游公司签订合同,当时合同里写明等陈某旅游回来后将所

交的保证金无条件退还。陈某旅游回来后要求旅游公司退还保证金，可是旅游公司找各种理由不肯退了，于是陈某想起诉这家旅游公司。请问旅游合同纠纷民事起诉状的写法是怎样的呢？

二、范例分享

民事起诉状

原告：郭××，男，汉族，19××年×月×日出生，住址：××省××市××区××××号，电话：×××××××××××

被告：北京××旅行社有限责任公司

住所地：北京市××区×××号

法定代表人：×××　　　　职务：×××

邮编：×××××

电话：×××××××××××

案由：追讨违约金及赔偿金

诉讼请求：

1. 判令被告支付违反合同违约金8760元，强制购物违约金11680元，精神伤害赔偿金1元，并退还强制参加的自费项目500欧元。

2. 判令被告承担本案诉讼费。

事实及理由：

原告郭先生及妻子与北京××旅行社签订2017年6月27日至2017年7月10日"俄罗斯＋北欧四国＋德国14天游"的旅游合同，并先行支付团款共计29200元。但在境外旅游期间，旅行社委派的领队违反团队出境旅游合同和行程单的约定，擅自增加旅游目的地国家，将六国14日游变成七国14日游，除此之外，还增加了强制的自费项目与强制购物。原告认为，这个强制增加的自费项目需要坐轮渡，具有一定的危险性，旅行社的这种做法是一种不负责任的行为。故此，原告要求被告支付违反合同违约金8760元，强制购物违约金11680元，精神伤害赔偿金1元，并退还强制参加的自费项目费用。

鉴于上述事实，原告认为，被告方的行为严重违反合同相关约定，是对原告的严重侵权。根据《中华人民共和国民法典》《中华人民共和国民事诉讼法》相关规定，请求人民法院查清事实、判令被告赔偿原告的各种损失，保护原告的合法权益。

此致

北京市××区人民法院

附：①本诉状副本1份；②证据复印件×份

具状人：郭××　　　　　　　　　　　　2017年×月×日

（案例来源：爱奇艺资讯）

【提示】

这是一份旅游合同纠纷民事起诉状。状头说明当事人的基本情况。本状所诉案由明确,诉讼请求明确具体;事实交代简洁明了,理由陈述合情合理并有相关法规相佐;是一篇较为规范的起诉状。

三、知识览要

(一)旅游民事起诉状的概念

旅游主体选择以向人民法院提起诉讼的方式维权,第一个程序就是向有管辖权的人民法院提起诉讼。旅游民事起诉状是指旅游当事人认为他人违约、侵权或者有其他损害其合法权益的行为,使自己人身财产受到损失,向有管辖权的人民法院提起诉讼,要求人民法院依法判决对方承担侵权责任或违约责任的书面文书。

(二)旅游民事起诉状的特点

1.特定的使用对象

必须由与本案有直接利害关系的公民、法人和其他组织提起诉讼,必须向有管辖权的第一审人民法院提起诉讼。

2.明确的写作内容

必须有明确的被告、具体的诉讼请求和理由,争执的焦点是民事权益。

3.旅游民事起诉状的写作格式

旅游民事起诉状的基本格式如下:

(1)标题。

标题要求位置居中。

(2)当事人的基本情况。

当事人的基本情况包括原告、被告的姓名、性别、年龄、民族、籍贯、工作单位和地址。如果当事人为法人或团体时,应写明单位的名称,所在地址,法定代表人的姓名、职务。

(3)案由。

案由概括说明起诉缘由。

(4)诉讼请求。

诉讼请求是指起诉人要求人民法院解决民事纠纷的具体事项,即原告起诉所要达到的目的,如赔偿损失、履行合同等,写作时"请求"要全面、明确、具体。

(5)事实与理由。

事实与理由一般分开来写。

事实部分应当写明原告、被告民事法律关系存在的事实,以及双方发生民事权益争议的时间、地点、原因、经过、情节和后果。

事实部分的要求有四条:一是完整概括案情;二是围绕"诉讼请求"叙述事实;三是叙事要真实,不违背常理;四是要写重要事实,随举证据。

理由部分是对事实的分析评论,应写清事实理由和法律理由。

理由部分的要求有三条：一是依事论理，依法论理；二是理由必须与事实部分的诉讼请求相一致；三是援引法律条款要全面、准确和规范。

（6）证据表述。

证据表述的原则是"谁主张，谁举证"。因此，原告有举证的责任。举证决定诉讼的胜负。

举证部分的要求有三条：一是证据名称要规范；二是要说明证据来源；三是举证要具体清楚。

（7）结尾。

结尾包括致送法院名称、起诉人署名或盖章，起诉时间、附项、按被告数量提供的起诉状副本的份数、各种证据等。

四、写作实训

请你代"任务导入"中的陈某拟写一份民事起诉状，要求格式规范、叙事有条理、诉讼理由合理合法、请求事项有分寸。

第二节　旅游答辩状

一、任务导入

阅读下面的起诉状，从答辩的角度思考并指出其中的问题。

民事起诉状

原告：张××，男，汉族，19××年×月×日出生，籍贯：×××，工作单位：×××，住址：江苏省南京市溧水区××××号

被告：中国××南京国际旅行社有限责任公司

住所地：江苏省南京市溧水区×××号

法定代表人：×××　　　　　　　　职务：×××

邮编：×××××××

电话：×××××××××××

案由：全额退回旅游团款

诉讼请求：

1.判令被告支付原告一家四人的接待团款共计人民币3.88万元；

2.判令被告承担本案全部诉讼费用。

事实及理由：

2019年年底，原告一家四口在被告处定下从南京往返新加坡共计6天5晚的旅游产品。合同约定行程为：2020年1月25日21：30从南京乘坐TR183航班飞往新加坡，并于2020年1月30日乘坐TR184航班从新加坡返回南京。原告一家4人共

缴纳全部团费3.88万元。但是,2020年1月23日,新加坡出现了新型冠状病毒感染病例,被告也通过国内新闻了解到某一架从新加坡飞往杭州的飞机落地后被全员隔离。出于对旅行安全和防疫检查等情况的担忧,原告一家在出发前两天,决定与被告协商取消行程,并提出被告退回全部团款的主张,但被告以该主张与双方签订的出境旅游合同不符,必须按照原合同条款履行,取消行程及退款要求没有事实和法律依据为由,拒绝退回团款。

鉴于上述事实,原告认为,新型冠状病毒感染的暴发直接威胁到游客旅游安全,且属于不可抗力因素,被告拒绝全额退款的行为已经严重侵害了原告的合法权益,理应承担相应责任。故根据《中华人民共和国合同法》(2020年5月28日,十三届全国人大三次会议表决通过了《中华人民共和国民法典》,自2021年1月1日起施行。《中华人民共和国合同法》同时废止)及《中华人民共和国民事诉讼法》之规定讼至法院,请求人民法院依法支持原告诉讼请求,维护原告的合法权益。

此致

南京市溧水区人民法院

具状人:张××

2020年×月×日

(案例来源:潇湘晨报)

二、范例分享

答辩状

答辩人:中国××南京国际旅行社有限责任公司

就贵院受理的张××诉中国康辉南京国际旅行社有限责任公司全额退款一案,答辩人现依据本案的有关事实、相关法律规定提出如下答辩意见:

1.新型冠状病毒感染对于该行程的影响不属于不可抗力范畴,且不存在协议无法履行的情形。根据国家文旅部发布的紧急通知,对于出境团队,在保证安全的情况下,27日之前还可以继续出行,故原告取消行程是其单方面的行为,因而其全额退款的主张与双方签订的出境旅游合同不符,没有事实和法律依据。

2.按照该行程协议约定,我司完全可以正常履行协议。原告所需乘坐的航班于2020年1月26日正常起飞降落,其他部分游客已完成此次行程并安全返回。

3.在原告行程开始前,我司已经为原告一家的出游产生了实际费用。原告临近出发才通知取消行程,致使被告没有充足时间与地接社协商,也没有充足时间安排其他游客。由此产生了地接费8400元、机票费用2.2万元,实际共计3.04万元。

综上所述,就本案的诉讼请求而言,新型冠状病毒感染对本次出游安排未产生不可抗力的影响,且被告方不存在不按合同履行义务的情形,取消行程仅是原告方的单方面行为,理应由原告方承担违约责任。请求法院依据事实和相关法律规定,依法裁判。

此致
××市××区人民法院
附：①本答辩状副本1份；②证据复印件×份
答辩人：××市××旅行社有限责任公司
代理人：××律师

2020年×月×日

（案例来源：潇湘晨报）

【提示】

这是一份民事答辩状。答辩人针对"任务导入"中民事起诉状的原告提出的诉讼请求和事实理由，进行了针锋相对的反驳和有理有据的分析，明确提出被告旅行社不应当承担全额退回旅游团款的责任。这是一篇格式规范、语言简明、富有针对性和思辨力量的答辩状。

三、知识览要

（一）概念

旅游答辩状是指当旅游纠纷的一方当事人向人民法院（或仲裁）提起诉讼（或申请仲裁）时，另一方作为被告（或被申请人），就原告（或申请人）提起的诉讼请求（或仲裁请求）的内容，进行回答和辩驳，并向受理的人民法院（或仲裁机构）提交的书面答辩文书。旅游答辩是被告（或被申请人）的一项权利，即被告（或被上诉人、被申请人）针对起诉书（或仲裁申请书）的内容为自己进行辩解的权利。

（二）特点

1. 特定性

使用旅游答辩状的只能是被告、被上诉人或被申请人。

2. 针对性

答辩内容必须针对诉讼请求（或仲裁请求），不能节外生枝。

3. 论辩性

旅游答辩状要摆事实讲道理，以有力的论据和法律条文来驳倒对方的观点和论据。

（三）结构和写法

1. 标题

旅游答辩状标题即《答辩状》。

2. 答辩人基本情况

旅游答辩状应写明出生地、职业、工作单位和职务、住址等。如果是法人或其他组织提出答辩，则应写明单位名称及所在地址，法定代表人姓名、职务、电话，企业性质，工商登记核准号，经营范围和方式，开户银行及账号。

3.答辩的理由

被告、被上诉人或被申诉人,通过提出答辩状,向人民法院表明自己的态度和意见,以维护自己的合法权益,同时也有助于人民法院全面了解案情,查明事实真相,分清是非曲直,公正地审理案件。旅游答辩状在内容上,要抓住重点进行系统辩驳,同时要申诉自己的理由和观点,提出证据,阐明法律依据,从事理、法理两方面反驳对方的观点,确立己方的理由,以处于不败之地。

4.尾部

旅游答辩状尾部写明送达机关、附项和签署,除答辩人称谓的变化外,其余与民事起诉状一样。

四、写作实训

试分析下面答辩状中存在的问题,并做修改。

民事答辩状

因原告××诉答辩人旅游合同纠纷一案,案号:(20××)深×法民二初字第××××号,现答辩如下:

一、答辩人完全依照旅游线路行程组织游客旅游,不存在擅自变更旅游行程行为,答辩人与原告签订了合同,约定由答辩人组织原告参加厦门三天专线汽车团游活动,明确约定了旅游时间、线路、费用以及在旅游过程中自费购物点等,××××年××月××日前往厦门××公司××××购物点是旅游行程中明确约定的自费购物点(见合同及旅游行程表),属于正常履行旅游合同项目行为。

二、原告在旅游过程中受伤纯属意外事件

××××年××月××日在厦门××公司××××购物点购物过程中,原告小跑前往××商场大堂内提供的免费血压测量处时摔倒受伤,当时商场地面平整干净,无杂物,无水渍,其摔倒受伤纯属意外事件,不存在答辩人未尽安全保障义务情形。

事件发生后,答辩人积极配合相关医疗机构对原告伤情做出检查,自费接送原告到其指定的医疗机构进行治疗,并垫付了前期医疗费用,该费用已远远高于原告依据旅游合同支付给答辩人的费用。同时,答辩人还向保险公司中国××保险股份有限公司深圳市分公司为原告申报了旅行社责任保险和旅游意外保险两种险种,保险公司在做出调查后认定该事故与旅行社的疏忽和过失没有直接联系,答辩人在该次事故中不承担责任。

三、原告自身亦承认该受伤事件属于意外事故

事实上,原告亦明确认可该摔倒受伤事故属于意外事件,事后在答辩人协助下

已经向投保的保险公司做出了意外事故的理赔，领取了该次事故的相应赔偿金。

此致

深圳市××区人民法院

××××年××月××日

第三节　旅游上诉状

一、任务导入

阅读下面的材料，你认为应怎样写上诉状呢？

××市××饭店经理王灿（女，21岁，住本市××路××号），2013年1月开始租赁张强（男，30岁，在本市汽车站工作，住车站宿舍）的房子2间，双方签订了租赁合同：房租每月300元。从2013年1月至2013年12月，王灿均按期如数交付房租。但后来王灿得知张强租给他人同样的房子每月房租仅200元，就向张强提出房租减到与别人同样多的要求，遭到张强的拒绝。因此，王灿从2013年6月起停止付房租。张以王不付房租赖占住房为由，向法院起诉。

市人民法院2014年1月14日第41号民事判决书判决：维护双方2013年1月21日签订的合同，令王灿将欠张强的6个月租金1800元一次付清。王不服判决，于2014年2月20日向市中级人民法院上诉，以双方过去签订的合同租金过高，不公平为由，要求比照其他同类房屋，减少每月租金数额，同时，以经济困难，一时付不起房租为由，要求分期付给，以维护上诉人的合法权益。

二、范例分享

上诉状

上诉人（原审原告）：彭××（系受害者李××之妻），女，汉族，19××年×月×日生，住址：××市××区××街××号××号楼××号

上诉人（原审原告）：李×（系受害者李××之子），男，汉族，19××年×月×日生，住址：××市××区××街××号××号楼××号

被上诉人（原审被告）：山东××国际旅行社有限公司济南分公司，地址：××市××区××号

法定代表人：×××　　职务：×××

被上诉人（原审被告）：山东××国际旅行社有限公司，地址：××市××区××号

法定代表人：×××　　职务：×××

案由：

上诉人不服济南市历下区人民法院于2018年5月4日作出的（2017）鲁0102民

初××号判决,现提起上诉。

上诉请求:

1.依法判决撤销(2017)鲁0102民初××民事判决书,并依法改判;

2.诉讼费用由被上诉人承担。

事实与理由:

原审法院认定"彭××、李×无证据证明李××的死亡系××国旅济南分公司旅游行程安排不合理所导致,其主张××国旅济南分公司对李××未尽到相应的安全保障义务亦缺乏事实依据——证据不足,不予支持"属于事实认定错误。

一、上诉人有证据证实被上诉人未尽到安全保障义务,具体理由如下:

(一)旅游合同等文件内容可以证明被上诉人未履行向包括李××在内的旅游者进行身体状况是否适宜出游、有无病史等信息采集,也未对旅游活动中可能存在的风险进行充分说明或者警示义务。

1.被上诉人旅游公司在原庭审中认可,旅游合同原件仅一份,是旅游公司提供的格式性版本,且该份保存在被上诉人处。但该合同的最后一页关于要求旅游者提供身体健康状况信息一栏为空。被上诉人组织的该旅游团是几十名旅游者的老年团,几十名旅游者均没有在该备注栏做说明且旅游公司也未提交旅游者签名确认的身体健康状况、有无病史等信息的其他文件,足可以认定被上诉人旅游公司未尽到向旅游者告知旅行风险的告知义务,违反了旅游合同约定的第三章第六条、第七条、第九条的约定,被上诉人存在过错。

2.擅自变更旅游线路时,被上诉人未充分考虑旅途紧张、地理环境、天气情况等因素,未安排队医随队,未给旅游者适当的提醒和照顾,存在过错。

(二)被上诉人旅游公司给上诉人发放的出团通知证实变更了旅游线路。按出团通知的规定,本来安排到第四天的行程(游览阿里山森林公园)变更为第三天的行程。其变更旅游线路虽然不必然导致损害的发生,但从平地变为高海拔的阿里山,且当天下着雨、湿度大,该线路未充分考虑该团是五六十岁的老年团,行程安排紧张,没有随队队医,也未征求旅游者的同意,更未告知李××等人登山等注意事项,哪些情况不适合登山,若登山可能造成的生命危险等风险。试想作为一个具有完全民事行为能力的成年人,若旅行社告知风险存在,李××会冒着生命危险去旅游吗?从常理上分析,被上诉人未尽到告知义务,同时也违反了《中华人民共和国旅游法》第六十九条"旅行社应当按照包价旅游合同的约定履行义务,不得擅自变更旅游行程安排。"第五十条"旅游经营者应当保证其提供的商品和服务符合保障人身、财产安全的要求。"第五十八条"包价旅游合同应当采用书面形式,包括下列内容:(一)旅行社、旅游者的基本信息;(二)旅游行程安排……"第六十二条"订立包价旅游合同时,旅行社应当向旅游者告知下列事项:(一)旅游者不适合参加旅游活动的情形;(二)旅游活动中的安全注意事项……"的规定。

二、是否尽到相应的安全保障义务的举证责任应当是被上诉人的,而不应当是上诉人的。被上诉人没有证据证实其尽到了安全保障义务。具体理由如下:

189

（一）有明确的法律依据证明举证责任在于被上诉人。具体依据：《最高人民法院关于民事诉讼证据的若干规定》第五条"对合同是否履行发生争议的，由负有履行义务的当事人承担举证责任。"《最高人民法院关于适用〈中华人民共和国民事诉讼法〉的解释》第一百零五条"人民法院应当按照法定程序，全面、客观地审核证据，依照法律规定，运用逻辑推理和日常生活经验法则，对证据有无证明力和证明力大小进行判断，并公开判断的理由和结果。"

（二）被上诉人没有证据证实其尽到了安全保障义务，主观上存在过错。具体理由如下：

1.被上诉人没有询问李××身体状况，也没有证据证实其向李××告知要求填写身体健康状况，更没有证据证实向李××告知了若存在诸如心脏类的疾病不适宜此次线路的旅游，若旅游可能发生生命危险的事实。

2.在李××病发时，没有随队医生，被上诉人也没有证据证实其采取适当的急救措施。该团是五六十岁以上的老年团。众所周知，随着人年龄的增长，身体机能随之下降，对于该年龄阶段的旅游者，作为专业的被上诉人旅游公司应当考虑可能产生的风险，但却没有做任何的预防准备，未尽到高于一般旅行团的注意义务，因此主观上存在间接故意。旅行社放任事态发展，最终造成李××去世的严重后果，同时也违反了《中华人民共和国旅游法》第七十九条"旅游经营者应当严格执行安全生产管理和消防安全管理的法律、法规和国家标准、行业标准，具备相应的安全生产条件，制定旅游者安全保护制度和应急预案。旅游经营者应当对直接为旅游者提供服务的从业人员开展经常性应急救助技能培训，对提供的产品和服务进行安全检验、监测和评估，采取必要措施防止危害发生。旅游经营者组织、接待老年人、未成年人、残疾人等旅游者，应当采取相应的安全保障措施。"第八十条"旅游经营者应当就旅游活动中的下列事项，以明示的方式事先向旅游者作出说明或者警示……（二）必要的安全防范和应急措施……（四）不适宜参加相关活动的群体；（五）可能危及旅游者人身、财产安全的其他情形。"第八十一条"突发事件或者旅游安全事故发生后，旅游经营者应当立即采取必要的救助和处置措施，依法履行报告义务，并对旅游者作出妥善安排。"

三、被上诉人应当退还旅游费，并承担死亡赔偿金等过错赔偿义务。

根据《最高人民法院关于审理旅游纠纷案件适用法律若干问题的规定》第十七条"旅游经营者违反合同约定，有擅自改变旅游行程、遗漏旅游景点、减少旅游服务项目、降低旅游服务标准等行为，旅游者请求旅游经营者赔偿未完成约定旅游服务项目等合理费用的，人民法院应予支持。"第七条"旅游经营者、旅游辅助服务者未尽到安全保障义务，造成旅游者人身损害、财产损失，旅游者请求旅游经营者、旅游辅助服务者承担责任的，人民法院应予支持。"第八条"旅游经营者、旅游辅助服务者对可能危及旅游者人身、财产安全的旅游项目未履行告知、警示义务，造成旅游者人身损害、财产损失，旅游者请求旅游经营者、旅游辅助服务者承担责任的，人民法院应予支持"的规定，被上诉人应当退还旅游费，并承担过错赔偿责任。

综上所述，被上诉人旅游公司提供的服务应当符合保障旅游者人身安全的要求,对可能危及旅游者人身安全的事宜,应当作出真实的说明和明确的警示。从本案事实来看,旅游合同的内容为被告旅行社事先拟定的固定格式说明,被告旅行社在邀请我方去旅游时,只是让我方交了款项并在一个总合同上签了字,未作任何询问,且当时合同上的签字都是李××所签,彭××都没有到场。旅行社并未尽到合理的提醒义务,并且旅行社也没有提供证据证明其在接受李××夫妻报名登记时对该内容进行了特别的说明和对李××的身体健康状况进行了询问,故认定其并未尽到应尽的询问和特别警示义务。虽然旅行社未尽到询问和特别警示义务并不会导致李××在旅行过程中死亡,但若其能严格履行该项义务,则在旅游报名时就会判断李××的身体状况是否适合该次旅游,可以拒绝接受李××报名,或者警示、建议李××采取必要的保护措施,进而避免李××死亡后果的发生。本案的旅行团成员都是五六十岁的中老年人,旅游公司并未尽高于一般旅游团的注意义务,也未对旅游活动中可能存在的风险进行充分告知,而且擅自改变旅游路线,主观上存在一定的过错。因此被上诉人旅游公司的违约行为与李××的死亡具有一定的因果关系,应当承担相应的赔偿责任。请求贵院在查明事实的基础上,依法改判。

此致

济南市中级人民法院

上诉人:彭××、李×

2018年×月×日

(案例来源:http://m.110.com/flzs/753077.html)

【提示】

这是一份不服一审裁定的合同纠纷上述状。案由写明不服"(2017)鲁0102民初××民事判决书"的判决。接着进行有理有据的辩驳,指出原审法院认定被上诉人未尽到相应的安全保障义务"缺乏事实依据——证据不足,不予支持"的裁定属于事实认定错误。最后请求裁定本案旅游合同纠纷一案移送至济南市中级人民法院管辖。全文条理清楚,语言翔实,具有较强的逻辑性。

三、知识览要

(一)上诉状的概念

上诉状是刑事、民事或行政案件中的当事人或其法定代理人,不服一审人民法院的判决或裁定,而在法定的上诉期限内,向原审法院的上一级人民法院递交的要求撤销变更一审判决、裁定的书面请求。

(二)上诉状的分类

上诉状分为民事上诉状、刑事上诉状、行政上诉状三类。

1.民事上诉状

民事上诉状是民事案件当事人或者其法定代理人不服一审人民法院的民事判决、裁定,在上诉期间要求上级人民法院进行审理,撤销、变更原裁判所提出的书面请求。

2.刑事上诉状

刑事上诉状是刑事案件的当事人及其法定代理人或者刑事被告人的辩护人和近亲属经被告人同意,不服地方各级人民法院的第一审判决、裁定,依照法定程序和期限要求上一级人民法院撤销或变更原裁判的书面请求。

3.行政上诉状

行政上诉状是指当事人不服人民法院的第一审行政判决、裁定,依法要求上一级人民法院撤销变更一审裁判的书面请求。

（三）上诉状的基本格式

1.标题

居中写明"民事上诉状"或"刑事上诉状"或"行政上诉状"。

2.当事人的基本情况

按照先上诉人后被上诉人的顺序写明他们的姓名、性别、年龄、民族、职业、工作单位及住址。如果是法人或组织,则要写明单位名称,地址,法定代表人姓名、职务、电话,单位性质,工商登记核准号,经营范围和经营方式,开户银行和账号等内容。

3.上诉案由

上诉案由即不服一审判决或裁定的缘由,要概括写明因何案、不服何判决（或裁定）而提出上诉。

4.上诉请求

上诉请求要概括写明请求第二审法院撤销或变更原审判决或裁定,或请求重新审理。

5.上诉理由

正当的上诉理由一般有:原审事实不清,证据不足;适用法律不当,定罪量刑有错误;违反诉讼程序并因而影响裁判的正确性。

6.尾部

(1)另起一行空两格写"此致"。

(2)另起一行顶格写上诉状送达的人民法院名称。

(3)在上诉状的右下角,上诉人签名、盖章,注明上诉的日期。

(4)在上诉状的左下角,安排附项,如副本×本。

四、写作实训

结合对"任务导入"中事实材料的分析,拟写一份上诉状。

本章练习

一、知识训练

1.在起诉书的正文部分,叙述案件事实有哪些要求?

2.民事起诉状的正文部分应写明哪些内容?

3.民事上诉状主要应针对原审判决的什么错误而提出上诉?

二、能力训练

根据下列案情材料,为原告拟写一份民事起诉状。

当事人基本情况如下。原告:陈某,男,汉族,1987年8月29日生,家住浙江省新昌县城关镇××,身份证号码:33062419870829××××。被告:××旅游集团股份有限公司,住所地是北京市朝阳区朝阳公园路8号西2门×号,该公司法定代表人是××,担任公司总经理。

2013年12月29日,原告陈先生与被告××旅游集团有限公司签订了去印度尼西亚巴厘岛的旅游合同。2014年1月7日14时左右,原告在巴厘岛海边玩耍时,不幸被海浪拍倒,导致右腿的胫骨、腓骨及肱骨骨折。原告当日被送往巴厘岛国际医院救治。在该院治疗过程中,由于医疗水平问题,医生只看出了原告的胫骨骨折和腓骨骨折,对原告进行了胫骨打钢板体内固定手术。原告于2014年1月15日回国,由于一直感到右小腿疼痛,右膝盖处也隐隐作痛,下飞机后立即乘救护车到北京积水潭医院就诊。到医院后,医生通过拍片做CT,诊断出原告肱骨也有骨折,并于2014年1月22日住院。1月26日,积水潭医院给原告肱骨平台植入了人工骨及打钢板内固定手术,1月29日出院。住院期间原告先后花费医药费5万元。

经鉴定,陈先生构成十级伤残;误工期限为90天,护理期限为60天,营养期限为60天,前后共花费医药费等相关费用5万元。因与××旅游集团股份有限公司多次协商未果,便诉至法院,索赔交通费、下肢矫形器费用、护理费、住院伙食补助费等5万元,以及伤残补助费、二次手术费、误工费、护理费、营养费等待鉴定。

(案例来源:https://doc.docsou.com/bb9f11b589ff7582edc3cc0336653d12f8e070113.html)

193

第九章 →

自媒体应用文

学习目标

通过本章学习,应当达到以下目标:

◁ **知识目标** ▷

了解自媒体的概念、自媒体的特点,熟悉自媒体应用文的写作技巧。

◁ **能力目标** ▷

通过学习本章知识、研究相关案例,培养在自媒体平台相关的应用文写作情境中分析问题与解决问题的能力。通过写作实训,掌握微信公众号或者微博平台上应用文的写作。

◁ **素质目标** ▷

结合本章教学内容,依照行业道德规范或标准,培养发现、质疑、探索和创新思维等意识,灵活运用自媒体平台撰写各类应用文。

第一节 自媒体应用文概述

一、自媒体概述

自媒体时代在中国随互联网广泛使用而兴起,其间经历了搜索引擎、门户网络、聊天工具及社交网络四种主流形式的更迭,现在形成了以个人网络为基元的一体化网络平台交流时代。2003年,美国新闻学会的媒体中心出版了由谢因波曼与克里斯威理斯联合提出的关于"We Media（自媒体）"的研究报告。报告对"We Media（自媒体）"下了严谨的定义："We Media（自媒体）是普通大众经由数字科技强化、与全球知识体系相连之后，一种开始理解普通大众如何提供与分享他们本身的事实、他们本身的新闻的途径。"

"自媒体"中的"自"至少有两层含义，一是"自己"，另外一个是"自由"。从"自己"的角度来看，公民从"旁观者"转变为"当事人"，从传播的"客体"变为"主体"。并且"自媒体"强调"主体"与"客体"的融合。媒体仿佛一夜之间"飞入寻常百姓家"，变成了个人的东西，从此开启了平民化的道路。从"自由"角度分析，"自媒体"意味着公民拥有更大的话语空间和自主性，拥有更大的"自由度"。

从自媒体诞生、发展、成熟的过程来看，它的传播方式与报纸、电台、电视、新闻网站几大媒体从点到面的传播方式截然不同，自主交叉互播的特点让自媒体形成了它独有的传播理念、传播价值、传播渠道、传播时效等，将传播变为互播，这也是自媒体时代的显著特征。

二、自媒体的特点

（一）传播理念——平等

自媒体是平民化、私人化、自主化的传播，其理念是平等对话、信息共享。自媒体应用文立足公众，关注公众，不仅成为新闻舆论的一个重要源头，甚至在某种程度上引导着社会舆论的走向。比如大众媒体直接从自媒体这个公共信息平台上寻找新闻线索，特别是都市类报纸记者、新闻网站记者更倾向于从微博入手寻找信息源；新闻网站将新闻分享到微博的入口；许多政府机构直接注册微博。据统计，截至2010年年底，仅新浪微博实名认证的政府机构微博就达630个。可见，自媒体正在以其特有的传播理念影响着媒体的发展方向。同时作为民情民意表达平台，自媒体不仅越来越受到政府的关注，而且还可能左右事件本身走向及未来发展趋势。

（二）传播价值——同向

传播价值来自传播主体和传播客体的需要。传统媒体信息传播过程中，传播主体，即媒体往往依据自己的价值判断对信息做出取舍，经过传播主体过滤的信息到达传播客体，即受众手中。受众又根据自身价值需要对信息做出选择。

但自媒体信息传播过程中，传播主体与传播客体为同一群体。信息的生产者、使用者具有相近的价值取向。这种价值的同向性决定了自媒体应用文具有更加强烈的贴近性、趣味性、动态性，更符合目标受众的偏好。

（三）传播路径——网状

信息源决定了传播的方式和路径。传统媒体的优势在于垄断信息源、独享话语权，而自媒体的信息源则遍布社会各界。任何一个个体，只要有手机或网络，都可以将文字、图片、视频、音频传送出去，而接收者同时又可以是下一个发送者。新闻的生产者、发送者与接收者不再有身份区别，记者和受众的概念模糊甚至消失。所以，自媒体应用文的传播不再是传统媒体的一对多的扇形模式，而是多对多的网状模式。同时，不同的载体之间信息发送路径完

195

全没有技术屏障,如公众随时可以将博客上的信息拷贝到QQ、抖音等上。各种载体支撑起了一个庞大的公共信息平台,完成一次又一次的信息发送、转发。信息的传播已不是简单意义上的传播,而是公众之间的自主交叉互播,这比传统媒体既定的传播要复杂得多,受众量大得多。

(四)传播时效——高速

时效性是新闻的生命力所在。传统媒体的新闻生产流程有严格的制度规定。新闻在经过层层筛选、把关、编辑后才能传播给受众。在自媒体应用文时代,新闻发布的技术门槛和"准入"条件降低,不需要成立专业媒体机构来运作,也不需要相关部门审批。新闻生产流程更没有规章制度约束,任何人都可以在微博、论坛等上发布新闻。信息会很快在这些载体之间互播。

决定新闻时效的另一个因素是新闻生产者,传统媒体的新闻生产者是记者。一般情况下,记者在接到新闻线索后才会赶到新闻现场。但在自媒体时代,新闻第一现场的任何一个人都可以是记者,通过手机拍摄的画面可以在几秒钟内被传到网上。这种速度是其他媒体无法达到的。

自媒体时代产生的原因主要有两点:以互联网的快速发展为外部物质基础;以人为本的价值观扩大化作为精神条件。从互联网的发展来说,硬件上,智能手机与平板电脑的出现使随身网络成为可能。且由硬件生产商推出的相关配套软件(如苹果应用商店)极大地使硬件的应用趋于专门化和品牌化。同时各大公共场合架设的无线网络发射器装置及卫星定位系统使个人与社会关联性进一步加强。软件上,聊天工具(微信、QQ等)、社交网络(微博等)的出现方便了人与人之间点对点的在线交流。同时软件所具有的时效性与便捷性使个人生活可以被复制为线上动作。软件用户的活跃则反映出人与群体之间渴望对话,而软件为他们提供了思想交流碰撞的平台。但平台的匿名性可导致交流用语的不规范与不计后果,易引发线上的口水战。有互联网所提供的外部条件,人们可以将自我与社会进行最大化的连接,但其中暴露的人性的立体多元化也会带来一些问题。

以人为本的深化是自媒体时代发展的精神支柱。抛开其所扎根的经济基础,以人为本的贯彻集中体现于个体与群体间的关系上。人的存在意义、自我价值与社会价值的衔接、精神需求与物质条件的不对应,是当下集中体现的精神层面的问题。这些问题集中于人的价值上,这样的集中产生了层次丰富的思考空间,随即产生了不同的表达方式。社会转型时期的不健全不成熟现象又容易引起人的自我关注,人的社会学意义从某种程度上被许多标准限制了。价值观的不对称与空虚、物质条件的差距,又会导致个人价值被重新估计、人格重塑与人性的多重表达。这些总体上呈现一个递增的状态,即人的精神世界无法用单一标签形容。不同的人在不同的外部环境下会产生不同的心理,又以不同的方式来影响和改变社会,这就是现阶段的"社会百态"。

三、自媒体应用文的写作技巧

自媒体写作有自己的技巧和特点。看似信手拈来,很多都是经过反复推敲、千锤百炼的。往往一句话、一个图片就可以引起自媒体领域的广泛传播。自媒体应用文的写作技巧包含以下八点。

（一）精简

手机用户阅读的时候,因为都是快速刷屏的,可能信息一瞬间就被翻过去。也就是说,信息必须在1秒钟内,或者说一句话之内,打动它的读者,这样才能形成真正的阅读。这就是碎片化时代的特点。

很多时候自媒体就是因为一句话就写得非常好,吸引大家的关注,转发率非常高。以微博为例,微博即是展示文采的地方,也是引发讨论的地方,一定要留给别人足够的空间,让人就个人感兴趣的话题发表建议。所以,文字简练是自媒体应用文最大的优点。

（二）通俗

自媒体的语言风格一定要跟大众文化一脉相承,也就是我们常说的"说人话"和"接地气",对"种草"等热门词汇烂熟于心才能随俗儒雅,和读者的阅读习惯无缝链接。尽量不用传统媒体中的"新华体"写自媒体应用文。当然你要用最通俗的语言说得得体,甚至有新的创造。

每个时代都有着属于自己的言语风格,即一个时代有一个时代的文化特色。在自媒体上我们会发现,不同年龄群体在信息沟通的内容和方式上,体现出了不同的特点,所以编者就应该用大家习惯用的、喜欢用的词汇和图片去表达、传递话题和观点。

运营维护上要用年轻人的视角。这样,运营工作者不仅工作做起来自然,产出的内容风格也贴合年轻人本来的说话风格。当然有一点也得注意,官方自媒体还要保持风格上的一致,要有企业文化的内涵,这与个人的自媒体还是有一定的区别的。

（三）真诚

自媒体带有明显个人属性,与读者的沟通表达也多注重这种特质。因此,真诚、有血有肉的表达非常重要。写作的内容只有感动了自己,才有可能感动更多的人。如果是个人自媒体,个体的喜怒哀乐以及生活细节可能都会体现在自媒体上。由于大数据的关联属性,个体的很多隐私内容都可能被公众挖出来。如若不真诚,粉丝通过前后的比对很自然就能发现矛盾之处。如果是官方自媒体,所有发布的信息,客户的回复、评价、投诉都会呈现在所有人面前,每个人都能了解全阶段的细微变化。一旦言论不真诚,网民马上就会知道,会大大影响官方自媒体的影响力。

因为真诚,个体就不会刻意回避内心的冲突和粉丝的各类评论。而且写作的时候也只有足够真诚才能够直抒胸臆,把内心的想法和乃至冲突传递出去,让读者去讨论,从而获得更好的传播互动。

（四）娱乐

娱乐才是自媒体的第一特质,而娱乐是智慧、幽默的。所以,能让人在轻松中受益,也是自媒体的"吸粉"法宝。就算遇到各种质疑、攻击和谩骂,凭着宽阔的胸怀和娱乐精神,个体一句幽默的自嘲就能将负面的东西化于无形。

在这充满误解的时代,我们每个人发出的信息都可能被别人误读。被人误解也是非常

常见的事情。

（五）热点

无论是微博、微信公众号，还是头条和短视频等自媒体平台，都要有热点。自媒体本身是充斥热点的话题场。微博、微信中，各种新的词汇、热点、热词层出不穷。自媒体应该学会在应用文中适度结合这些热点，以借助这些热点提升应用文传播能力，提高信息的曝光率和自身的关注率。

（六）真相

无论如何，图片、直播、短视频的表达力相对于文字来说是更强的。在微博、微信公众号、各种短视频平台等上，很多编者都是用图高手。自媒体内容一定要学会用图片说话，做到图文并茂。很多人都在图片、视频上植入自己的品牌，这需要制作人员有较好的图片、视频处理能力和创意能力。

（七）姿态

自媒体最大的功能是什么？制造话题。自媒体最大的价值不是告诉别人什么，而是让别人想到什么。高明的自媒体人都肯放低姿态去与自己的粉丝沟通，他们经常使用疑问句，把话题抛给读者，但他们提问题的角度给人很大的思想空间。这样做的好处是给自己的粉丝留了尽可能大的空间，让大家怎么谈都没错。这种风格在涉及复杂、敏感话题时尤为适用。

除了疑问式地提问题、虚心请教抛出问题，自媒体人还可以发出感召，让粉丝参与到内容的创作中，比如通过对社会热点问题的关注，进行引流。

（八）故事

当然，此前七点是创作的要点。创作的核心还是要讲好故事。无论是哪种文体，都离不开最容易吸引读者的故事素材。

没人来的时候，编一个故事，这就是故事营销。这就是说，想让你的目标客户成为客户，就要设计一个故事将目标客户代入进去，让他通过故事体会到目标产品的价值，以打开成功的门。

自媒体营销就是一定要懂得"为客户创造惊喜"的营销真理，可以说无惊喜不传播。而这个惊喜就在于怎么去创造。可见，自媒体人想要成功营销，既要准备实实在在的超值产品和服务，更要有剧情设计和导演能力，用最简练的文字再现最动人的故事画面。

第二节　微信公众号应用文写作

一、任务导入

看了这篇东湖微信公众号的推文，你认为撰写微信公众号应用文需要注意哪些要点？

摩天轮灯光升级 超大LED屏点亮东湖

在东湖之眼轿厢里播一曲情歌,缓缓升空,和恋人共同度过这浪漫的13分14秒,是武汉情侣的仪式感。恋人在独立的空间里相互依偎,窗外东湖秀色尽收眼底,浪漫又温馨。

现在浪漫升级。东湖之眼被改造成圆形的LED大屏幕,30000颗灯珠变幻画面,点亮东湖的夜晚。"英雄的湖北,浴火重生,再创辉煌"字样从中国地图上缓缓滑过,这是东湖的深情表白。不管是在游船上吹湖面晚风,还是夜间骑行绿道,都能看到这个闪亮的地标。五一假期间,东湖之眼灯光秀还将呈现古风动画。夜游东湖,能感受到满屏的中国风。

二、范例分享

端午节就在眼前了,快来华山啦

都2021了,来到华山,你不会还只想到徒步登山、夜爬登山、乘坐索道游览吧?华山的新鲜玩法赶紧了解一下,解锁你的华山旅途更多惊喜与欢乐。

1."华山旅行管家"小程序上线

端午来华山,华山官方旅游服务指南"华山旅行管家"小程序,你的华山游中旅行管家,为你的游览增乐趣啦。而且节日期间(6月10日—6月14日),在线下华山游客中心、华山门活动现场扫码参与小程序活动,即可获得思念香粽+大秦之水一瓶。

大秦之水天然矿泉水,健康、怡口,是中华人民共和国第十四届运动会官方指定用水,是由陕西省水务集团出品,一款益于人体健康、富含人体所必需的矿物质元素天然矿泉水。

游览华山,预订以下登山套餐即可免费领取大秦之水矿泉水。第十四届全运会官方指定用水,为你的登山之行补充无限的能量。

①电子导游机(赠送大秦之水):单独租赁设备40元。

②门票+西峰单程进山车(旺季)+电子导游机(赠大秦之水):230元。

③门票+北峰单程进山车(旺季)+电子导游机(赠大秦之水):210元。

大秦之水每一滴都天然、每一滴都营养、每一滴都健康;富含硒元素,并且含有多种微量元素,可补充身体中所缺失的矿物元素;瓶身设计上能够满足各种需求,瓶身的凹陷处贴合手掌,方便携带,登山过程带上一瓶再合适不过啦!

2.飞越华山——武侠光影实景剧

此实景剧以独具神韵的华山武侠文化为主题,通过东邪、西毒、南帝、北丐、华山论剑、飞越华山六幕对武侠文化和武侠精神进行全新的演绎。以绚丽磅礴之势对武侠秘籍中奇谲瑰丽的武功绝学、波澜汹涌的武功招式进行舞台呈现,让你能瞬间走入武侠世界,亲历江湖生活,决战华山之巅!整部剧结合了全息影像、结构投影、机关造景、动态油画、飞翔影院、互动机关等多种新型多媒体技术,架构出一个

步行式复合沉浸体验的武侠世界。

"华山之巅，轻身一跃纵云端；刀剑如梦，策马长歌最江湖。"飞越华山可以说最让观众惊喜难忘的环节，让观众全身心地、近距离地感受华山之巅的雄伟壮阔。建议登山之前一定要体验一次哦，小编强烈推荐！这里有中国传统"侠文化"与前沿科技的完美相会、浑然壮阔的侠义盛宴，有沉浸式光影体验，你还可以着飒爽古装体验古装汉服。相信你一定有前所未有的感官体验和心灵震撼。

3.华山旅拍，找到另一个自己

在旅行中收获美好，在拍摄中定格时空。旅拍是对自由的向往，是对旅途的记录。穿上喜欢的衣服登华山的美，旅拍更能诠释出来。

华山峻秀山峦、奇险山路、象形奇峰、山洞云台，有论剑江湖的侠义精神，有琳琅满目的摩崖石刻，有源远流长的道教文化，有传诵千古的诗词歌赋、神话传说。这样的华山，就是一个天然的旅拍摄影基地。

所以身游华山，又怎能错过私享华山轻旅拍呢。私享华山轻旅拍，让你边玩边拍，在旅途遇见另一个自己，找到独一无二属于你和华山的故事；带你漫游华山盛景，留住最美的自己。

（资料来源：华山微信公众号）

【提示】

这是华山公众号上的一篇文章，介绍了华山的新鲜玩法。文章短小而精彩，足以吸引阅读者的兴趣，值得初学者学习。

三、知识览要

（一）标题

写好一个标题，并不是为了让你做"标题党"。标题是内容的高度概括，需要有说服力的内容做支撑，才能够获得用户的认可。

(1)新闻类标题：《×××打车：年轻女孩如何保护自己》。

(2)问题解决类标题：《30岁还是办公室文员？×××总监告诉你职业生涯五条规划》。

(3)成功逆袭类标题：《175 cm征服NBA！就问你服不服》。

(4)制造冲突类标题：《一个母亲写给女儿的信：30岁的你不用急着出嫁》。

(5)行业模板类标题：《学会这三点，半小时成为××高手》。

（二）内容

1.引发共鸣

开篇第一段引发共鸣，以充分调动读者的内心，获取读者的认可。第一段可以采用几个小技巧：

(1)反问，引发读者思考。

(2)引用新闻报道，简单回顾事件。

(3)讲故事，故事具有代入感。

(4)描述场景或者事实。多使用实体场景描述,在读者能在大脑中重现画面。

(5)写文章摘要,即概括核心内容,让别人知道文章讲什么。

合理利用这五个技巧,能够吸引读者进一步阅读文章。

2.强化主题

开篇引起了别人的共鸣,那么接下来我们应该把这种直观的感性进一步放大,用一些其他的素材证明或者放大我们的观点。这部分也可以采用以下小技巧:

(1)罗列数据,通过权威数据让读者得出结论,加深其记忆。

(2)罗列权威媒体相关报道,三到五个。

(3)引用名人事迹。名人的故事总是更具有说服力。

(4)引用身边的故事。真实事件总是具备说服力。

(5)引用常识、公理、法律法规等。

使用这些技巧能够加深读者印象,坚信我们描述的事实的真实性。当然如果文字功底比较强,逻辑性比较强,也可以一步步引导用户,让他们自己得出结论,证明主题,那就再好不过了。

3.如何解决

上述两部分写完后,观点已经引发了读者的共鸣,放大了他们内心深处的情感,在用户的内心深处建立了可信度,获得了读者的认可。接下来我们应该进一步告诉读者该如何解决问题。这个地方可自由发挥,太多框架反而会限制发挥。

四、写作实训

请给黄鹤楼公众号写一篇宣传应用文。

第三节　微博平台上应用文写作

一、任务导入

随着秒时代、微经济的到来,微博的用户数量与活跃度已经十分可观。如何有效利用这一火爆的网络工具成为大家关心的核心问题。目前品牌及产品曝光、互动营销活动、搜索引擎优化、植入式营销已经成为众多企业和品牌的必备营销手段。互联网行业巨头百度也不甘落后。在继"爱乐活新员工福利"和"李彦宏鸡翅门"之后,微博上疯传的一张手写简历透露了百度的营销人员也在发力微博。不过根据初步分析,百度的微博软植入的传播自发性和原发性特征较为明显,说明其软性植入还是比较自然的,人为操作的痕迹较轻。那么到底何为微博软性植入?

广告软植入想必大众已经司空见惯,从电影到历年的春节联欢晚会;从各类赛事运动员服装到各大会议的桌面饮品上可能出现广告植入。而在微博,能够真正引起用户口口相传的内容需要更接地气的创意和更加隐蔽的手段。"我终究没能飚得过那辆宝马,只能眼看着它在夕阳中绝尘而去,不是我的引擎不好,而是我的车链子掉了。"这是宝马的微博软植入内

容。没错,微博无疑是植入式广告的最好载体之一。品牌推出一款时尚的新包、一个新的化妆品、一款新车,通过一幅照片、一个话题、一个故事,加上代言人的人气,可以立即引起成千上万个粉丝的关注和讨论。

但当微博用户看过越来越多的软植入微博广告之后,一般的微博炒作已经逃不过看客们的火眼金睛。所以,现在大部分微博软性广告大都需要精心写作才能取得一定效果。

看了上文中的案例,你认为在微博上撰写应用文应有什么特点?

二、范例分享

新疆,你所期待的净土

有没有这样一个地方,可以同时拥有你所期待的所有美景?从绿林草甸到高山湖泊,从立体雪山到荒漠峡谷。如果有,这个地方应该就是新疆。6月下旬,随着独库公路的开放,游客纷纷踏上了新疆之旅。他们在赛里木湖乘船看天鹅,在喀拉峻草原上驰骋,在伊犁河谷看连绵天山,在琼库什台看四季变换,在那拉提看牛羊自在,在巴音布鲁克享受夕阳暖意。

线路时间安排:

（1）自驾（270 km,约3.5小时,22—23点到）:乌鲁木齐—独子山峡谷;住独子山。

（2）自驾（340 km,约4小时,12—14点到）:独子山—赛里木湖;住霍城。

（3）自驾（首段100 km,约1.5小时,12点左右出发;次段300 km,约5小时,17—18点到）:赛里木湖—农场—琼库什台;住琼库什台。

（4）骑行—徒步—琼库什台:住琼库什台。

（5）自驾（首段100 km;次段270 km,共约6小时,约19点到）:库什台—八卦镇—巴音布鲁克;住巴音布鲁克。

（6）自驾（巴音布鲁克—那拉提100 km,2小时;独库公路,整天）:住库车。

（7）自驾（8点出发,900 km,12小时,约22点到）:库车—乌鲁木齐;住乌鲁木齐。

亮点推荐:独库公路 ☆☆☆☆☆

独库公路是比肩318川藏线的国内顶级公路。从绿林草甸到高山湖泊,你能想到的这里都有!

亮点推荐:琼库什台 ☆☆☆☆☆

琼库什台是纯天然旅拍地,徒步登山,一次性体验四季变换。

亮点推荐:那拉提—巴音布鲁克 ☆☆☆☆☆

黄昏时的巴音布鲁克,太阳烧红了天。

（资料来源:新浪微博）

【提示】

这是一篇旅游达人关于新疆旅游的微博推文,篇幅不长,却概括了新疆旅游的主要景点,为初次前往新疆的游客提供了指导。

二、知识览要

（一）微博概述

在社会化信息大爆炸的今天,媒体这一称号已不再专属于报纸、广播、电视等传统大众媒体。借助互联网和电子终端设备,每一个人都有可能成为媒体。微博以其短、灵、快的特点,成为非常受欢迎的自媒体平台之一。微博,即微博客的简称,用户可以通过电脑、手机等终端发布信息,实现即时分享。

（二）微博的特点

1.随时随地,分享交流

随时随地分享新鲜事儿这一新浪微博主旨,几乎激发了每一个微博用户发布信息的愿望。无论何时何地,借助网络平台,人们即可将所见所闻、思绪情感发到个人微博上,亦可随时随地关注亲友和名人,互相分享。

2.所见所闻,所思所做

人们生活中任何一个细节都可能成为微博写作的源泉,包括所见所闻、所思所做。微博内容不一定惊天动地,日常生活中每一件平凡小事,只要认真思考、找好角度,都可成为微博题材。

3.即兴随意,丰富多样

写作是人类运用语言文字符号进行记录、反映客观生活及主观情意、彼此交流传播信息的一种创造性的精神活动。微博创作使人的思维时刻活跃,情感自由随性。

4.推崇个性,张扬自我

在微博这一虚拟空间里,博友们交流几乎不受任何限制,文字、图片、表情、声音等都可用来表情达意。创作一篇与海量博文不同的博文,成为博主们的共同追求。

5.短小精悍,浓缩精华

140字,是微博早期对篇幅的限制,也造就了其优势——方便快捷、易于操作,顺应了现代社会的快节奏。博主可以用工作学习中的短暂休息、杯觥交错里的微微小憩、旅游行走间的驻足停留这些碎片时间来简单梳理思路,敲十几个字,或者拍张图片,插一个表情,上传到微博,简单又轻松。

（三）微博的写作技巧

1.定位明确

微博可记录生活、学习交友、分享经验、休闲娱乐。二五六科技有限公司CEO蔡文胜说:"我开始写微博是因为兴趣,后来就(把微博)定义为个人的信息发布平台。"这就是限定微博的领域,即明确微博的定位是时事、旅游、教育、美食,还是情感、读书、亲子、星座等。某博主的微博昨天是时事评论,今天是下厨做了一道糖醋鲤鱼,杂乱的内容不容易让读者产生正确的预期,也很难让不认识博主的人产生兴趣。定位范围可适当的广一些,如有需要,可

有所延伸,如在首页加相关链接。联合国难民署的新浪微博,紧紧围绕联合国难民署的首要任务——保卫难民的基本权益和福利开展宣传工作,定位非常明确。

2.主题突出

每一条微博只说明一个观点。"一直相信,勤能补拙。如果能够在第一个努力的层面就赢过别人,那么就不用把希望寄托在之后那些完全无法控制的机遇、运气、背景、人脉、天赋等上面了。那些方面也许我不行,但至少,我可以努力努力再努力。做到咬牙坚持不下去的时候,再坚持一下的程度。这样我才不后悔。"这条微博的主题十分明确,就是勤能补拙。

此外,如果没有非常特殊的情况,不要通过两条以上微博来说明同一观点。

3.文字简洁

文字应尽可能简洁明了,少用偏僻字眼、晦涩词语和长句,并杜绝歧义。另外,短句的运用,清新典雅,博人眼球,极符合现代人的阅读偏好。

4.故事性强

虽然微博早期有140字的限制,但这并不影响它成为故事的载体。故事往往比理论观点更能打动人心。如2012年新浪微博第二届微小说大赛的一等奖作品《遗憾》:母亲病倒后,老家来了一位从未见过的表姐,要替她照顾母亲。那时正是她人生最忙碌的日子,便同意了。表姐天天守在医院里,尽心尽力。一个月后,母亲走了。办完丧事,她想好好谢谢表姐,表姐却不见了,只留下一封信:"我其实是十年后的你,穿越来此,是为了弥补自己曾经的遗憾和愧疚。"结尾的高潮带来强烈的故事效果。

5.亲身经历

亲眼看到、亲身经历的事件更适合作为微博的内容。2009年12月19日21时02分,台湾发生6.7级地震。台湾女孩萧姗姗在发布栏里敲下了"地震! 好强"。不经意间留下的四字微博,成为全球描述这场地震的最早的文字。在她在新浪微博按下发布键后的大约10分钟后,天涯杂谈才开始有人谈论此事。因为是地震事件的亲历者,她的微博具有真实性和说服力。

6.坚持原创

应尽可能多发布原创内容。原创内容多,是网友愿意关注博主的重要理由,也是微博个性的体现。如韩寒在微博中写道:"有时候,你想证明给一万个人看,到后来,你发现只得到了一个明白的人,那就够了。"当时韩寒发布的微博数量并不多,却拥有极高的人气,原因之一就是其原创内容比重大且风格独树一帜。

三、写作实训

请撰写一篇适合在微博平台宣传的武汉旅游应用文。

附录A 国家行政机关公文处理办法(2000年8月24日)

第一章 总则

第一条 为使国家行政机关(以下简称行政机关)的公文处理工作规范化、制度化、科学化,制定本办法。

第二条 行政机关的公文(包括电报,下同),是行政机关在行政管理过程中形成的具有法定效力和规范体式的文书,是依法行政和进行公务活动的重要工具。

第三条 公文处理指公文的办理、管理、整理(立卷)、归档等一系列相互关联、衔接有序的工作。

第四条 公文处理应当坚持实事求是、精简、高效的原则,做到及时、准确、安全。

第五条 公文处理必须严格执行国家保密法律、法规和其他有关规定,确保国家秘密的安全。

第六条 各级行政机关的负责人应当高度重视公文处理工作,模范遵守本办法并加强对本机关公文处理工作的领导和检查。

第七条 各级行政机关的办公厅(室)是公文处理的管理机构,主管本机关的公文处理工作并指导下级机关的公文处理工作。

第八条 各级行政机关的办公厅(室)应当设立文秘部门或者配备专职人员负责公文处理工作。

第二章 公文种类

第九条 行政机关的公文种类主要有:

(一) 命令(令)

适用于依照有关法律公布行政法规和规章;宣布施行重大强制性行政措施;嘉奖有关单位及人员。

(二) 决定

适用于对重要事项或者重大行动做出安排,奖惩有关单位及人员,变更或者撤销下级机关不适当的决定事项。

(三)公告

适用于向国内外宣布重要事项或者法定事项。

(四)通告

适用于公布社会各有关方面应当遵守或者周知的事项。

（五）通知

适用于批转下级机关的公文，转发上级机关和不相隶属机关的公文，传达要求下级机关办理和需要有关单位周知或者执行的事项，任免人员。

（六）通报

适用于表彰先进，批评错误，传达重要精神或者情况。

（七）议案

适用于各级人民政府按照法律程序向同级人民代表大会或人民代表大会常务委员会提请审议事项。

（八）报告

适用于向上级机关汇报工作，反映情况，答复上级机关的询问。

（九）请示

适用于向上级机关请求指示、批准。

（十）批复

适用于答复下级机关的请示事项。

（十一）意见

适用于对重要问题提出见解和处理办法。

（十二）函

适用于不相隶属机关之间商洽工作，询问和答复问题，请求批准和答复审批事项。

（十三）会议纪要

适用于记载、传达会议情况和议定事项。

第三章　公文格式

第十条　公文一般由秘密等级和保密期限、紧急程度、发文机关标识、发文字号、签发人、标题、主送机关、正文、附件说明、成文日期、印章、附注、附件、主题词、抄送机关、印发机关和印发日期等部分组成。

（一）涉及国家秘密的公文应当标明密级和保密期限，其中，"绝密""机密"级公文还应当标明份数序号。

（二）紧急公文应当根据紧急程度分别标明"特急""急件"。其中电报应当分别标明"特提""特急""加急""平急"。

（三）发文机关标识应当使用发文机关全称或者规范化简称；联合行文，主办机关排列在前。

（四）发文字号应当包括机关代字、年份、序号。联合行文，只标明主办机关发文字号。

（五）上行文应当注明签发人、会签人姓名。其中，"请示"应当在附注处注明联系人的姓名和电话。

（六）公文标题应当准确简要地概括公文的主要内容并标明公文种类，一般应当标明发文机关。公文标题中除法规、规章名称加书名号外,一般不用标点符号。

(七)主送机关指公文的主要受理机关,应当使用全称或者规范化简称、统称。

(八)公文如有附件,应当注明附件顺序和名称。

(九)公文除"会议纪要"和以电报形式发出的以外,应当加盖印章。联合上报的公文,由主办机关加盖印章;联合下发的公文,发文机关都应当加盖印章。

(十)成文日期以负责人签发的日期为准,联合行文以最后签发机关负责人的签发日期为准。电报以发出日期为准。

(十一)公文如有附注(需要说明的其他事项),应当加括号标注。

(十二)公文应当标注主题词。上行文按照上级机关的要求标注主题词。

(十三)抄送机关指除主送机关外需要执行或知晓公文的其他机关,应当使用全称或者规范化简称、统称。

(十四)文字从左至右横写、横排。在民族自治地方,可以并用汉字和通用的少数民族文字(按其习惯书写、排版)。

第十一条 公文中各组成部分的标识规则,参照《国家行政机关公文格式》国家标准执行。

第十二条 公文用纸一般采用国际标准 A4 型(210 mm×297 mm),左侧装订。张贴的公文用纸大小,根据实际需要确定。

第四章　行文规则

207

第十三条 行文应当确有必要,注重效用。

第十四条 行文关系根据隶属关系和职权范围确定,一般不得越级请示和报告。

第十五条 政府各部门依据部门职权可以相互行文和向下一级政府的相关业务部门行文;除以函的形式商洽工作、询问和答复问题、审批事项外,一般不得向下一级政府正式行文。

部门内设机构除办公厅(室)外不得对外正式行文。

第十六条 同级政府、同级政府各部门、上级政府部门与下一级政府可以联合行文;政府与同级党委和军队机关可以联合行文;政府部门与相应的党组织和军队机关可以联合行文;政府部门与同级人民团体和具有行政职能的事业单位也可以联合行文。

第十七条 属于部门职权范围内的事务,应当由部门自行行文或联合行文。联合行文应当明确主办部门。须经政府审批的事项,经政府同意也可以由部门行文,文中应当注明经政府同意。

第十八条 属于主管部门职权范围内的具体问题,应当直接报送主管部门处理。

第十九条 部门之间对有关问题未经协商一致,不得各自向下行文。如擅自行文,上级机关应当责令纠正或撤销。

第二十条　向下级机关或者本系统的重要行文,应当同时抄送直接上级机关。

第二十一条　"请示"应当一文一事;一般只写一个主送机关,如需要同时送其他机关的,应当用抄送形式,但不得抄送其下级机关。

"报告"不得夹带请示事项。

第二十二条　除上级机关负责人直接交办的事项外,不得以机关名义向上级机关负责人报送"请示""意见"和"报告"。

第二十三条　受双重领导的机关向上级机关行文,应当写明主送机关和抄送机关。上级机关向受双重领导的下级机关行文,必要时应当抄送其另一上级机关。

第五章　发文办理

第二十四条　发文办理指以本机关名义制发公文的过程,包括草拟、审核、签发、复核、缮印、用印、登记、分发等程序。

第二十五条　草拟公文应当做到:

(一)符合国家的法律、法规及其他有关规定。如提出新的政策、规定等,要切实可行并加以说明。

(二)情况确实,观点明确,表述准确,结构严谨,条理清楚,直述不曲,字词规范,标点正确,篇幅力求简短。

(三)公文的文种应当根据行文目的、发文机关的职权和与主送机关的行文关系确定。

(四)拟制紧急公文,应当体现紧急的原因,并根据实际需要确定紧急程度。

(五)人名、地名、数字、引文准确。引用公文应当先引标题,后引发文字号。引用外文应当注明中文含义。日期应当写明具体的年、月、日。

(六)结构层次序数,第一层为"一、",第二层为"(一)",第三层为"1.",第四层为"(1)"。

(七)应当使用国家法定计量单位。

(八)文内使用非规范化简称,应当先用全称并注明简称。使用国际组织外文名称或其缩写形式,应当在第一次出现时注明准确的中文译名。

(九)公文中的数字,除成文日期、部分结构层次序数和在词、词组、惯用语、缩略语、具有修辞色彩语句中作为词素的数字必须使用汉字外,应当使用阿拉伯数字。

第二十六条　拟制公文,对涉及其他部门职权范围内的事项,主办部门应当主动与有关部门协商,取得一致意见后方可行文;如有分歧,主办部门的主要负责人应当出面协调,仍不能取得一致时,主办部门可以列明各方理据,提出建设性意见,并与有关部门会签后报请上级机关协调或裁定。

第二十七条　公文送负责人签发前,应当由办公厅(室)进行审核。审核的重点是:是否确需行文,行文方式是否妥当,是否符合行文规则和拟制公文的有关要求,公文格式是否符合本办法的规定等。

第二十八条 以本机关名义制发的上行文,由主要负责人或者主持工作的负责人签发;以本机关名义制发的下行文或平行文,由主要负责人或者由主要负责人授权的其他负责人签发。

第二十九条 公文正式印制前,文秘部门应当进行复核,重点是:审批、签发手续是否完备,附件材料是否齐全,格式是否统一、规范等。

经复核需要对文稿进行实质性修改的,应按程序复审。

第六章 收文办理

第三十条 收文办理指对收到公文的办理过程,包括签收、登记、审核、拟办、批办、承办、催办等程序。

第三十一条 收到下级机关上报的需要办理的公文,文秘部门应当进行审核。审核的重点是:是否应由本机关办理;是否符合行文规则;内容是否符合国家法律、法规及其他有关规定;涉及其他部门或地区职权的事项是否已协商、会签;文种使用、公文格式是否规范。

第三十二条 经审核,对符合本办法规定的公文,文秘部门应当及时提出拟办意见送负责人批示或者交有关部门办理,需要两个以上部门办理的应当明确主办部门。紧急公文,应当明确办理时限。对不符合本办法规定的公文,经办公厅(室)负责人批准后,可以退回呈报单位并说明理由。

第三十三条 承办部门收到交办的公文后应当及时办理,不得延误、推诿。紧急公文应按时限要求办理,确有困难的,应当及时予以说明。对不属于本单位职权范围或者不宜由本单位办理的,应当及时退回交办的文秘部门并说明理由。

第三十四条 收到上级机关下发或交办的公文,由文秘部门提出拟办意见,送负责人批示后办理。

第三十五条 公文办理中遇有涉及其他部门职权的事项,主办部门应当主动与有关部门协商;如有分歧,主办部门主要负责人要出面协调,如仍不能取得一致,可以报请上级机关协调或裁定。

第三十六条 审批公文时,对有具体请示事项的,主批人应当明确签署意见、姓名和审批日期,其他审批人圈阅视为同意;没有请示事项的,圈阅表示已阅知。

第三十七条 送负责人批示或者交有关部门办理的公文,文秘部门要负责催办,做到紧急公文跟踪催办,重要公文重点催办,一般公文定期催办。

第七章 公文归档

第三十八条 公文办理完毕后,应当根据《中华人民共和国档案法》和其他有关规定,及时整理(立卷)、归档。

个人不得保存应当归档的公文。

第三十九条 归档范围内的公文,应当根据其相互联系、特征和保存价值等整理(立卷),要保证归档公文齐全、完整,能正确反映本机关的主要工作情况,便于保

209

管和利用。

第四十条　联合办理的公文，原件由主办机关整理(立卷)、归档，其他机关保存复制件或其他形式的公文副本。

第四十一条　本机关负责人兼任其他机关职务，在履行所兼职务职责过程中形成的公文，由其兼职机关整理(立卷)、归档。

第四十二条　归档范围内的公文应当确定保管期限，按照有关规定定期向档案部门移交。

第四十三条　拟制、修改和签批公文，书写及所用纸张和字迹材料必须符合存档要求。

第八章　公文管理

第四十四条　公文由文秘部门或专职人员统一收发、审核、用印、归档和销毁。

第四十五条　文秘部门应当建立健全本机关公文处理的有关制度。

第四十六条　上级机关的公文，除绝密级和注明不准翻印的以外，下一级机关经负责人或者办公厅(室)主任批准，可以翻印。翻印时，应当注明翻印的机关、日期、份数和印发范围。

第四十七条　公开发布的行政机关的公文，必须经发文机关批准。经批准公开发布的公文，同发文机关正式印发的公文具有同等效力。

第四十八条　公文复印件作为正式公文使用时，应当加盖复印机关证明章。

第四十九条　公文被撤销，视作自始不产生效力;公文被废止，视作自废止之日起不产生效力。

第五十条　不具备归档和存查价值的公文，经过鉴别并经办公厅(室)负责人批准，可以销毁。

第五十一条　销毁秘密公文应当到指定场所由二人以上监销，保证不丢失、不漏销。其中，销毁绝密公文(含密码电报)应当进行登记。

第五十二条　机关合并时，全部公文应当随之合并管理。机关撤销时，需要归档的公文整理(立卷)后按有关规定移交档案部门。

工作人员调离工作岗位时，应当将本人暂存、借用的公文按照有关规定移交、清退。

第五十三条　密码电报的使用和管理，按照有关规定执行。

第九章　附则

第五十四条　行政法规、规章方面的公文，依照有关规定处理。外事方面的公文，按照外交部的有关规定处理。

第五十五条　公文处理中涉及电子文件的有关规定另行制定。统一规定发布之前，各级行政机关可以制定本机关或者本地区、本系统的试行规定。

　　第五十六条　各级行政机关的办公厅(室)对上级机关和本机关下发公文的贯彻落实情况应当进行督促检查并建立督查制度。有关规定另行制定。

　　第五十七条　本办法自2001年1月1日起施行。1993年11月21日国务院办公厅发布,1994年1月1日起施行的《国家行政机关公文处理办法》同时废止。

附录B 《中华人民共和国国家通用语言文字法》
（第九届全国人民代表大会常务委员会
第十八次会议2000年10月31日通过）

中华人民共和国主席令第 三十七 号

《中华人民共和国国家通用语言文字法》已由中华人民共和国第九届全国人民代表大会常务委员会第十八次会议于2000年10月31日通过,现予公布,自2001年1月1日起施行。

中华人民共和国主席　江泽民

2000 年 10 月 31 日

中华人民共和国国家通用语言文字法

（2000 年 10 月 31 日第九届全国人民代表大会常务委员会

第十八次会议通过）

目录

第一章　总　则

第一条　为推动国家通用语言文字的规范化、标准化及其健康发展,使国家通用语言文字在社会生活中更好地发挥作用,促进各民族、各地区经济文化交流,根据宪法,制定本法。

第二条　本法所称的国家通用语言文字是普通话和规范汉字。

第三条　国家推广普通话,推行规范汉字。

第四条　公民有学习和使用国家通用语言文字的权利。

国家为公民学习和使用国家通用语言文字提供条件。

地方各级人民政府及其有关部门应当采取措施,推广普通话和推行规范汉字。

第五条　国家通用语言文字的使用应当有利于维护国家主权和民族尊严,有利于国家统一和民族团结,有利于社会主义物质文明建设和精神文明建设。

第六条　国家颁布国家通用语言文字的规范和标准,管理国家通用语言文字的社会应用,支持国家通用语言文字的教学和科学研究,促进国家通用语言文字的

《中华人民共和国国家通用语言文字法》（第九届全国人民代表大会常务委员会第十八次会议 2000 年 10 月 31 日通过）

规范、丰富和发展。

第七条 国家奖励为国家通用语言文字事业做出突出贡献的组织和个人。

第八条 各民族都有使用和发展自己的语言文字的自由。

少数民族语言文字的使用依据宪法、民族区域自治法及其他法律的有关规定。

第二章 国家通用语言文字的使用

第九条 国家机关以普通话和规范汉字为公务用语用字。法律另有规定的除外。

第十条 学校及其他教育机构以普通话和规范汉字为基本的教育教学用语用字。法律另有规定的除外。

学校及其他教育机构通过汉语文课程教授普通话和规范汉字。使用的汉语文教材，应当符合国家通用语言文字的规范和标准。

第十一条 汉语文出版物应当符合国家通用语言文字的规范和标准。

汉语文出版物中需要使用外国语言文字的，应当用国家通用语言文字作必要的注释。

第十二条 广播电台、电视台以普通话为基本的播音用语。

需要使用外国语言为播音用语的，须经国务院广播电视部门批准。

第十三条 公共服务行业以规范汉字为基本的服务用字。因公共服务需要，招牌、广告、告示、标志牌等使用外国文字并同时使用中文的，应当使用规范汉字。

提倡公共服务行业以普通话为服务用语。

第十四条 下列情形，应当以国家通用语言文字为基本的用语用字：

（一）广播、电影、电视用语用字；

（二）公共场所的设施用字；

（三）招牌、广告用字；

（四）企业事业组织名称；

（五）在境内销售的商品的包装、说明。

第十五条 信息处理和信息技术产品中使用的国家通用语言文字应当符合国家的规范和标准。

第十六条 本章有关规定中，有下列情形的，可以使用方言：

（一）国家机关的工作人员执行公务时确需使用的；

（二）经国务院广播电视部门或省级广播电视部门批准的播音用语；

（三）戏曲、影视等艺术形式中需要使用的；

（四）出版、教学、研究中确需使用的。

第十七条 本章有关规定中，有下列情形的，可以保留或使用繁体字、异体字：

（一）文物古迹；

（二）姓氏中的异体字；

（三）书法、篆刻等艺术作品；

（四）题词和招牌的手书字；

（五）出版、教学、研究中需要使用的；

（六）经国务院有关部门批准的特殊情况。

第十八条　国家通用语言文字以《汉语拼音方案》作为拼写和注音工具。

《汉语拼音方案》是中国人名、地名和中文文献罗马字母拼写法的统一规范，并用于汉字不便或不能使用的领域。

初等教育应当进行汉语拼音教学。

第十九条　凡以普通话作为工作语言的岗位，其工作人员应当具备说普通话的能力。

以普通话作为工作语言的播音员、节目主持人和影视话剧演员、教师、国家机关工作人员的普通话水平，应当分别达到国家规定的等级标准；对尚未达到国家规定的普通话等级标准的，分别情况进行培训。

第二十条　对外汉语教学应当教授普通话和规范汉字。

第三章　管理和监督

第二十一条　国家通用语言文字工作由国务院语言文字工作部门负责规划指导、管理监督。

国务院有关部门管理本系统的国家通用语言文字的使用。

第二十二条　地方语言文字工作部门和其他有关部门，管理和监督本行政区域内的国家通用语言文字的使用。

第二十三条　县级以上各级人民政府工商行政管理部门依法对企业名称、商品名称以及广告的用语用字进行管理和监督。

第二十四条　国务院语言文字工作部门颁布普通话水平测试等级标准。

第二十五条　外国人名、地名等专有名词和科学技术术语译成国家通用语言文字，由国务院语言文字工作部门或者其他有关部门组织审定。

第二十六条　违反本法第二章有关规定，不按照国家通用语言文字的规范和标准使用语言文字的，公民可以提出批评和建议。

本法第十九条第二款规定的人员用语违反本法第二章有关规定的，有关单位应当对直接责任人员进行批评教育；拒不改正的，由有关单位作出处理。

城市公共场所的设施和招牌、广告用字违反本法第二章有关规定的，由有关行政管理部门责令改正；拒不改正的，予以警告，并督促其限期改正。

第二十七条　违反本法规定，干涉他人学习和使用国家通用语言文字的，由有关行政管理部门责令限期改正，并予以警告。

第四章　附　则

第二十八条　本法自2001年1月1日起施行。

Reference 参考文献

[1] 陈惠钦.现代应用文写作大全(修订本)[M].西安:太白文艺出版社,1993.

[2] 陈纪宁.现代应用文写作大全[M].北京:中华工商联合出版社,1998.

[3] 吴雅杰,蔚然.实用文体写作格式与技巧大全(修订本)[M].北京:中央民族大学出版社,1997.

[4] 高胜祥,邸晓平.旅游应用文[M].北京:旅游教育出版社,2004.

[5] 徐中玉.应用文写作[M].北京:高等教育出版社,2016.

[6] 包锦阳.旅游应用文[M].北京:人民邮电出版社,2010.

[7] 孙秀秋,吴锡山.应用写作教程[M].北京:中国人民大学出版社,2016.

[8] 宋有武,边勋.应用写作教程及其实训[M].北京:北京交通大学出版社,2007.

[9] 张浩.新编酒店常用文书写作大全[M].北京:蓝天出版社,2007.

[10] 何小庭.旅游应用文写作[M].2版.北京:旅游教育出版社,2001.

[11] 罗国仕,杨金娥.实用语文教程[M].北京:科学出版社,2008.

[12] 罗春祥.旅游应用文写作[M].北京:北京交通大学出版社,2009.

[13] 丁晓昌.应用文写作[M].苏州:苏州大学出版社,2009.

[14] 郝立新.应用文写作教程(修订版)[M].北京:商务印书馆,2009.

[15] 任孝珍,梁银辉.旅游应用文写作[M].北京:对外经济贸易大学出版社,2018.

[16] 文忠.新编公文写作基本知识与范例[M].北京:海潮出版社,2010.

教学支持说明

  普通高等学校"十四五"规划旅游管理类精品教材系华中科技大学出版社"十四五"规划重点教材。

  为了改善教学效果,提高教材的使用效率,满足高校授课教师的教学需求,本套教材备有与纸质教材配套的教学课件和拓展资源(案例库、习题库等)。

  为保证本教学课件及相关教学资料仅为教材使用者所得,我们将向使用本套教材的高校授课教师赠送教学课件或者相关教学资料,烦请授课教师通过电话、邮件或加入旅游专家俱乐部QQ群等方式与我们联系,获取"电子资源申请表"文档并认真准确填写后发给我们,我们的联系方式如下:

  地址:湖北省武汉市东湖新技术开发区华工科技园华工园六路

  邮编:430223

  电话:027-81321911

  传真:027-81321917

  E-mail:lyzjjlb@163.com

  旅游专家俱乐部QQ群号:758712998

  旅游专家俱乐部QQ群二维码:

群名称:旅游专家俱乐部5群
群　号:758712998

电子资源申请表

填表时间：_____年____月____日

1. 以下内容请教师按实际情况写，★为必填项。
2. 根据个人情况如实填写，相关内容可以酌情调整提交。

★姓名		★性别	□男 □女	出生年月		★职务	
						★职称	□教授 □副教授 □讲师 □助教
★学校				★院/系			
★教研室				★专业			
★办公电话			家庭电话			★移动电话	
★E-mail（请填写清晰）						★QQ 号/微信号	
★联系地址						★邮编	

★现在主授课程情况		学生人数	教材所属出版社	教材满意度		
课程一				□满意	□一般	□不满意
课程二				□满意	□一般	□不满意
课程三				□满意	□一般	□不满意
其 他				□满意	□一般	□不满意

教 材 出 版 信 息						
方向一		□准备写	□写作中	□已成稿	□已出版待修订	□有讲义
方向二		□准备写	□写作中	□已成稿	□已出版待修订	□有讲义
方向三		□准备写	□写作中	□已成稿	□已出版待修订	□有讲义

　　请教师认真填写表格下列内容，提供索取课件配套教材的相关信息，我社根据每位教师填表信息的完整性、授课情况与索取课件的相关性，以及教材使用的情况赠送教材的配套课件及相关教学资源。

ISBN（书号）	书名	作者	索取课件简要说明	学生人数（如选作教材）
			□教学　□参考	
			□教学　□参考	

★您对与课件配套的纸质教材的意见和建议，希望提供哪些配套教学资源：